Simon Peng-Keller

Überhelle Präsenz

Kontemplation als Gabe, Praxis und Lebensform

Simon Peng-Keller

Überhelle Präsenz

Kontemplation als Gabe, Praxis und Lebensform

echter

Bibliografische Information der Deutschen Nationalbibliothek
Die Deutsche Nationalbibliothek verzeichnet diese Publikation in der Deutschen Nationalbibliografie; detaillierte bibliografische Daten sind im Internet über ‹http://dnb.d-nb.de› abrufbar.

2. Auflage 2021

www.echter-verlag.de

Umschlag: waterproof grafikdesign (Umschlagbild: Gerhard Mevissen, Post von der Insel – Briefe aus der Stille 18 a–d)
Satz: Crossmediabureau
Druck und Bindung: CPI-books, Clausen & Bosse, Leck

ISBN 978-3-429-05418-2

Inhalt

Vorwort

Das vorliegende Buch möchte einen Resonanzraum eröffnen. Damit beim Lesen eigene Erfahrungen anklingen und mitschwingen können, macht es vielfältige Stimmen hörbar. Kontemplation ist eine Resonanzerfahrung. Sie gehört zu den Dingen, die nicht herstellbar sind. Deshalb ist das Buch im Modus der Einladung geschrieben. Es ermutigt, in einen kommunikativen Raum einzutreten, sich auf ein Geschehen einzulassen, das sich der Kontrolle entzieht. Es richtet sich an Menschen, die nach der Lebensfülle suchen, die sich in der Gegenwart verbirgt.

Auf den Weg gebracht hat dich die Ahnung einer lebendigen Gegenwart. In besonderen Momenten hat sich dir eine innere Weite aufgetan. Verfolgst du die Spur deiner Suche zurück, entdeckst du Erfahrungen, die eine Sehnsucht in dir weckten, die dich bestärkten und Schritt um Schritt weiterführten. Vielleicht hat sich diese Spur zwischendurch wieder verloren. Du warst in diesen Zeiten wie jemand, der in der Wüste umherirrt. Und unvermittelt hast du dich in einer geheimnisvollen Gegenwart wiedergefunden. Das vorliegende Buch möchte ein Wegzeichen sein, das diese Such- und Rückkehrbewegung erleichtert.

Wo immer dieses Buch in kursiver Schrift die Anredeform wählt, werden Erfahrungen zur Sprache gebracht, von denen ich vermute, dass sie viele der künftigen Leserinnen und Leser mit mir teilen. Sie möchten ein Resonanzgeschehen wecken. Dasselbe gilt für die vielen Zeugnisberichte, die sich verstreut über das Buch finden. Wo in den kursiv gesetzten Abschnitten die Ich-Form steht, handelt es sich um autobiografische Erfahrungen. Sie machen kenntlich, aus welcher Perspektive das Buch geschrieben ist. Anrede und persönliche Zeugnisse bilden kommunikative Einsprengsel, die den Haupttext auflockern und das Thema des Buchs, die Praxis christlicher Kontemplation, an die Lebenserfahrung der Lesenden und des Schreibenden zurückbinden. Die bekannte Aussage Dietrich Bonhoeffers, »dass eine Erkenntnis nicht getrennt werden kann von der Existenz, in der sie gewonnen ist«[1], gilt für kontemplative Einsichten in besonderer Intensität.

Um das Resonanzspektrum zu vergrößern, soll die christliche Tradition in ihrer ganzen Vielstimmigkeit zur Sprache kommen. Wer kontemplativ betet, tritt in eine weit zurückreichende Reihe von Menschen ein, die das Feuer gehütet und an andere weitergegeben haben. Einige von ihnen sind sehr bekannt geworden, viele jedoch sind namenlos geblieben. Nur wenige haben ihre Erfahrungen aufgezeichnet und systematisiert. Dennoch ist im Laufe der Jahrhunderte eine reiche Sammlung von Texten entstanden, die zur Kontemplation hinführen. Ohne sie wären die folgenden Seiten nicht geschrieben worden. Selbst wo heutige kontemplative Praxis neue Wege beschreitet, bleibt sie auf ihre Quellen angewiesen.[2] Christliche Kontemplation verdankt sich der Kommunikation des Evangeliums. Das Johannesevangelium, das Lieblingsevangelium der Kontemplativen aller Jahrhunderte, stellt das Wort an den Anfang. Es weckt den Glauben und führt zum Schauen. Kontemplative Schau macht den Glauben nicht überflüssig, sondern vertieft ihn. Nur die Wirklichkeit, die wir lieben und an die wir glauben, kann sich uns erschließen. Doch nur deshalb, weil sie sich uns erschließt, können wir sie lieben und uns ihr anvertrauen.

Eine christlich-kontemplative Praxis hat sich im Horizont gegenwärtiger Entwicklungen mit *drei Fragefeldern* auseinanderzusetzen. Das *erste* betrifft das Verhältnis zwischen den unterschiedlichen Dimensionen der kontemplativen Übung: der leibsinnlichen, der affektiven, der mentalen und der spirituellen. Zu fragen ist *zweitens* nach der Beziehung zwischen kontemplativem Beten und anderen Formen des Gebets: In welcher Beziehung steht das kontemplative Gebet zum Bittgebet, zur Schriftmeditation und zur Liturgie? *Drittens* stellen sich Fragen im Blick auf die gemeinschaftliche Dimension kontemplativer Praxis: Welche Bedeutung hat die kontemplative Übung für Kirche und Gesellschaft (und umgekehrt)?

Was die erste Frage betrifft, gehe ich einerseits von der Überzeugung aus, dass *Sinnlichkeit* und *Sinn* eng miteinander verflochten sind und der kontemplative Weg in der sinnlichen Erfahrung seinen zuverlässigsten Ankerpunkt hat. Andererseits werde ich betonen, dass die Sinnlichkeit kontemplativer Erfahrung geformt wird von den Sinnhorizonten, in denen sie sich vollzieht. Im Hinblick auf die zweite Frage werde ich mich vom Gedanken leiten lassen, dass das kontemplative Gebet nicht (oder zumindest nicht in erster Linie) als eine Sonderform christlichen Betens zu betrachten ist, sondern als dessen Tiefendimension. Diese ist auch dort vorhanden, wo man sie nicht bemerkt. Die Antwort, die dieses Buch auf die dritte Frage gibt, lässt sich mit Nietzsches Bemerkung zusammenfassen, dass zu keiner Zeit die Ruhelosen mehr gegolten haben als heute und es deshalb dringlich sei, »das beschauliche Element in großem Maße zu verstärken«.[3]

Seinen Sitz im Leben hat das vorliegende Buch in kontemplativen Exerzitien und Übungswochenenden im Geistlichen Zentrum St. Peter im Schwarzwald und dem Lassalle-Haus bei Zug. Es verdankt sich einer Resonanz, die es selbst weitergeben und wecken möchte. Ich danke meiner Frau Ingeborg Peng-Keller, die wesentlich dazu beigetragen hat, dass diese Resonanzräume und dieses Buch entstehen konnten. Ein großer Dank gebührt auch P. Franz Jalics SJ und P. Péter Mustó SJ, die uns auf der Suche nach unserem Weg inspirierten und ermutigten.

Einleitung

Kommt und seht!

Johannes 1,39

Über viele Jahrhunderte galt Kontemplation als höchste Stufe des christlichen Gebetsweges. Nur wenige, so war man überzeugt, gelangen in ihrer spirituellen Entwicklung bis zu dieser Stufe. Sie glich der Eigernordwand. Das war einer der Gründe, weshalb das kontemplative Gebet lange als etwas betrachtet wurde, was lediglich in einem klösterlichen Umfeld gedeihen kann. Die enge Verbindung mit dem Mönchtum war einer der Gründe, weshalb es in den Kirchen der Reformation weitgehend aus dem reflexiven Bewusstsein verschwand. Anders als in Westeuropa und Amerika erfasste das kontemplative Gebet in Russland bereits im 19. Jahrhundert breitere Kreise der Bevölkerung. *Die Aufrichtigen Erzählungen eines Russischen Pilgers*, die in der zweiten Hälfte dieses Jahrhunderts entstanden, bezeugen die Verbreitung und Popularisierung einer ostkirchlichen Kontemplationspraxis. Die russischen Emigranten, die nach der Revolution von 1917 aus ihrer Heimat flohen, brachten den *Russischen Pilger* als Gastgeschenk nach Westeuropa.

Zur selben Zeit regte sich in der katholischen Theologie Widerstand gegen die Schulmeinung, nur wenige auserlesene Christen seien zu einem kontemplativen Leben berufen. Nach einer intensiv geführten Diskussion setzte sich schließlich die Überzeugung durch, dass es eine allgemeine Berufung zur Kontemplation gebe. Um nur wenige Namen zu nennen: Der französische Ordenspriester Maria-Eugen Grialou gründet 1931 das Säkularinstitut Notre-Dame de Vie, um mit dessen

Hilfe die Kontemplation in alle Berufe und Milieus zu tragen. Karl Rahners Reflexionen über eine Mystik des Alltags gehören ebenfalls in diesen Kontext. Bei Thomas Merton, Bede Griffiths und Hugo Enomiya-Lassalle verband sich die christliche Neuerschließung der kontemplativen Tradition mit der Entdeckung des Reichtums östlicher Wege der Sammlung.

Die westkirchliche Aufnahme des Jesusgebets, die Entdeckung der allgemeinen Berufung zur Kontemplation sowie die Begegnung mit dem Buddhismus und dem Hinduismus prägten die meditativen und kontemplativen Bewegungen des 20. Jahrhunderts. Diese Konstellation ist neu. Dennoch lassen sich Vorläufer finden. Speist sich doch die Tradition christlicher Kontemplation von Beginn an aus unterschiedlichen Quellen. Bereits in der Antike ist sie mit interkulturellen Lernprozessen verbunden. Wie die Kirchen- und Wüstenväter von den antiken Philosophenschulen lernten, kann christliche Spiritualität sich heute von anderen spirituellen Wegen und psychotherapeutischen Verfahren inspirieren lassen. Angesichts der wachsenden Entfremdung gegenüber der christlichen Tradition ist das kreative Neuerschließen der eigenen Quellen eine zentrale Voraussetzung für inter- und transreligiöse Lernprozesse. Religiöse Mehrsprachigkeit gibt es nicht ohne intensive Pflege der religiösen Muttersprache.

Mein eigener Lernprozess begann im Sommer 1985 im kleinen Bergdorf Flüeli-Ranft, dem Geburtsort von Bruder Klaus. Ausgeschrieben war der Wochenkurs, den ich damals besuchte, als Schweigemeditation für Jugendliche und junge Erwachsene. Was sich mir in dieser warmen Sommerwoche erschloss, überraschte und begeisterte mich. Das achtsame Verweilen in der Stille zeigte sich mir als Form christlichen Betens, das gesammelte Präsent-Werden im Hier und Jetzt als Weg persönlicher Erneuerung. Die Anmutungen und Ahnungen, die mir geschenkt wurden, begleiten mich bis heute. Sie eröffneten einen verheißungsvollen Lebenshorizont. Ich war auf einen unbekannten Kontinent gestoßen, der darauf wartete, bereist und entdeckt zu werden.

Zu den ungesuchten Funden gehörten die Visionen des Bruder Klaus sowie die Metallikonen und Meditationen von Josua Boesch, die uns durch die Tage begleiteten. Am Ende der Woche zitierte jemand einige Sätze aus einer Meditation zur Ikone Auferstehung des Judas. *Diese Worte klangen für mich erfrischend neu: als sei jemand einer Wirklichkeit auf der Spur, für die er noch passende Worte und Bilder suchte. Zur kontemplativen Einkehr trat die Erfahrung, dass in gesammelter Präsenz inspirierende Worte und Bilder geboren werden, Spuren zu dem, was sich in ihr jenseits aller Worte und Bilder zeigt.*

Die vorliegende Hinführung zur christlichen Kontemplation speist sich aus dem, was sich mir damals und seither erschloss. Kontemplative Praxis antwortet auf die Sehnsucht nach dem Geheimnis der Gegenwart, nach der Vereinfachung des Gebets und der Vertiefung der Erfahrung, in der Stille neu zu sich zu finden. Der Weg führt von der Unruhe des Geistes in die Ruhe des Herzens, aus der Zerstreuung in achtsames Wahrnehmen, von vielen Worten zu erfülltem Schweigen. Das vorliegende Buch ermutigt dazu, diesen Weg Schritt um Schritt zu gehen und dabei zunehmend in die Welt derer einzutauchen, die sich durch das Zeugnis des Apostels Paulus inspirieren lassen, dass Christsein bedeutet, in die überhelle Lichtfülle des Auferstandenen einzutreten und sich von ihr verwandeln zu lassen.[1]

Was auf den folgenden Seiten dargestellt wird, ist ein Übungs- und Erfahrungsweg, der sich über Jahrhunderte herauskristallisiert hat, ohne dass die Entwicklung zu einem Abschluss gekommen wäre. Wer ihn betritt, wird in eine lebendige Tradition hineingeführt, in eine sich über die Zeiten spannende Such- und Weggemeinschaft.

Kontemplatives Erleben in Worte zu fassen, fällt naturgemäß schwer. Was sich zeigt, wenn zielgerichtete Aktivitäten in den Hintergrund treten, entzieht sich alltäglich vertrauten Sprachformen. Dennoch ist die Suche nach den passenden Worten für kontemplative Praxis bedeutsam. Um zur kontemplativen Sammlung hinzuführen, bedarf es einer geeigneten Sprache:

Worte und Bilder, die Resonanz erzeugen, die anklingen lassen, wozu sie anleiten. Ebenso braucht es, um kontemplative Erfahrungen ins Lebensganze zu integrieren, kommunikative Räume, in denen sie zur Sprache kommen und reflektiert werden können. Die Sprache und die Vorstellungen, die wir dazu gebrauchen, stützen, korrigieren und erweitern unser Selbstverstehen. Die eben genannten Aspekte lassen die kontemplativen Vollzüge nicht unberührt. Selbst wenn es uns geschenkt ist, in einem wort- und bildfreien Zustand der Sammlung zu verweilen, so hat dieser doch unscharfe Ränder. Gleich einem Hintergrundprogramm, das auf dem Bildschirm selbst nicht bemerkbar ist, verarbeitet und formt unser Geist das Erlebte und verknüpft es mit Erinnerungen und Erwartungen. Das bedeutet auch: Wer kontempliert, bringt sich mit einem Selbstverständnis ein, das lebensgeschichtlich und sprachlich geformt ist. Wie andere Wahrnehmungsformen ist auch kontemplatives Gewahrwerden geprägt durch Hintergrundprozesse. Kontemplatives Wahrnehmen zehrt von Sinn-Hintergründen, die einer reflexiven Aufmerksamkeit bedürfen.

Sprache bedeutet immer auch Vermittlung und kulturelle Formung. Zwischen kontemplativer Unmittelbarkeit und sprachlicher Vermittlung tut sich ein Spannungsfeld auf. Diese Spannung wird oft als leidvoll erlebt. Ersehnt wird Unmittelbarkeit, ungeteiltes Verweilen in der Gegenwart. Die Augenblicke solchen gesammelten Daseins sind allzu kurz und allzu selten. Die imaginierenden und analysierenden Denkprozesse, die mit alltäglichen Lebenssorgen verknüpft sind, melden sich spätestens dann wieder, wenn wir uns nach kontemplativen Zeiten unseren Lebensaufgaben zuwenden. Mehr als uns lieb ist, bevölkern sie auch das kontemplative Bewusstsein.

Der Zugang zur Tradition und Praxis christlicher Kontemplation, der auf den folgenden Seiten entfaltet wird, ist eine Frucht meines persönlichen Umgangs mit dieser Spannung.

Die Leserinnen und Leser werden hineingenommen werden in ein stetiges Wechselspiel. Auf Abschnitte, in denen die Hintergründe christlicher Kontemplation nachgezeichnet und Unterscheidungen eingeführt werden, folgen solche, die nahe an Erfahrungsvollzüge heranführen. Das vorliegende Buch möchte eine Hilfe für beides sein: für die kontemplative Praxis und ebenso für deren Verortung im Horizont der christlichen Tradition.

Im Unterschied zu klassischen Werken wie der *Wolke des Nichtwissens* oder den bereits genannten *Aufrichtigen Erzählungen des Russischen Pilgers* wurde dieses Buch mit Blick auf einen säkular geprägten und weltanschaulich pluralistischen Kontext geschrieben. Die christlichen Grundüberzeugungen und Lebensformen, welche die klassischen Anleitungen fraglos voraussetzen, sind längst nicht mehr selbstverständlich. Mit dem weitreichenden kulturellen und gesellschaftlichen Wandel verändert sich auch die Aufgabe, zur christlichen Kontemplation hinzuführen. Um zugänglich zu machen, was einst als Stufenleiter des Betens beschrieben wurde, muss heute auch das Fundament beschrieben werden, auf dem eine solche Leiter hingestellt werden und aufruhen kann.

Der Aufbau des vorliegenden Buchs entspricht diesem Anliegen. Der *erste Teil* entwirft einen Deutungsrahmen für eine heutige kontemplative Praxis in christlicher Tradition. Der *zweite Teil* skizziert unterschiedliche Wege der Einübung. Im *dritten Teil* geht es mit Blick auf eine kontemplative Lebensform um die Integration kontemplativer Erfahrungen und Praktiken. In allen Teilen ist die Überzeugung leitend, dass das Entscheidende in einer kontemplativen Gebetspraxis ein Geschenk ist, das man sich weder verdienen kann noch verdienen muss. Dieses Leitmotiv wird mit Bezug auf biblische Quellen und zentrale Texte der christlichen Tradition in vielfacher Weise variiert werden. Der sich abzeichnende Traditionsbruch macht es dringlich, die Erneuerung christlicher Kontemplation aus ihren Quellen zu suchen. Gegenüber der klassischen Tradition wird dabei dem Leib und der sinnlichen Wahrnehmung ein größerer Stellenwert eingeräumt. Auf diese Weise wird etwas ins Licht gerückt, was in der Praxis schon da war, jedoch durch ererbte Vorurteile verstellt war. Christliche Kontemplation beschränkt sich nicht auf Innenschau. Sie hat auch einen positiven Weltbezug, indem sie sensibilisiert für verborgene Schönheit, für verstecktes Leiden und für Möglichkeiten befreienden Handelns.

Teil I:
Kontemplation als Gabe

Die Kontemplation ist übernatürlich und hat Flügel,
sie ist frei aus der Freiheit des Geistes Gottes,
heißer als die Sonne Afrikas
und frischer als ein Gebirgsbach,
leichter als die Flaumfeder eines Vogels;
ungreifbar entzieht sie sich jedem menschlichen Maß
und übersteigt alle menschlichen Begriffe.

– Jacques Maritain[1]

Was wir wahrnehmen und erkennen, wird geformt durch die Vorstellungs- und Deutungshorizonte, in denen wir leben und die sich im Laufe unseres Lebens verändern. Das gilt auch für kontemplatives Wahrnehmen. Es vollzieht sich im Medium bestimmter Sprachen und Bildwelten. Im ersten Teil dieses Buches geht es um diese Horizonte und Medien, die kontemplatives Wahrnehmen formen. Im Zentrum steht die Überzeugung, dass wir im Tiefsten unseres Seins immer schon von Gott berührt und umfangen sind. Christliche Kontemplation geht von einer Präsenz aus, die sie nicht erst herstellen muss. Sie realisiert in besonderer Weise, dass wir immer wieder neu von Gottes Gegenwart beschenkt werden.

Wie dieses Vorzeichen im Laufe des vergangenen Jahrhunderts im Zusammenhang kontemplativer Praxis neu entdeckt wurde, wird im ersten Kapitel an drei bedeutenden Gestalten aufgezeigt. Das zweite Kapitel geht zurück an die Anfänge christlicher Kontemplation und beschreibt, wie sie sich in einem Umfeld entwickelte, das bereits von kontemplativen Praktiken geprägt war. Das dritte Kapitel skizziert schließlich, was christliche Kontemplation damals und heute in besonderer Weise charakterisiert: die Erfahrung österlicher Gegenwart.

1. Kontemplative Durchbrüche im 20. Jahrhundert

Zuinnerst ist Freundschaft
auferstandenes DU.
Urbeziehung. Den Weg der Spirale finden
bis zuinnerst,
einsam und doch nicht allein.
Ein- und ausgehen, sagt Niklaus von Flüe.
Die Wüste beginnt zu blühen.

– Josua Boesch[2]

Der Rahmen, in dem sich christliche Kontemplation vollzieht, ist der Glauben an die zuvorkommende Gegenwart Gottes. Aller kontemplativer Erfahrung und Einübung voraus liegt eine Gabe, nach der wir nicht gesucht haben. Bevor wir antworten und aufbrechen, sind wir Angesprochene: Menschen, die umfangen und bewohnt sind von Gottes Gegenwart. Alle Suche nach kontemplativer Unmittelbarkeit, ja bereits die Sehnsucht nach einer solchen, ist bereits eine Antwort auf eine Vorgabe. Nicht erst am Ziel, sondern schon am Anfang des Weges, sind wir Beschenkte. Kontemplation ist ein Weg, auf dem wir realisieren, was uns bereits geschenkt ist und wir in jedem Augenblick neu empfangen dürfen.

Meine Entdeckung kontemplativen Betens im Sommer 1985 war mit der Erfahrung verknüpft, in der Stille erwartet zu werden. Inmitten des Lebens, das ich führte, inmitten meiner Existenz begegnete mir eine umfassende Gegenwart. Die Einführung in das, was als Schweigemeditation bezeichnet wurde, erschloss mir nicht nur eine innere Tiefe, sondern auch die Ahnung, dass diese bewohnt ist. Mit dieser Entdeckung, die schwer zu fassen war und sich mit meinen bisherigen Lebenserfahrungen rieb, fand ich mich wieder in den Worten Josua Boeschs zur Ikone Eremitische Freundschaft. *Die durch das Radbild von Bruder Klaus inspirierte Darstellung ruft mit elementaren Formen die Vision einer blühenden Wüste hervor. Im Zentrum des Bildes, zu dem zwei Spiralen führen, erfüllt eine Auferstehungsgestalt einen dunklen Innenraum. In der Ikone spiegelt sich der kontemplative Weg des Ikonographen:*

»Der Zugang zu sich führt durch die Wüste. Durch Dornen und Disteln. Durch das Gestrüpp von Leiden und Schmerzen. Hauchdünn ist der Eingang zur Spirale. Man findet zu ihm nur allein und ohne Ballast. Aber dann atmet man freier, begnügt sich mit wenig. [...] Und seltsam, man weiß sich auf einmal behütet. Und geht und geht, ohne sich aufhalten zu lassen. Dann wird der Weg schmal und schmäler. Und dunkel und dunkler. Aber man geht nicht gebückt. Da gibt es nichts zu erschleichen. Es geht um die Wahrheit, die aufrichtet. Aufrecht findet man sich auch im Dunkel zurecht. Nun wird es still. Ganz aufmerksam ist alles. Ganz Auge und Ohr. Man merkt, dass da noch ein anderes Ohr ist und ein anderes Auge. Ein inneres Ohr und ein inneres Auge. Die hören und sehen mehr als gewöhnlich. Es schaut und hört alles in mir. Neue Bilder und neue Worte. Urbilder und Urworte. So gehe ich weiter und weiter. Da höre ich meinen Namen. Habe ich ihn so je gehört? Und dann höre ich D U sagen. Zu mir D U, wie wenn ich es zum ersten Mal hörte. Urwort. Und dann sage auch ich D U, wie zum ersten Mal. Wo bin ich? Am eigenen Ursprung? Erwartet. Empfangen. Bejaht von einem D U. Vom auferstandenen D U. Urbeziehung. [...] Da kann selbst die Wüste nicht widerstehen und fängt an zu blühen.«[3]

Die blühende Wüste: Die Erkenntnis, dass wir überreich beschenkt sind, noch bevor wir es wahrnehmen, ist verbunden mit der Erfahrung von Armut und Unwissenheit. Im Abgrund ihrer Armut werden Menschen vom Hauch Gottes erfasst. In den Worten des Paulus: »So nimmt sich auch der Geist [Gottes] unserer Schwachheit an. Denn wir wissen nicht, worum wir in rechter Weise beten sollen; der Geist selber tritt jedoch für uns ein mit Seufzen, das wir nicht in Worte fassen können.«[4] Kontemplativ beten heißt, wahrzunehmen, dass Gottes Geist in den Tiefen des menschlichen Selbst betet, mit uns und stellvertretend für uns. Das Geistgebet, das den Menschen in seiner Armut und Leere erfüllt, ist nach dem Bibelwissenschaftler Ulrich Luz die Grundgestalt ekstatischer Gebetsformen. Paulus siedelt diese »nicht in ›engelhafter‹ Höhe, sondern in irdischer Tiefe an«.[5]

Der menschlichen Sehnsucht, die sich in unartikuliertem Seufzen äußert, kommt Gottes Geist zu Hilfe. In spannungsreicher Gleichzeitigkeit von Schwäche und Kraft, von Nicht-mehr-Können und geschenkter Weite, von Nicht-weiter-Wissen und befreiender und beglückender Einsicht, erfährt Paulus sich von göttlicher Gegenwart getragen.[6] Seine Erfahrung entspricht jener, die Moses vor dem brennenden Dornbusch geschenkt wurde: das Armselige und Unscheinbare wird transparent für Gottes Wirklichkeit.

Was es bedeutet, die Gabe der Kontemplation zu entdecken, soll an drei Zeugnissen verdeutlicht werden. In je eigener Weise stehen sie für die Aufbruchsbewegungen, die die christliche Kontemplation im Laufe des 20. Jahrhunderts tiefgreifend veränderten. Sie stammen von drei Menschen, die im Abstand von wenigen Jahren geboren wurden: Carlo Carretto (1910–1988), Bede Griffiths (1906–1993) und Simone Weil (1909–1943). Bei allen drei waren es kontemplative Erfahrungen, die eine Lebenswende herbeiführten.

Carlo Carretto: Die Wüste als Lehrmeisterin

Aufgewachsen in einer Turiner Arbeiterfamilie gehörte Carlo Carretto zu den prägenden Gestalten der *Azione Cattolica*, einer Laienbewegung, die die Kirche »von unten« zu erneuern suchte. Diesem Ideal blieb Carretto ein Leben lang treu. Die Form, in der er es anstrebte, wandelte sich hingegen radikal. Nach zwei Jahrzenten intensiver politischer Aktivität erfährt er eine neue Berufung. Im Rückblick beschreibt er diesen Augenblick folgendermaßen:

»Als ich 44 Jahre alt war, erging an mich der gewichtigste Ruf meines Lebens: der Ruf zum kontemplativen Leben. Er hat in der tiefsten Tiefe des Glaubens Gestalt angenommen, dort, wo absolute Finsternis herrscht und menschliche Kräfte nicht mehr weiterhelfen. Diesmal mußte ich mein Ja sprechen, ohne etwas zu verstehen: Verlaß alles und komm mit mir in die Wüste. Ich will nicht mehr Dein Tun, ich will Dein Beten, Deine Liebe.«[7]

Wie Abraham bricht Carretto auf, um »das Land der Verheißung, das Gott selber ist«, zu suchen. Ohne deren Satzungen zu kennen, schließt er sich der Gemeinschaft der Kleinen Brüder von Charles de Foucauld an. Diese schicken ihn im algerischen Tamanrasset und Beni-Abbès in die Schule der Wüste:

»Ich konnte stundenlang lesen, was ›man über Gott sagt‹. Mein Novizenmeister sagte zu mir: ›Lass doch die Termiten deine Bücher verspeisen. Du stell dich arm und nackt vor Gott hin.‹ Aber ich verstand das nicht. Um es mich verstehen zu lassen, schickten meine Oberen mich zur Arbeit. Hacken in der Oase bei 40 Grad Hitze ist nicht leicht. Nach einigen Stunden anstrengender Arbeit war ich fertig. Der Kopf brummte, der Rücken war krumm. Auf allen Vieren kroch ich in die Fraternität zurück. Und als ich in der Kapelle auf der Strohmatte vor der Eucharistie kniete, war das einzige, was ich noch fertigbrachte, zu weinen. Du bist hierhergekommen, um Gott zu suchen und zu betrachten, doch wie willst du es anstellen mit einem Kopf, der dir rasend weh tut, und von Müdigkeit so zerschlagen, dass du fast wie ein Tier bist? Wie willst du beten, wenn du so müde bist?
Nun, [...] gerade in jener Situation äußerster Armut habe ich eine neue Dimension des Betens entdeckt, die wichtigste, die ich kenne: die Kontemplation. Mir war es, als würde sich im Heiligsten Herzen etwas wie eine Wunde öffnen, und ich verstand zum ersten Male, dass das Gebet nicht durch das Gehirn, sondern durch das Herz geht. Gott kannst du nicht mit dem Verstand festhalten, du erreichst ihn mit der Liebe.
Ich fühlte mich solidarisch mit allen Armen der Erde, ich fühlte mich im Chor mit allen denen beten, die nicht mehr zu beten vermögen, so müde sind sie. Gott ist nicht mit den Reichen, mit den bequemen Leu-

ten, die zum Beten hübsche Rasenflächen, lange Korridore brauchen. Gott ist der Gott der Armen, der Mutter mit den vielen Kindern, die ihr um die Füße tanzen; der von der schweren Arbeit abgestumpften Bauern, denen es, wenn sie beten wollen, nur zu einem Seufzer reicht. Alles war umgestülpt, und ich begriff, dass das wahre Gebet ein Akt der Liebe ist [...]. Ich sah, dass das wirkliche Gebet nicht aktiv, sondern passiv ist. Dass es mehr Schweigen ist als Wortemachen. Dass es mehr Kreuz ist als Kultur. Die Wüste hatte mich beten gelehrt. Die Armut hat mir den Weg gewiesen.«[8]

Die Ausgangssituation, die der Text vergegenwärtigt, ist alles andere als eine günstige Voraussetzung, um sich zu sammeln. Die Aufmerksamkeit ist von Schmerz und Müdigkeit getrübt. Im Gebet wird Carretto konfrontiert mit seinen Grenzen, mit seinem Unvermögen, so zu leben, wie er es sich vorgestellt hat. Er ist in die Wüste gekommen, um zu beten und so seinen inneren Frieden wiederzufinden. Doch nun fehlt ihm die Kraft, sich zu sammeln, ein Gebet zu sprechen, seinen Geist zu Gott zu erheben. In seiner Erschöpfung vermag er nur noch zu weinen – und genau in diesem Moment bricht etwas Neues durch. Eine neue Form des Betens, die nicht mehr aktiv ist. Im Anschluss an eine mystische Tradition, die sich vom Hohen Lied inspirieren ließ, identifiziert Carretto sie mit einem Akt der Liebe und der Hingabe. Das kontemplative Gebet, das sich ihm erschließt, vollzieht sich nicht als geistiger Höhenflug, sondern verbindet sich mit intensivem körperlichem Erleben.

Was Carretto entdeckt, nennt er eine neue *Dimension* des Gebets. Sie lässt sich nicht neben andere Gebetsformen einreihen, sondern bildet deren Tiefendimension. Wer mit dem Bewusstsein betet, dass Gottes Geist sich in ihm oder ihr vergegenwärtigt und wirkt, betet anders. Nicht mehr die Konzentration auf das eigene Tun steht dann im Vordergrund, sondern das Wahrnehmen dessen, was ihm vorausliegt und es inspiriert. Kontemplatives Gebet ist nicht in erster Linie menschliches Tun. Es verdankt sich der Wirksamkeit des göttlichen

Geistes und gibt diesem Raum. In einem Brief aus der Wüste schreibt Carretto: »Die Seele öffnet sich dem Wirken des Geistes in *einer Passivität, die aus Liebe und nicht aus Gedanken besteht.*«[9]

Carrettos Weg entsprach insofern der bisherigen Tradition, als dem Durchbruch zum kontemplativen Gebet eine intensive christliche Gebets- und Lebenspraxis vorausging. Das unterscheidet ihn von Bede Griffiths und Simone Weil, deren kontemplative Ursprungserfahrungen erst nachträglich in diesen Kontext eingebettet wurden.

Bede Griffiths: Die goldene Schnur

Dass der Durchbruch zur Kontemplation sich mit dem Erleben intensiver sinnlicher Verbundenheit verknüpfte, ist Bede Griffiths und Carlo Carretto gemeinsam. Doch während es für letzteren die Herbheit der Wüste war, die ihn neu zu sich und ins Geheimnis Gottes führte, ist Griffiths Urerlebnis sanft und frühlingshaft. Es trägt paradiesische Züge:

»Gegen Ende meiner Schulzeit ging ich eines Abends allein spazieren und hörte den vollen Chorgesang der Vögel, wie man ihn nur bei Sonnenaufgang oder Sonnenuntergang und nur zu dieser Jahreszeit zu hören bekommt. Noch heute erinnere ich mich an die Überraschung, die ich empfand, als der Klang plötzlich an meine Ohren drang. Mir schien, ich hätte die Vögel noch nie singen gehört, und ich fragte mich, ob sie das ganze Jahr über so sängen, ohne daß ich es gemerkt hätte. Als ich weiterging, stieß ich auf einige voll erblühte Weißdornbüsche, und wieder glaubte ich, noch nie einen solchen Anblick gesehen und niemals solchen Liebreiz empfunden zu haben. Wäre ich plötzlich unter die Bäume des Gartens Eden versetzt worden und hätte dort einen Engelschor singen gehört, hätte ich nicht verwunderter sein können. Sodann erreichte ich eine Stelle, an der man sehen konnte, wie die Sonne über den Sportplätzen unterging. Auf einmal flog eine Lerche neben dem Baum, an dem ich stand, vom Boden auf und ließ ihr Lied über mir erklingen, bis sie nach wie vor singend herabflog, um zu schlafen. Dann wurde alles still, als die letzten Sonnenstrahlen verschwanden und der Schleier der Dämmerung die Erde bedeckte. Ich entsinne mich des Gefühls der Ehrfurcht, das über mich kam. Ich wollte auf dem Boden niederknien, so als sei ein Engel gegenwärtig. Ich wagte es kaum, zum Himmel aufzublicken, denn es kam mir vor, als wäre er nur ein Schleier vor dem Angesicht Gottes.«[10]

Was sich Griffiths an diesem denkwürdigen Abend erschloss, war die Ahnung eines »Orts der Fülle«. So kurz diese geheimnisvolle Verwandlung der Welt auch dauerte, sie war wegweisend für alles Kommende. Im Rückblick kommt es ihm später vor, als habe er an diesem Abend eine goldene Schnur gefunden, die ihn aus dem Labyrinth, in dem er sich verlaufen hatte, hinaus- und in eine neue Wirklichkeit hineinführte.

Der Weg, der an diesem Abend beginnt, ist windungsreich und voller Krisen. In seinem Ringen und Suchen nimmt Griffiths spirituelle Aufbrüche und Grenzüberschreitungen vorweg, die in der zweiten Hälfte des 20. Jahrhunderts breite Kreise erfassen werden. In Sehnsucht nach einem einfachen und naturverbundenen Leben distanziert er sich Schritt um Schritt von der bürgerlichen Welt seiner Herkunft. Nach dem Studium in Oxford zieht er mit Freunden in eine einsame Gegend, um dort fernab aller Zivilisation und in größter Einfachheit und Naturnähe ein neues Leben zu beginnen. Das Experiment sollte kaum ein Jahr dauern, doch zeichnet sich darin schon ab, was Griffiths Jahrzehnte später in Indien verwirklichen wird. Was als romantisch inspirierte Suche begann, entwickelt sich zu einer Wiederannäherung an den christlichen Glauben. Angestoßen durch seinen Mentor C. S. Lewis entdeckt Griffiths christliche Schriftsteller und Theologen. Hinter seinen Vorurteilen und Vorbehalten eröffnet sich der unerschlossene Kontinent einer religiösen Existenz. Doch als er sich anschickt, ihn zu betreten, gerät er in einen heftigen inneren Konflikt. Ähnlich wie Carretto stößt Griffiths hart an die

Grenze seines Wollens und Verstehens: »Meine Entdeckung des Christentums verlief entlang rationaler Linien. Auf jeder Stufe fand ich offenbar das Buch, das ich brauchte, um meine Vernunft und ebenso meinen Instinkt für Schönheit und Heiligkeit zu befriedigen.«[11] Doch nun half ihm kein Buch und keine Einsicht mehr weiter. Was ihm auf seinem bisherigen Weg eine Hilfe darstellte, wird ihm zum Problem: sein ausgeprägter Wunsch, die Wirklichkeit zu begreifen, um selbstbestimmt leben zu können.

»Der Konflikt war tiefer, als ich vermutlich verstehen konnte. Bis anhin hatte ich nach meinem eigenen Willen gelebt. Ich hatte mir meine Philosophie und Religion erarbeitet und ohne es zu wissen, hatte ich mir einen Gott nach meiner eigenen Vernunft gebildet. Ich hatte mich zum Richter über alles im Himmel und auf Erden gemacht und anerkannte keine Macht oder Autorität über mir. [...] Ich war das Zentrum meiner eigenen Existenz, und meine Isolation gegenüber dem Reste der Welt verdankte sich dem Faktum, dass ich mich freiwillig innerhalb der Schranken meines eigenen Willens und meiner eigenen Vernunft eingesperrt hatte. [...] Ich war dazu aufgerufen, die Zitadelle meines Selbst zu übergeben. Ich befand mich völlig im Dunkeln.«[12]

Erschüttert von der Einsicht, dass auch seine spirituelle Suche einem egozentrischen Muster folgte, kniet sich Griffiths vor einem Kruzifix hin und identifiziert seine eigene Not und Dunkelheit mit der Passion Christi. Fast ohne aktives Mitwirken vollzieht sich in ihm eine radikale Umkehr, die ihren Ausdruck schließlich in einer tränenreichen Lebensbeichte findet. Danach ist alles in ein anderes Licht getaucht:

»Als ich auf die Straße trat, bemerkte ich, dass mich die Welt, die mich umgab, nicht länger bedrückte, wie sie es zuvor getan hatte. Das harte Gehäuse der äußeren Realität schien wie durchbrochen, alles erschloss sein innerstes Sein. Die Busse auf der Straße scheinen ihre Festigkeit verloren zu haben und waren von Licht durchglüht [...] Ich war wie ein Vogel, der die Eischale durchbrochen hatte und sich in einer neuen Welt wiederfand [...]. Als ich nach Hause kam, ging ich auf mein Zimmer und nahm das Neue Testament in die Hand. Dort las ich die Worte aus dem Ersten Johannesbrief: ›Nicht wir haben Gott geliebt, sondern er hat uns zuvor geliebt‹, und plötzlich dämmerte mir der Sinn dessen, was sich ereignet hatte: Durch all die Jahre hindurch hatte ich gedacht, ich sei auf der Suche nach Gott. Die Präsenz, die sich mir durch die Formen der Natur an jenem Schultag erschloss, die Schönheit, die ich bei den Poeten fand, die Wahrheit, die die Philosophie mir eröffnete und schließlich die Offenbarung des Christentums: sie erschienen mir als Stufen meines Aufstiegsweg zu Gott. Nun realisierte ich plötzlich, dass während all dieser Zeit nicht ich auf der Suche nach Gott war, sondern Gott auf der Suche nach mir.«[13]

Im Rückblick erkennt Griffiths, dass das, was er als eigenen Fortschritt verbucht hatte, in Wirklichkeit Geschenk war, Ausdruck der entgegenkommenden und ihn suchenden Gegenwart Gottes.

Simone Weil: Achtsamkeitspraxis und christliche Kontemplation

Auch Simone Weils Zugang zur christlichen Kontemplation steht exemplarisch für viele Suchwege des 20. und 21. Jahrhunderts. Aus einem säkularen und wohlhabenden jüdischen Elternhaus stammend verstand sich Weil über viele Jahre als Agnostikerin. Bereits in ihrer Jugend entdeckte sie die heilsame Kraft der Kontemplation. In einer schweren Krise, die sie als 14-jährige überfällt, erschließt sich ihr das Geheimnis ungeteilter Aufmerksamkeit, die sie später als Wesen des Gebets beschreibt:

»Die Aufmerksamkeit besteht darin, das Denken auszusetzen, den Geist verfügbar, leer und für den Gegenstand offen zu halten [...] Der Geist soll hinsichtlich aller besonderen und schon ausgeformten Gedanken einem Menschen auf einem Berge gleichen, der vor sich hinblickt und gleichzeitig unter sich, doch ohne hinzublicken, viele Wälder und Ebenen bemerkt. Und vor allem soll der Geist leer sein, wartend, nichts suchend, aber bereit, den Gegenstand, der in ihn eingehen wird, in seiner nackten Wahrheit aufzunehmen.«[14]

Mit ihrer frühen Entdeckung bewegt sich Weil zunächst im Rahmen einer säkularen Weltanschauung, die sich allerdings früh schon mit Sympathien für die soziale Sensibilität des Christentums verknüpft. Die ungeteilte Aufmerksamkeit, die sie entdeckt hatte, wird zunächst als philosophische Praxis fruchtbar. Erst nach Erfahrungen des Scheiterns und der Krankheit erschließt sich ihr Schritt für Schritt das religiöse Potenzial ihrer Achtsamkeitsübung. Wenn es in einem späten Aufsatz heißt, dass sich die verborgene Gegenwart Gottes dem achtsamen Blick sowohl durch religiöse Vollzüge als auch durch die Schönheit der Welt und den Nächsten vermittelt, entspricht das Weils eigener Erfahrung. Ihre Entdeckung christlicher Kontemplation geschieht in radikaler Solidarisierung, in liturgisch-ästhetischen Erfahrungen und in meditativer Rezitation religiöser Poesie und des Vaterunsers. Was das Auswendiglernen dieses Gebets im griechischen Original für sie bedeutete, beschreibt Weil in einem Brief an ihren geistlichen Begleiter Jean-Marie Perrin:

»Da hat die unendliche Süßigkeit dieses griechischen Textes mich derart ergriffen, daß ich einige Tage lang nicht umhin konnte, ihn mir unaufhörlich zu wiederholen. Eine Woche später begann ich mit der Weinlese. Ich sprach das Vaterunser auf Griechisch jeden Tag vor der Arbeit, und im Weinberg habe ich es dann noch oftmals wiederholt. Seitdem habe ich mir als einzige Übung die Verpflichtung auferlegt, es jeden Morgen ein Mal mit unbedingter Aufmerksamkeit zu sprechen. Wenn meine Aufmerksamkeit unter dem Sprechen abirrt oder einschläft, und sei es auch nur im allergeringsten Grade, so fange ich wieder von vorne an, bis ich ein Mal eine völlig reine Aufmerksamkeit erreicht habe. […] Die Kraft dieser Übung ist außerordentlich und überrascht mich jedesmal, denn, obgleich ich sie jeden Tag erfahre, übertrifft sie jedes Mal meine Erwartung. […]. Mitunter […] ist während dieses Sprechens oder zu anderen Augenblicken Christus in Person anwesend.«[15]

Vergleicht man Simone Weils Weg, der in der Erfahrung der Gegenwart Christi gipfelt, mit traditionellen Stufenmodellen, treten überraschende Parallelen ebenso hervor wie markante Differenzen. Was die autobiografische Skizze nachzeichnet, entspricht dem klassischen Vierschritt von Lesung, Meditation, (Herzens-)Gebet und Kontemplation. So nahe Weil diesem Modell kommt, so fern steht sie der klösterlichen Welt, in der es im 12. Jahrhundert ausformuliert wurde. Zwar ist Weils Lebensstil nicht weniger asketisch wie jener der Mönche, die sich an diesem Vierschritt orientierten. Doch während bei diesen die Kontemplation die Gipfelerfahrung eines intensiven christlichen Lebens darstellt, handelt es sich bei Simone Weil, die sich als ungetaufte Christin versteht, zunächst um eine säkulare Praxis, die dem christlichen Beten voraus- und in es eingeht.

2. Historische Tiefenschärfungen

Wie sehr würde unser Leben sich ändern,
wenn man sähe,
dass die griechische Geometrie und der christliche Glaube
derselben Quelle entsprungen sind!

– Simone Weil[16]

Simone Weil glich jenen antiken Philosophen, die mit dem Christentum sympathisierten, ohne deswegen den Wunsch zu empfinden, sich taufen zu lassen. Die Moderne, in der sie den christlichen Glauben entdeckt und lebt, unterscheidet sich jedoch grundlegend von der Welt antiker Philosophen. An die Stelle der Vorstellung, in einem geistdurchwirkten und geometrisch geordneten Kosmos zu leben, der das Durcheinander menschlicher Geschichte umfängt, drängt sich zunehmend die Vorstellung, verloren in einem endlosen Universum dahinzutreiben, das zwar naturgesetzlich geordnet ist, doch das menschliche Sinnbedürfnis nicht zu erfüllen vermag. Mag der naturwissenschaftliche Blick auf die Welt noch an seine kontemplativen Ursprünge erinnern: die Weltsicht des unbeteiligten und entkörperten Beobachters, der aus einem einsamen Nirgendwo blickt, unterschiedet sich grundlegend vom erdverbundenen Staunen über die Schönheit und Weite des Nachthimmels. Die scharfe Trennung zwischen subjektiver und objektiver Wirklichkeit ist ein Produkt der Neuzeit. Die lebensweltliche und kontemplative Einheit von Schauendem und Geschautem wird dadurch zerteilt. Der unpersönliche Blick aus dem Nirgendwo hält nur noch das für wirklich, was feststellbar und messbar ist. Menschliches Bewusstsein erscheint dann als Spiegel, der gegenüber den harten Fakten physikalischer Wirklichkeit so flüchtig ist wie eine glänzende Seifenblase.

Vor der Entdeckung kontemplativen Betens im Sommer 1985 war mein Alltag von intensiver Lektüre geprägt. Bereits in der Primarschule hatte ich begonnen, leidenschaftlich zu lesen, und spielte mit dem Gedanken, Schriftsteller zu werden. Mich in Romanwelten zu verlieren und dabei meine Umwelt völlig auszublenden, war berauschend. Später entdeckte ich, dass das Lesen einem auch Zugang zu den nicht weniger faszinierenden Welten der Wissenschaft und des Denkens verschaffen konnte. Ich las zunächst wahllos alles, was mir in die Hand kam. Nach und nach wurde ich wählerischer und ging den Spuren nach, die mir als besonders verheißungsvoll erschienen. Mit 14 Jahren entdeckte ich Marcel Prousts großen Roman Auf der Suche nach der verlorenen Zeit *und Ernst Blochs* Das Prinzip Hoffnung. *Auf sehr unterschiedliche Weisen weckten beide Werke in mir eine Ahnung dessen, was sich mir wenig später als kontemplative Erfahrung zu erschließen begann.*

Die Entdeckung der Kontemplation führte dazu, dass ich diese Bücher für einige Jahre auf die Seite legte und mein Lesen auf das Maß reduzierte, das mir von der Schule auferlegt wurde. Zum einen war mir klar geworden, dass mein Leseverhalten auch eine Flucht darstellte. Die Lese-Diät, die ich mir auferlegte, hatte selbsttherapeutischen Charakter. Zum anderen eröffnete mir die Kontemplation einen neuen Zugang zur Wirklichkeit. Ich zögerte in jugendlicher Maßlosigkeit nicht, alles auf diese Karte zu setzen.

Das intensive Üben, das im Sommer 1985 begann, war nicht weniger einseitig, als mein leidenschaftliches Lesen in den Jahren zuvor. Mein Leben bewegte sich zwischen zwei Welten hin und her, die wenig miteinander verband: der Alltagswelt, die ich mit meiner Familie und meinen Schulkollegen teilte, und die Innenwelt der Kontemplation. Nach einigen Jahren merkte ich, dass sich hinter dem intensiven Meditieren der Wunsch verbarg, auf möglichst schnellem und sicherem Weg zu innerer Reife und Erleuchtung zu gelangen, und mein Leben in ein Ungleichgewicht geraten war. Ernüchtert musste ich zur Kenntnis nehmen, dass die Kontemplation nicht die Lösung aller Lebensprobleme bedeutete.

Die Aufgabe, kontemplatives und aktives Leben miteinander zu verbinden, erwies sich als mühevoll. Als Theologiestudent, der ich mittlerweile geworden war, bestand meine Hauptaktivität im Lesen und in der reflexiven Verarbeitung wissenschaftlicher Texte. Obwohl meine frühe Leseleidenschaft wieder erwacht war und mich das Studium faszinierte, fiel es über Jahre schwer, intellektuelle Arbeit und Kontemplation in Einklang zu bringen. Es war, als ob ich gleichzeitig Gegensätzliches lernen wollte. Erst als später die Theologie der Spiritualität zu meinem Forschungsfeld wurde, stellte sich die ruhige Gewissheit ein, dass kontemplative Praxis und kritische Analyse sich in fruchtbarer Weise ergänzen können. Es bedurfte vieler Jahre um zu erkennen, dass wissenschaftliche Arbeit selbst eine Möglichkeit darstellt, die kontemplative Praxis zu befruchten und sie in einen größeren Zusammenhang zu stellen.

Die moderne Idee, es könne so etwas wie einen gänzlich unbeteiligten Blick auf die Wirklichkeit geben, hat denselben Ursprung wie die kontemplative Praxis, der dieses Buch gewidmet ist. Beides geht zurück auf den Gedanken, es gebe jenseits der Perspektivität, die sinnliches Wahrnehmen charakterisiert, eine ›rein geistige‹ Schau, eine intellektuelle Intuition. Das Christentum entwickelte sich, wie im Folgenden vergegenwärtigt werden soll, in einer Zeit, in der es bereits unterschiedliche Praktiken religiöser und philosophischer Kontemplation gab, an die es anknüpfte und die es transformierte.

Die achsenzeitliche Transformation kultischer Kontemplation

Sie schreiten dahin mit wachsender Kraft;
Dann schauen sie Gott auf dem Zion.

– Psalm 84,8

Theoria, das griechische Wort für Kontemplation, bezeichnete eine »heilige Schau«, die im kultischen Kontext verortet war. Sprachlich lässt es sich sowohl von *thea* (Sicht, Geschautes) als auch von *theos* (Gott) ableiten. Das Wort stand für ein Schauereignis, das gewisser Voraussetzungen bedurfte. Um zur *theoria* zu gelangen, musste man eine Pilgerreise unternehmen.[17] Aufzubrechen und sich auf einen Weg an einen fremden Ort zu machen, dem symbolischen Zentrum der Welt, war ein unumgänglicher Bestandteil dessen, was *theoria* genannt wurde. Der Weg, der zur Schau hinführte und in sie einging, war ein Prozess des Loslassens, der Läuterung, der Vorbereitung. Ihren Höhepunkt fand die vorchristlich-antike Kontemplation in kultischen Feiern, in der schauenden Präsenz an heiligen Orten. Durch die Schau, in visueller Kommunikation und Kommunion, vermittelte sich der Kontakt zum Heiligen.

Wie weit diese kultische Kontemplation in die Geschichte der Menschheit zurückreicht, zeigen zwei kleine Statuetten, die in den 5000 Jahre alten Ruinen eines sumerischen Tempels gefunden wurden. Sie stellen zwei Personen dar, die in aufrechter Haltung und mit erhobenen Händen ein Trankopfer darbringen. Auffällig sind die weit geöffneten Augen, die auf eine intensive visuelle Kommunikation mit der Gottheit hinweisen, der sie ihre Gaben weihen.

Was in Griechenland als *theoria* bezeichnet wurde, war in der Antike eine weit verbreitete Praxis. Auch in Israel war sie

Abb. 1: Statuetten aus einem sumerischen Tempel (um 3000 v. Chr.)
Zeichnung v. I. Haselbach[18]

bekannt. Man pilgerte auf den heiligen Berg Zion, nach Jerusalem, um dort Gott im Tempel zu *schauen* (Psalm 84,8). In seiner Struktur entsprach die Tempelanlage einer königlichen Residenz, sein Innerstes dem Thronsaal, dem Ort königlicher Präsenz. Im Jerusalemer Tempel vergegenwärtigte nicht ein Kultbild die göttliche Gegenwart, sondern eine Leerstelle. Ganz leer war das Allerheiligste allerdings nicht. In der Mitte des Raumes stand ein Thron, der von Engelsdarstellungen gesäumt war. Auch ein Tabernakel mit beschriebenen Steintafeln war in diesem heiligen Leerraum. Seine Bedeutung ergab sich auch aus der Verortung im Tempel. Er war Teil einer symbolisch gestalteten Anlage mit verschiedenen Vorhöfen, in denen geopfert, gesungen, gegessen und getanzt wurde. Der Tempel selbst war wiederum Teil einer religiösen Tradition, die davon erzählte, wie es zu diesem Heiligtum gekommen ist.

Wie an anderen Kultstätten war die Liturgie am Jerusalemer Tempel ein Schauereignis, ein sinnliches Spektakel im positiven Sinne. Alle Israeliten waren aufgefordert, mit ihren Großfamilien jährlich an den Tempel zu kommen. Dort sollten sie die Zehnten aller erarbeiteten Güter darbringen und diese dann in einer Mahlgemeinschaft am heiligen Ort fröhlich verzehren![19] Entsprechend dazu wird auch die Gottesschau am Sinai, die dem ganzen Volk gewährt wird, verknüpft mit einem Festmahl: »Sie durften Gott sehen, und sie aßen und tranken.«[20]

Um die antike Kontemplation verstehen zu können, bedarf es eines Schritts hinter unsere heutigen Wahrnehmungsgewohnheiten zurück. Was und wie wir wahrnehmen, ist kulturell bedingt und dem geschichtlichen Wandel unterworfen. Anders als die spätere Tradition kennt die biblische Vorstellungswelt keine scharfen Grenzen zwischen Geistigem und Materiellem.[21] In den biblischen Texten wird nicht »zwischen äußeren, visuell erfaßbaren ›Bildern‹ und inneren gedanklichen ›Bildern‹ unterschieden. Das Alte Testament kennt weder ein Wort für ›Denken‹ und ›Vorstellen‹ im heutigen Sinn, noch erscheint in seinen Texten eine wie auch immer geartete Unterscheidung zwischen ›sichtbar‹ und ›unsichtbar‹, ›materiell‹ und ›geistig‹.«[22]

Selbst wenn der Jerusalemer Tempel und seine Liturgie noch unverändert existierte, würden *wir* sie anders wahrnehmen als der Psalmendichter. Dieser erblickte »den Einzug […] Gottes […] ins Heiligtum: voraus die Sänger, die Saitenspieler danach, dazwischen Mädchen mit kleinen Pauken«.[23] C. S. Lewis schreibt dazu: »Wäre ich dabei gewesen, so hätte ich die Musikanten und die Mädchen mit den Tamburinen gesehen; überdies hätte ich vielleicht als etwas Zweites die Gegenwart Gottes ›gespürt‹ (wie wir sagen) – oder auch nicht. Der Andächtige des Altertums war sich einer solchen Zweiheit nicht bewusst.«[24]

Tauchen wir in die biblische Vorstellungswelt ein, begegnet uns die göttliche Wirklichkeit nicht jenseits der sichtbaren Welt, sondern als deren Tiefendimension. Sie scheint *im* Wahrnehmbaren auf wie durch ein transparentes Tuch. Tempel und liturgische Feste bilden einen besonders durchlässigen (Zeit-) Raum, in dem sich diese Tiefendimension zeigen kann. Im Vollzug kultischer Kommunikation wird Gottes Gegenwart wahrnehmbar. Das Allerheiligste ist der Thronsaal Gottes. Wer hier eintritt, steht vor Gottes Angesicht, wird von überheller Präsenz umfangen.

Erst um 400 v. Chr. entwickelte sich die Vorstellung, die wahre Kontemplation sei jenseits der sinnlich wahrnehmbaren Welt angesiedelt. Die Entstehung eines neuen Kontemplationsverständnisses berührt ein zentrales Phänomen abendländischer Geistes- und Spiritualitätsgeschichte: die achsenzeitliche Transformation bisheriger religiöser Formen. Der Philosoph Karl Jaspers beschrieb dies als einen Prozess der Vergeistigung und Verinnerlichung, der sich etwa zwischen 800 und 200 v. Chr. an verschiedenen Orten in der Welt vollzog.[25] Jaspers betrachtete die Achsenzeit als Wiege all dessen, was die Menschheitsgeschichte bis heute an Ideen und Überzeugungen leitet. Zentral war die befreiende Entdeckung, dass wir uns in radikaler Weise von allem Vorfindlichen und Wahrnehmbaren zu distanzieren vermögen: von der sozialen Welt und ihren religiös-politischen Institutionen ebenso wie von uns selbst und unseren Gedanken, Vorurteilen und Phantasien. Diese Entdeckungen, die mit der Entwicklung von neuen Schriftkulturen einherging, transformierten bisherige Formen religiöser und politischer Praxis und bedeuteten den Beginn rationaler Welt- und Selbsterforschung. Doch nicht allein ein distanziert-beobachtender Blick auf die Welt und den Menschen bildete sich aus, sondern es kam auch zu einer mystischen Wende nach innen. Man entdeckte, dass eine geistige

Welt aufging, wenn man seine Aufmerksamkeit von der leiblich-sinnlichen Welt abzog.

Um diese befreienden Entdeckungen zur Sprache zu bringen, begann man, zwischen zwei Formen der Wahrnehmung zu unterscheiden, der sinnlichen und der geistigen. Zu den ebenso genialen wie folgenreichen sprachlichen Innovationen Platons gehört, dass er zur Bezeichnung der ›geistigen Schau‹ ein Wort aus dem kultisch-religiösen Kontext in die Philosophie einführte: *theoria*. Am deutlichsten zeigt sich diese philosophische Neuprägung in seinem Werk, das unter dem Titel *Politeia*, der Staat, die politische Philosophie des Abendlandes begründete. In der Rahmenerzählung ist Sokrates unterwegs zu einer kultischen *theoria*. Diese vertraute Form religiöser Kontemplation dient dem Philosophen Sokrates als Hintergrund, um seinen Gesprächspartnern eine neue Form geistiger Schau zu beschreiben. Die dialogisch gestaltete Erzählung gipfelt in einer Parabel, die als Höhlengleichnis in die Geschichte eingegangen ist. Darin beschreibt Sokrates einen Auf- und Ausstieg aus der schattenhaften Höhle der sinnlichen Welt. Statt an einem kultischen ›Spektakel‹ teilzunehmen, tritt der Kontemplative in die helle und reine Sphäre einer intellektuellen Schau ein. In der platonischen Version ist *theoria* keine kühle Spekulation, sondern ein existenzielles Ereignis. Ähnlich wie in der kultischen Kontemplation kommt es in ihr zu einem transformativen Kontakt mit der himmlischen Wirklichkeit.

Die achsenzeitliche Umgestaltung kultischer Kontemplation vertiefte sich im Kontext des frühen Christentums. Zumindest auf den ersten Blick haben die philosophische Abkehr vom Tempelkult und die christliche Anbetung in »Geist und Wahrheit« manches gemeinsam. Die christliche Kontemplation kommt wie die philosophische ohne herkömmliche Tempel und Kultstätten aus. Sie behält jedoch einen Bezug zur sinnlichen Wahrnehmung. Ist sie doch eingebettet in rituelle Gebete, in denen sich sinnliche Wahrnehmung und Ausdruckshandlungen verschränken. Auch wenn die christliche Theologie über die Jahrhunderte unter platonischem Einfluss stand, blieb die kontemplative Gebetspraxis weit sinnlicher und leiblicher, als die theologischen Versuche, diese zu beschreiben, es erahnen lassen. Dass die Schönheit der Natur und stille, stimmungsvolle Räume für die Kontemplation förderlich sind, blieb im Bewusstsein. Über Jahrhunderte bildeten Klöster, Kirchen und Kapellen stille Oasen geistdurchwirkter Sinnlichkeit.

Erinnerungsfragmente an sakrale Räume: Lichtdurchflutete Kathedralen, in denen sich der Geruch von altem Gemäuer vermischt mit rußig-süßem Geruch von Opferkerzen; von der Hitze draußen ist nichts zu spüren; angenehme Kühle umgibt mich, als ich mich auf der alten Holzbank sammle; gedämpfte Stimmen tauchen auf und verebben wieder, messen die Weite des Raumes aus. Ein ebenerdiger Meditationsraum, in dem ich über Jahre viele Stunden in Sammlung verbringe; der Geruch und die Farbe des Spannteppichs und der helle Klang der Klangschale verbinden sich mit feinen leiblichen Empfindungen. – Eine von Kerzen erleuchtete Krypta: die dumpfen Geräusche, die von Ferne in die Stille tropfen, machen mir bewusst, wie abgeschieden dieser Ort ist. – In festlicher Schar verwebt sich meine Stimme in einen vielstimmigen Klangteppich, der sich stetig ausbreitet und in mir Resonanzen weckt, die von Erinnerung und Sehnsucht durchdrungen sind.

Frühchristliche Transformation achsenzeitlicher Kontemplation

Die Stunde kommt,
und sie ist schon da,
zu der die wahren Beter
den Vater anbeten werden
im Geist und in der Wahrheit.

– Johannesevangelium 4,23

Neben der heiligen Schau, die sich mit Wallfahrt und kultischen Vollzügen verband, teilten antike Kulturen noch eine weitere Form der Kontemplation miteinander: das Betrachten des Himmels in all seinen Gestalten. Das lateinische Wort *contemplatio* bezeichnete ursprünglich die Tätigkeit der römischen Auguren. Diese beobachteten den Vogelflug in einem eingegrenzten Bereich *(templum)* des Himmels. Daraus lasen sie ab, ob ein bestimmtes Unternehmen den Göttern genehm war. Doch beschränkte sich die antike Himmelsschau nicht auf prognostische Praxis. Im Zentrum stand die Erfahrung überwältigender Schönheit. Das sichtbare Himmelsgewölbe mit seiner Harmonie und seinem Glanz wurde als funkelndes Kleid Gottes betrachtet. Die vollkommene Geometrie des Himmels vermittelte das Gefühl von kosmischer Geborgenheit und Weite. Als himmlische Wirklichkeit ist sie den Menschen heilsam entzogen. Allein schauend können sie an ihr partizipieren. Die Schau vollkommener Schönheit verwandelt sie. Die Heilkraft des Himmels geht in sie ein. An diesem Punkt verbinden sich vergangene und gegenwärtige Welterfahrung. Simone Weil notierte: »Für mich gibt es keine größere Freude, als in einer klaren Nacht den Himmel mit so gesammelter Aufmerksamkeit anzuschauen, daß alle anderen Gedanken verschwinden; dann möchte man glauben, daß die Sterne in die Seele eintreten.«[26]

Die neutestamentliche Erzählung von den Sterndeutern aus dem Orient spannt den Bogen von dieser verbreiteten Gestalt antiker Himmelsbetrachtung zu einer revolutionär neuen Form heiliger Schau.[27] Man kann sie als Urgeschichte christlicher Kontemplation lesen, als erzählerische Darstellung eines komplexen historischen Prozesses. In ihm eignete sich das frühe Christentum antike Formen der Kontemplation an, nicht ohne diese dabei tiefgreifend zu transformieren.

Was die Sterndeuter aufbrechen lässt, ist eine verheißungsvolle Sternstunde. Inmitten des ewigen Himmels, der sich in völliger Ruhe und in vollkommener Harmonie bewegt, entdecken sie den Anfang einer neuen Wirklichkeit, welche die sich rundenden Himmelssphären aufsprengt. Geleitet durch ihre nächtliche Vision machen sie sich auf den langen Weg nach Jerusalem. Sie reihen sich ein in die Scharen der Pilger, die ebenfalls dorthin unterwegs sind, um im Tempel ihre Opfer darzubringen und am heiligen Ort zu kontemplieren. Als sie in der heiligen Stadt ankommen, wird die Harmonie ein zweites Mal gesprengt. Jerusalem erweist sich als mörderisches Labyrinth. Den entscheidenden Hinweis, der aus der Sackgasse herausführt, erhalten die Ortsfremden von Schriftgelehrten, die um den Weg wissen, ohne ihn selbst zu gehen.

Den verheißungsvollen Neuanfang, der sie aufbrechen ließ, finden die Sterndeuter nicht im Tempelheiligtum und in kultischer Kontemplation, sondern an einem nüchternen Ort ohne jegliche sakrale Ausstrahlung. Die Himmelsbetrachtung transformiert sich in die Kontemplation des Himmels auf Erden. Sie wird zur schweigenden Anbetung des Wortes, in dem sich Gott den Menschen vergegenwärtigt und verschenkt. Im dürftigen Geburtsort widerspiegelt sich die Armut des frühen Christentums. Ihm fehlt das, was zu einer antiken Religion gehörte: einen Tempel. Wohin sollen Christen pilgern, um ihrer Gottesverehrung Ausdruck zu verleihen, um in Gottes Gegenwart zu verweilen und diese zu kontemplieren?

Die Evangelien, die in einer Zeit entstehen, in welcher Jerusalems Tempel bereits zerstört ist, haben darauf eine klare Antwort: Der neue Tempel, der für alle offen steht und in dem sich die göttliche Gegenwart offenbart, ist der auferstandene Christus selbst in der Gemeinschaft jener, die sich in seinem Namen versammeln. Als das Christentum sich später den antiken Religionen angleicht und Kultstätten zu errichten beginnt, geht zunehmend vergessen, wie radikal die frühchristliche Transformation kultischer Kontemplation war. Der heilige Raum, in dem man in Kontemplation verweilen, im Blick Gottes ruhen kann, ist nicht mehr örtlich festgelegt, sondern bildet sich je neu heraus: »Wo zwei oder drei in meinem Namen versammelt sind, da bin ich mitten unter ihnen.«[28] Das Gravitationszentrum christlicher Kontemplation ist der Auferstandene selbst, der Menschen zusammenführt und sich dort vergegenwärtigt, wo sie sich in seinem Namen sammeln.

Was mich an den Metallikonen von Josua Boesch faszinierte, war das österliche Licht, das mich im Betrachten berührte. Im vielfältig gebrochenen und erdigen Glanz der Metalle vergegenwärtigten sie mir die Auferstehungswirklichkeit, aus welcher der christliche Glaube immer wieder neu entsteht. Die Realpräsenz, die mir in diesen Ikonen begegnete, umfasste und durchdrang den Alltag, auch denjenigen des Ikonographen selbst. Den umgebauten Stall, den er in jenen Jahren bewohnte, war Wohnraum und Werkstatt zugleich. Gleich neben der Kochecke stand die Werkbank. Eine kleine Treppe führte zu einem offenen Obergeschoß, in dem auf schmalem Raum ein Bett stand und man durch kleine Fenster auf die hügelige Landschaft des Casentino blicken konnte. Alles war einfach und stilvoll eingerichtet, ein Öllämpchen brannte immer vor einer der vielen Ikonen, die dem Raum eine sakrale Atmosphäre verliehen.

3. In der überhellen Gegenwart des Auferstandenen

Einmal ist Christus selbst herniedergestiegen und hat mich ergriffen. Ich empfand die Gegenwart einer Liebe gleich jener, die man in dem Lächeln eines geliebten Antlitzes liest.

– Simone Weil[29]

Was es bedeutet, in diesen Gravitationsraum einzutreten, beschreibt Simone Weil in ihrem am 15. Mai 1942 verfassten Abschiedsbrief an den Dominikaner Jean-Marie Perrin. Sie beschreibt darin, wie ihr Christus zunächst an den Rändern der Gesellschaft begegnet war, im Kontakt mit Menschen, die weitab der großbürgerlichen Welt lebten, in der Weil aufwuchs. Später seien ihr während religiösen Feiern überwältigende Erfahrungen geschenkt worden. So habe sie 1938 während der Kar- und Ostertage in der Benediktinerabtei Solemnes erstmals »eine Vorstellung von der übernatürlichen Kraft der Sakramente« bekommen.[30] In Solemnes habe sie ein religiöses Gedicht des englischen Dichters *George Herbert* kennengelernt und sogleich auswendig gelernt. In der aufmerksamen Meditation dieses Gedichts macht sie eine wegweisende Erfahrung:

»Oft, wenn meine heftigen Anfälle von Kopfschmerzen auf ihrem Höhepunkt waren, habe ich mich geübt, es herzusagen, indem ich meine ganze Aufmerksamkeit darauf versammelte und von ganzer Seele der Zärtlichkeit zustimmte, die es in sich schließt. Ich glaubte, nur ein schönes Gedicht zu sprechen, aber dieses Sprechen hatte, ohne daß ich es wußte, die Kraft eines Gebets. Einmal, während ich es sprach, ist […] Christus selbst herniedergestiegen und hat mich ergriffen. In meinen Überlegungen über die Unlösbarkeit des Gottesproblems hatte ich diese Möglichkeit nicht vorausgesehen: die einer wirklichen Berührung, von Person zu Person, hienieden, zwischen dem menschlichen Wesen und Gott.«[31]

Dass sie nicht mit der Möglichkeit »einer wirklichen Berührung, von Person zu Person, hienieden, zwischen dem menschlichen Wesen und Gott« rechnete, verbindet Weil nicht nur mit vielen religiösen und nicht-religiösen Menschen der Gegenwart. Womit im Erwartungshorizont der Moderne nicht mehr gerechnet wird, das war schon in vormodernen Zeiten unselbstverständlich. Bereits für Teresa von Ávila war es überraschend, in einen unmittelbaren Kontakt mit der Wirklichkeit Gottes kommen zu können. Eine solche Unmittelbarkeit war in ihrer religiösen Erziehung und Ausbildung nicht vorgesehen. Vielmehr dominierte in der hochreligiösen Welt, in der Teresa aufwuchs, die Vorstellung, das Gott sich dem Menschen normalerweise nur indirekt, durch viele Vermittlungsstufen mitteilt. Die majestätische Gottheit, die man in intensiver Weise verehrte, trug die Züge des spanischen Königs, in dessen Gegenwart nur wenige Menschen treten durften. Umso mehr war man auf Boten angewiesen, die königliche Gnadenerweise zu übermitteln vermochten. Im *Libro de la Vida* beschreibt Teresa, wie befreiend es für sie war, diese einengende Vorstellung zu überwinden, die nicht zur kontemplativen Unmittelbarkeit passte, die sich ihr zunehmend erschloss:

»Anfangs war ich in einer gewissen Unwissenheit befangen. Ich wusste nämlich nicht, dass Gott in allen Dingen ist, und es schien mir unmöglich, dass er mir so innig gegenwärtig sei, wie es mir vorkam; doch konnte ich mich des Glaubens nicht entschlagen, dass Gott mir wirklich gegenwärtig war, da ich meinte, seine persönliche Gegenwart fast klar in mir erkannt zu haben. Ungelehrte sagten mir zwar, Gott sei uns bloß durch seine Gnade gegenwärtig; aber ich konnte es nicht glauben, weil mir, wie gesagt, schien, er selbst sei in mir gegenwärtig. Diese Ungewissheit war mir peinlich. Da half mir aber ein sehr gelehrter Mann aus dem Orden des glorreichen heiligen Dominikus aus meinem Zweifel. Dieser sagte mir, dass Gott wesentlich in allen Dingen gegenwärtig sei [...]. Dadurch ward ich ungemein getröstet.«[32]

Was Simone Weil und Teresa von Ávila auf unterschiedliche Weisen entdeckten, sprengt säkulare als auch konventionell-religiöse Vorstellungswelten. Die Überwindung von vergegenständlichenden Vorstellungen Gottes bedeutete weder bei Teresa noch bei Weil eine Entpersonalisierung des Göttlichen, sondern eine Verlebendigung der Christusbeziehung.

Die Frage nach dem personalen oder apersonalen Charakter göttlicher Wirklichkeit ist zu unterscheiden von jener, ob sich diese in angemessener Weise bildhaft-gegenständlich vergegenwärtigen lässt. Die letzte Frage taucht bereits im antiken Christentum auf. In einem der einflussreichsten Texte abendländischer Spiritualität, Johannes Cassians *Unterredungen mit den Vätern*, wird sie in einer Unterweisung thematisiert, die auf das kontemplative Beten hinausläuft. Diskutiert wird ein Streit, der die ägyptischen Wüstenväter entzweite. Er betraf die Frage, ob die biblische Aussage, dass Gott den Menschen als sein Ebenbild schuf[33], es legitimiert, sich Gott nach dem Bild eines Menschen vorzustellen. Während die einen dies heftig kritisierten, verteidigten die anderen es als heilige Überlieferung. Cassian, der der ersten Gruppe angehörte, problematisiert die verbreitete Praxis, sich Gott während des Gebets in menschlich-begrenzter Weise zu imaginieren und dadurch zu vergegenständlichen. Christliches Beten zeichnet sich Cassian zufolge dadurch aus, dass es alle bildhaften Vorstellungen hinter sich zurücklässt.[34]

Cassian, der schließlich aus der ägyptischen Wüste vertrieben wurde, vermochte zwar die Spiritualität der Wüstenväter dem lateinischen Westen zu vermitteln. Seine Lehre vom bildlos-kontemplativen Beten blieb jedoch umstritten. Was sich schließlich im lateinisch geprägten Christentum durchsetzte, war nicht die von Cassian empfohlene Entleerung des Geistes, sondern eine wachsende Bilderflut. So bedeutsam auch die Kraft des Visionären für eine christliche Lebens- und Gebetspraxis sein mag, so neigen bildhafte Vorstellungen und Darstellungen des Göttlichen doch dazu, es einzugrenzen und zu vergegenständlichen. Bilder bedeuten auch Distanz, Vermittlung, Veräußerlichung. Das Aufblühen »ungegenständlicher« Meditation im 20. Jahrhundert ist als Gegenbewegung zur westkirchlichen Bilderfülle zu verstehen.

Das Gebet von Vorstellungen zu befreien, heißt nicht, es zu entpersonalisieren. Es kann gerade zu einer Intimisierung des Gebets führen. Um der direkten Berührung willen wird alles, was sich dazwischen schieben möchte, zurückgelassen. Die Spur, der Teresa und Simone Weil folgten, verläuft jenseits der falschen Alternative zwischen einer Frömmigkeit, welche die göttliche Wirklichkeit in naiver Weise vergegenständlicht, und einer Spiritualität, die eine »Berührung von Person zu Person« als allein zwischenmenschliches Phänomen betrachtet. Die mystische Kühnheit, die erotische Sprache des Hohelieds als Medium dafür zu nutzen, die Gottesbeziehung zum Ausdruck zu bringen, ist mehr als ein Relikt aus längst vergangenen Zeiten.

Meine kontemplative Praxis orientierte sich in den ersten Jahren an einem geistlichen Begleiter, der durch Karlfried Graf Dürkheim geprägt war. Er lehrte mich, in einer aufrechten Haltung ruhig zu sitzen und in achtsamer Weise auf die Atembewegung zu lauschen. In Anlehnung an Dürkheims Versuch, den japanischen Zen-Weg für europäische Meditationspraxis fruchtbar zu machen, legte mein geistlicher Begleiter viel Wert darauf, eine geerdete Haltung mit der Offenheit für den »göttlichen Ursprung« des Menschen zu verbinden. Das gesammelte Sitzen in Stille barg für mich viele Geschenke und Überraschungen. Zeiten der Mühe und der Dunkelheit wechselten sich mit solchen ab, in denen sich plötzlich, ohne erkennbare Ursache, ein tiefer Frieden in mir ausbreitete. Die Grenzen zwischen innen und außen wurden transparent, die gewohnte Zeitstruktur löste sich auf. Meine erste kontemplative Lernphase kam nach etwa fünf Jahren zu einem jähen Ende. Es wurde publik, dass der Priester, der mich begleitete, sich sexueller Übergriffe schuldig gemacht hatte. Seine Vorgesetzten untersagten ihm daraufhin, seine Kurstätigkeit fortzuführen. Als wäre das nicht bereits schockierend genug, kam wenig später noch eine weitere aufwühlende Entdeckung hinzu, die den Lehrer meines Lehrers betraf. Ich erfuhr, dass Dürkheim, dessen Schriften ich eifrig studiert hatte, in der Hitler-Zeit Nazi war und sich auch nach dem Krieg nie ausdrücklich von dieser Ideo-

logie distanziert hatte.[35] *Die doppelte Entlarvung stürzte mich in eine tiefgreifende Krise: Wie war es möglich, dass Menschen, die sich so intensiv in kontemplativer Praxis geübt hatten und von andern als spirituelle Meister verehrt wurden, sich derart verstricken konnten? Ich erwog, die kontemplative Übung aufzugeben, merkte jedoch, dass ich damit eine Quelle zuschütten würde.*

In den Jahren, die auf diese Krise folgten, verband sich die Suche nach einer Form christlicher Kontemplation, welche die personalen Dimensionen menschlichen Lebens zum Blühen bringt, mit einer kritischen Auseinandersetzung mit kontemplativen Ansätzen, die diese Dimension auf die illusionäre Spiegelwelt menschlicher Egozentrizität reduzierten.

Das vorliegende Buch ist von der Überzeugung geleitet, dass die Entpersonalisierung der Gottesbeziehung (und die damit verbundene Entpersonalisierung menschlichen Lebens) zu jenen Engführungen des 20. Jahrhunderts gehört, die es heute zu überwinden gilt. Um aus dem problematischen Gegensatz zwischen der Vermenschlichung und der Entpersonalisierung Gottes herauszufinden, bietet es sich an, den Faden der liebesmystischen Tradition wiederaufzunehmen und die Sprach- und Bildwelten des Hohelieds und des Johannesevangeliums neu zu entdecken. Was beide Bücher zur Sprache bringen, ist das Zentralgeheimnis der ganzen Bibel: die Liebeswirklichkeit Gottes. Christian de Chergé, der 1996 zusammen mit seinen Mitbrüdern in Algerien ermordet wurde, bezeichnet das Hohelied als das »ganz kleine Buch […] für die ganz große Liebe«.[36] Der Prior von Tibhirine fand in ihm seinen eigenen Weg vorgezeichnet. Von dieser Liebe zu lesen, weckt radikale Liebe.

Die Sprache christlicher Liebesmystik ist es auch, die der nüchternen Philosophin Simone Weil die Begegnung mit dem auferstandenen Christus erschloss. Das eingangs erwähnte Gedicht George Herberts, das den Titel *Love* trägt und das für Weil im österlichen Solemnes zum Schlüsseltext wurde, ist eine poetische Meditation über Gottes zuvorkommende Liebe. Sie lädt das lyrische Ich zur Mahlgemeinschaft ein:

»Die Liebe grüßt' mich, doch mein Herz wich weg
voll Schuld und Sünd' und Schmutz.
Doch flinke Liebe, die mein Zögern sah,
als ich am Eingang stand,
trat näher, stellte zart die Frage,
ob irgend etwas fehlt.
Ein Gast, erwidert' ich, der wert ist, hier zu sein.
Sie sprach: Du sollst es sein.
Bin ich nicht lieblos, undankbar?
Geliebter, ach, wie könnt' ich dich anschaun!
Die Hand nahm Liebe, lächelnd wand sie ein:
Wer schuf das Aug' als ich?
Wahr, Herr! Doch ich verdarb es; meine Schmach sei, wo sie hingehört.
Weißt du denn nicht, sprach Liebe, wer die Schande trug?
Lass dienen, Liebster, dir.
Du setz' dich hin, sprach Liebe, kost' mein Mahl!
So setzt' ich mich und aß.«[37]

Der liturgisch-kontemplative Rahmen, in dem Simone Weil diese Zeilen meditierte, richtete ihre ganze Aufmerksamkeit auf das, was das Gedicht beschreibt: die eucharistische Mahlgemeinschaft. Im achtsamen Rezitieren erahnte Weil »durch das Leiden hindurch die Gegenwart einer Liebe gleich jener, die man in dem Lächeln eines geliebten Antlitzes liest«.[38]

In Simone Weils Zugang zur christlichen Kontemplation laufen verschiedene Fäden zusammen, die in den folgenden Kapiteln weiter ausgerollt werden sollen. Was weiter oben als philosophische Transformation kultischer Kontemplation beschrieben wurde, war für sie ebenso prägend wie die poetisch-meditativen und sinnlich-liturgischen Erfahrungen, die sie in der Tradition christlicher Kontemplation verortete. Die früh entdeckte Möglichkeit, sich in rezeptiver Aufmerksamkeit zu üben, bildete die Grundlage für ihren Umgang mit spirituellen Texten und Vollzügen und die damit verbundenen kontemplativen Erfahrungen. Weils Weg bietet hilfreiche Orientierungspunkte für die christlich-kontemplative Praxis im Horizont der Gegenwart.

Teil II:
Kontemplation als Praxis

Gott ist gegenwärtig.
Lasset uns anbeten
und in Ehrfurcht vor ihn treten.

– Gerhard Tersteegen

Kontemplation ist ›heilige Schau‹, Verweilen im Blick Gottes. Am Jerusalemer Tempel, dem zentralen Ort alttestamentlicher Kontemplation, war dieses Schauen eine durch und durch leibliche Praxis.[1] Die Rede von der Geistesgegenwart, die die christliche Tradition neu bestimmt, ist in diesem Zusammenhang doppeldeutig. Geistesgegenwärtig sind wir, wenn wir ganz präsent sind und mit allen Sinnen wahrnehmen, was gerade jetzt, in diesem einen Augenblick auf uns zukommt. Doch ist Geistesgegenwart auch auf das bezogen, was im ersten Teil dieses Buchs als geschenkte Gegenwart bezeichnet wurde: eine Präsenz, die nicht die unsere ist, mag sie uns auch zutiefst berühren und inspirieren. In paulinischen Worten: »Wir wissen nicht, worum wir in rechter Weise beten sollen. Der Geist selbst tritt jedoch für uns ein mit Seufzen, das wir nicht in Worte fassen können.«[2] Gottes Geist vergegenwärtigt sich im Leben der Menschen, noch bevor diese selbst geistesgegenwärtig werden. Auf dem Wege christlicher Kontemplation ist das Bemühen um achtsame Geistesgegenwart von der Überzeugung geleitet, dass Gottes Geist immer schon da ist und die Sehnsucht nach seiner Gegenwart weckt. Geistesgegenwärtig zu werden, heißt dann auch, der wirksamen Gegenwart von Gottes Geist bewusst Raum zu geben, sie herbeizurufen und sich auf sie ausdrücklich auszurichten.

Als doppelte Geistesgegenwart ist Kontemplation, wie Kommunikation überhaupt, Gabe und Übung zugleich. Alles kontemplative Üben erwächst aus einer vorgängigen und bleibenden Gabe, mag sich auch manche Erfahrung erst in beharrlicher Praxis erschließen. Obwohl eine solche Übungspraxis nicht ohne methodische Elemente auskommt, so sind diese doch nur von relativer Bedeutung. Sie können selbst zum Hindernis werden, die das Nacktsein vor Gott verstellen.

Um beiden Aspekten, dem Gabe- und dem Übungscharakter, gerecht zu werden, wurde seit dem 17. Jahrhundert unterschieden zwischen *eingegossener* und *erworbener* Kontemplation. Die Unterscheidung ist elegant und hilfreich. Sie legt jedoch das Missverständnis nahe, Übung und Gabe könnten einander gegenübergestellt und voneinander abgegrenzt werden. Demgegenüber ist mit Blick auf die eben zitierte paulinische Aussage zu betonen: Als Vergegenwärtigung der wirksamen Gegenwart Gottes ist Kontemplation auch und gerade dort Gabe, wo sie sich zu einer Praxis ausformt.

Anders formuliert: Geschenkte Geistesgegenwart weckt das Bemühen, geistesgegenwärtig zu beten und zu leben. Um die Gabe der Kontemplation zu entfalten, bedarf es der spirituellen Exerzitien (lat. *exercitatio* = Übung) und eines geeigneten Rahmens. Kontemplative Exerzitien entsprechen dann der Freiheit des Geistes, wenn sie uns für das Wirken des Geistes öffnen und uns bewusst machen, dass alle Einübung auf Gottes Gegenwart antwortet. Während der erste Teil dieses Buches auf die göttliche Wirklichkeit fokussiert war, die unserer Antwort vorausgeht und sie hervorbringt, geht es im zweiten Teil um die menschliche Möglichkeit, die Gabe der Gegenwart Gottes zu entdecken und in ihr zu verweilen. Beschrieben werden drei Grundformen christlicher Kontemplation, die sich im

Laufe der Jahrhunderte ausdifferenziert haben und die sich in heutiger Übungspraxis in vielfältiger Weise verbinden können: Kontemplation als leibsinnliche Kommunion, als transverbales Gebet und als Jesusgebet, das als eine Form des Herzensgebet zu verstehen ist.

1. Kontemplation als leibsinnliche Kommunion

Kontemplation ist schauende Kommunion mit der Wirklichkeit Gottes. Simone Weil entdeckte sie durch das eucharistische Gedicht George Herberts, in dem die Liebe zu einem Gastmahl einlädt. Die heilige Mahlgemeinschaft ist der Inbegriff intensiver sinnlicher Kommunion mit Gott. Die beiden Abschnitte, die dieses Kapitel eröffnen, zeichnen nach, weshalb die leibsinnliche Dimension der Kontemplation durch die achsenzeitliche Wende in den Hintergrund trat und im 20. Jahrhundert neu entdeckt werden musste. Eine frühe Vorwegnahme dieser spätmodernen Wiederentdeckung der Sinne findet sich in der um 1300 entstandenen Schrift *Scala divini amoris.*[3] Sie adelt die Sinne, indem sie diese als Stufen zur Gottesliebe beschreibt. Vor dem Hintergrund dieser historischen Entwicklungen soll der Blick auf die vielfältigen Möglichkeiten gelenkt werden, die sinnliche Dimension der Kontemplation zu erschließen. Der Weg der Sinne führt in die Kathedrale der Natur und den Tempel des Leibes.

Sinnliche Kontemplation

Weil Gott einfacher und subtiler ist als jedes Ding, das existieren kann,
ergibt sich ebenso notwendig, und zwar zwingend notwendig,
dass er näher und tiefer in jedem Geschmack
und in jeder Sanftheit
und in jedem Geruch
und in jedem Gesang
und in jeder Schönheit ist,
als irgendeine dieser Erscheinungen es in sich selbst ist.

– Scala divini amoris

Bei den ältesten Formen abendländischer Kontemplation spielten die Sinne und die sinnlich wahrnehmbare Wirklichkeit eine zentrale Rolle. Kontemplation hatte mit Farben, Formen und Musik zu tun; mit der Sinnlichkeit eines religiösen Festes am Jerusalemer Tempel und anderswo; mit dem Nachthimmel mit seiner Schönheit und Geometrie; mit dem Vogelflug, der von römischen Auguren beobachtet wurde. Das sichtbare Himmelsgewölbe mit seiner Harmonie und seinem Glanz erschien als sichtbare Außenseite der unsichtbaren Wirklichkeit, als funkelndes Kleid Gottes. Die ewige Ordnung, die mit den gefährdeten und häufig destabilisierten weltlichen Ordnungen kontrastierte, vermittelte Geborgenheit und Weite. In sinnlicher Schau konnte man an dieser Wirklichkeit teilhaben.

Die achsenzeitliche Wende nach innen bewirkte, dass die Sinnlichkeit und der Weltbezug der Kontemplation kaum mehr Beachtung fand. Bis ins 20. Jahrhundert hinein orientierten sich abendländische Praktiken der Kontemplation, ob christlich oder nicht, an der platonischen Aufspaltung in eine niedrige Welt der Sinne und eine höhere Welt des Geistes. Kontemplative Vollzüge wurden in der Regel ganz in letzterer angesiedelt und als intuitiv-intellektuelle Schau des Göttlichen verstanden. Es galt, sich von der sinnlichen Welt abzukehren und der rein geistigen Wirklichkeit zuzuwenden. Die geschlossenen Augen eines ganz in Meditation und Gebet versunkenen Menschen sind ein Sinnbild für diese Wende nach innen.

Die achsenzeitliche Entdeckung des Geistes war mit einer Befreiungserfahrung verknüpft, die bis heute fasziniert. Zu realisieren, dass Gedanken frei sind und man sich von ihnen – ebenso wie von sozialen und materiellen Gegebenheiten – distanzieren kann, war inspirierend und eröffnete neue Möglichkeiten menschlichen Selbstverstehens. Doch hatte dieser Befreiungsprozess auch seine Schattenseiten. Die Faszination für die Welt des Geistes und die Möglichkeit, in Geometrie, Mathematik und Logik zu zeitlosen Wahrheiten vorzudringen, ließ die sinnliche und wandelbare Wirklichkeit zur Scheinwelt verblassen.

Ein frühes Korrektiv zu dieser Entsinnlichung findet sich in der in Südfrankreich entstandenen und anonym überlieferten Schrift *Scala divini amoris* (übersetzt: Leiter der göttlichen Liebe). Das kleine Werk steht in franziskanischer Tradition. Im Anschluss an den Sonnengesang des Franziskus räumte diese der Poesie und der Naturbetrachtung einen neuen Stellenwert ein. Die Scala betrachtet die fünf Sinne als fünf Stufen zum »Palast der göttlichen Liebe«. Gottes Gegenwart erschließt sich in sinnlicher Weise in allen Elementen (Erde, Luft, Wasser, Feuer). Ist doch Gott so einfach und subtil, »dass er in allen Kreaturen näher und tiefer ist, als es jedes Geschöpf von sich aus ist.« Die Liebe Gottes vermittelt sich dem Menschen auf einem fünfstufigen Weg, der beim Geschmackssinn beginnt und über den Spür-, Geruchs- und Gehörsinn zum Schauen hinführt:

Sinn:	*Kontemplativer Vollzug:*	*Responsorisches Erleben:*
1. Verkosten	Geschmack finden	Freude
2. Spüren	In Berührung kommen	Vertrautheit
3. Riechen	Neues erahnen	Erneuerung
4. Horchen	Die göttliche Melodie vernehmen	Ekstase
5. Schauen	Gottes Widerschein sehen	Gewissheit

Graphik: Der spirituelle Weg nach der Scala divini amoris

Wer sich der Mitwelt achtsam und mit offenen Sinnen zuwendet, kann überall Gottes Spuren und Nähe finden. Er oder sie kommt in Berührung mit Gottes sanfter Wirklichkeit und entdeckt so auch sich selbst neu. Dieser Weg, den die Scala in poetischen Worten aufzeigt, kommt dem Wunsch nach einer ganzheitlichen Form der kontemplativen Übung entgegen. Die Sinnlichkeit ist kein Hindernis, sondern eine Hilfe zum kontemplativen Gebet. Sie hilft uns, geistesgegenwärtiger zu werden. In den Sinnen liegt der Sinn für die Verbundenheit mit der Mitwelt. Durch sie sind wir eingelassen in eine sinnliche und sinnhafte Welt. Gemäß Erwin Straus ist diese Einheit grundlegender als der scheinbare Gegensatz von objektiver Welt und subjektivem Empfinden: »Der Empfindende hat nicht Empfindungen, sondern, indem er empfindet, hat er erst sich selbst.«[4]

Wiederentdeckungen der Spätmoderne

Die Abende und die Nächte sind ruhig und einsam,
weil Gott sie für die Kontemplation geschaffen hat.
Die Wälder und die Wüsten,
der Sternenhimmel und die Berge sind geschaffen,
damit wir uns in sie versenken.

– Ernesto Cardenal[5]

In unserer Kindheit entdecken wir zunächst mit allen Sinnen die Welt, die uns umgibt. Erst in einer späteren Entwicklungsphase beginnen wir, auch uns selbst zu erforschen. Der Stellenwert, den die christliche Spiritualität der Einkehr einräumt, entspricht dieser lebensgeschichtlichen Schwelle. Die spirituelle Wende nach innen wurde mit der Abkehr von der sinnlichen Welt identifiziert. Übersehen wurde dabei nicht allein die Nähe zwischen der staunenden Weltfreude des Kindes und der kontemplativen Schau, sondern ebenso das spirituelle Gesetz, dass keine Gabe und keine Errungenschaft je verloren gehen. Auch in der Wende nach innen bleiben wir leibsinnliche Wesen.

Die sinnliche Dimension der Kontemplation gehörte zu den wichtigen Wiederentdeckungen des 20. Jahrhunderts. Auf breiter Ebene gewann die kontemplative Praxis die kosmische Weite und Tiefe zurück. Was sich dem neuen kontemplativen Blick auf die sinnliche Welt zeigte, gleicht der impressionistischen Erkundung des Lichts. Teilhard de Chardin, der an dieser Entdeckung maßgeblich beteiligt war, sprach von der *Diaphanie* des Göttlichen. Wie Licht durch einen transparenten Stoff scheint der göttliche Glanz durch alles Seiende hindurch.[6] Innere und äußere Räume werden in kontemplativer Schau füreinander durchlässig. Wer sich sammelt, stößt in sich »im Innern« auf eine offene Weite. Und wer an einer Meeresküste oder auf einem Berggipfel in die Ferne blickt, kann die Erfahrung machen, in

Verbundenheit mit einer umfassenden Wirklichkeit ganz zu sich zu kommen. Kontemplative Sammlung führt in einen neuen Zeit-Raum hinein, in dem die Unterscheidung zwischen Innen und Außen aufgehoben ist. Das gilt auch für liturgische Räume. Im (Zeit-)Raum einer Gebetsgemeinschaft werden wir in unserer Sammlung in eine größere Sammlungsbewegung hineingenommen, die ihren Ursprung nicht in uns hat, doch uns hilft, bei uns anzukommen. Wir erfahren uns neu ausgerichtet und getragen von der gesammelten Präsenz der Mitbetenden.

Präzise beschrieben wird eine solche Sammlung in Christian Lehnerts Versuch, seine Erfahrung liturgischen Betens ins Wort zu bringen. Der evangelische Theologe und Poet beschreibt ein allmähliches Hineingezogenwerden in einen Gebetsraum, in dem eigenaktive Steuerung und Worte zunehmend in den Hintergrund treten:

»[Ich] bin [...] hineingenommen in einen Raum, der mich selbst weit überragt. Ich habe das Gefühl, zu flirren in einem grellen Licht oder zu brummen in einer tiefen Resonanz, deren Grund mir nicht erkennbar ist, oder zu vibrieren in einem schweren Rhythmus oder zu tagträumen, leichthin zu schweben [...]. Unabhängig von allem, was ich wahrnehme, besser: durch alles hindurch, was ich wahrnehme, ist eine andere Aktivität am Werk. Ein Agens, das ich nicht identifizieren kann, erfaßt mich. Ich bin nur sein Stoff, sein Schwingungskörper. [...] zugleich entsteht in meinem Schädel ein Gesang, eine Rührung, die zur Sehnsucht wird. Ist es die Orgel, die das auslöst? Ist es der erinnerungsgesättigte Raum? Sind es der Hochaltar mit seinen Tafelbildern und die Gegenwart des Sakraments? [...] Es wirkt dabei so, als würden sich in Gesang und Gebet Ebenen überlagern, die nur zum Teil meinem Bewußtsein zugänglich und auch nur partiell als seelische Vorgänge und Erfahrungen zu beschreiben sind. Das Wesentliche geschieht außerhalb meiner Wahrnehmung – vielleicht wie eine Strahlung, die ich nicht spüre und die doch folgenreich ist [...]. Es verändert sich die Art meiner Anwesenheit, sie wird fester und zugleich durchlässiger. [...] Innen und Außen, Objektivität und Subjektivität – solche Begriffspaare bleiben weit unterhalb dessen, was den Gottesdienst strömen läßt.«[7]

Es gibt Situationen, in denen wir ohne unser Zutun in eine kontemplative Haltung hineingeführt werden. Die von Christian Lehnert beschriebene liturgische Erfahrung ist vorbereitet durch eine lange Einübung. Durch vertraute Abläufe wird er schrittweise hineingenommen in ein Resonanzgeschehen. Seine Anwesenheit wird fester und durchlässiger.

Die spirituelle Rehabilitierung der Sinne ist gegenwärtig noch im Gange. Sie ist verbunden mit der Einsicht, dass sinnliche Weltfreude, ohne die kein Kind sich entwickeln könnte, auch für die spirituelle Reifung im Erwachsenenalter bedeutsam ist. Reife Spiritualität sucht die Keime des noch Ungelebten ebenso wie das schon einmal Entdeckte, Gelebte und Geliebte, das mit der Zeit in Vergessenheit geriet. Kontemplatives Erleben stellt sich ein, bevor wir beginnen, es aktiv zu suchen. Wir kennen es aus unserer Kindheit. Und das Kind in uns bleibt mit ihm vertraut und träumt von ihm. Das hilft uns bei der Einübung: Was es auszubilden gilt, tragen wir bereits in uns. Wir können es gleich einem Instrument, auf dem wir lange nicht mehr gespielt haben, neu entdecken und zum Leben erwecken.

Der Weg leibsinnlicher Kontemplation, der nun genauer beschrieben werden soll, führt schrittweise von außen nach innen: von der sinnlich wahrnehmbaren Welt über das sensorische Selbsterleben hin zu introvertierten Formen leibsinnlicher Achtsamkeit.

Kontemplation als gesammeltes und verweilendes Wahrnehmen

Presence invites my Presence.

– Jean-Yves Lacoste[8]

Gottes Präsenz ist einladend. Sie unterbricht unseren Aktivitätsmodus, lässt uns innehalten und ermutigt uns, in den Präsenzmodus umzuschalten. Dieser steht quer zu den Daseinsformen, die gesellschaftlich vermittelt werden und bedarf deshalb einer bewussten Entdeckung und Erschließung. Gewöhnlich sind wir entweder aktiv *und* wach oder inaktiv *und* schlafen. Das führt dazu, dass wir die gegenwärtige Wirklichkeit, in der wir leben, nur beiläufig und in eingeschränkter Weise wahrnehmen. Ihre sinnliche Fülle und Dichte entgeht uns. Das Bewusstsein, zu dem die Kontemplation hinführt, bildet eine dritte Möglichkeit jenseits von Aktivität und Schlaf. Es besteht in einem qualifizierten Nichts-Tun: hellwach zu sein, ohne zu denken oder leiblich aktiv zu sein. An die Stelle des Denkens und Handelns tritt die reine Wahrnehmung. ›Rein‹ bezeichnet in diesem Zusammenhang zum einen eine besondere Empfänglichkeit unseres Bewusstseins. Gleich einer weißen Leinwand ist es nicht durch bestimmte Inhalte besetzt, sondern offen für das, was sich Augenblick für Augenblick zeigt. Zum anderen bedeutet reine Wahrnehmung, dass sie nicht mit bestimmten Zielsetzungen, Handlungen und mentalen Aktivitäten verbunden ist.

Diese dritte Möglichkeit, hellwach zu sein, *ohne* etwas zu tun, ist ungewohnt. Um diesen Lebensmodus geht es in der Kontemplation. Er entspricht dem Sabbat. Alles menschliche Tun wird zurückgenommen, damit die göttliche Wirklichkeit hervortreten kann. In der griechischen Übersetzung des Alten

Testaments findet sich für diese Grundhaltung ein Wort, das zum Leitwort derjenigen wurde, die das Jesusgebet praktizierten: *Hesychia.* In einer Zeit äußerster Bedrängnis vernimmt der Prophet Jesaja das Wort: »Sei achtsam, komm zur Ruhe (*hesychasai*), fürchte dich nicht!«[9] Die *Hesychia*, die Jesaja entdeckt, wurzelt also im Gottvertrauen. Um bewusst in diese Ruhe einzutreten und in den Sabbat-Modus umzuschalten, können wir uns an drei zentralen Aspekten kontemplativer Wahrnehmung orientieren:

Kontemplation heißt: ungeteilt wahrnehmen! Kontemplation heißt: sich begrenzen, um in die Tiefe zu finden! Kontemplation heißt: achtsam wahrzunehmen, was sich jetzt erschließt!

Die drei Aspekte kontemplativer Wahrnehmung

Kontemplation heißt: ungeteilt wahrnehmen!

Unser Alltagsbewusstsein ist gekennzeichnet durch den Tun-Modus.[10] In ständig wechselnden und sich überlagernden Perioden sind wir absorbiert von mentalen, leiblichen und kommunikativen Aktivitäten, die meist mit dem Erreichen eines Ziels oder der Lösung eines Problems zu tun haben. In Beschlag genommen von mehr oder weniger bewussten Sorgen und Wünschen sowie den sie begleitenden Gefühlen führen wir innere Gespräche, analysieren Konflikte, erträumen Zukünftiges, schmieden Pläne und anderes mehr. Je mehr wir von unseren Gedanken, Phantasien und Vorstellungen beansprucht werden, desto weniger sind wir im Kontakt mit der sinnlichen Gegenwart. Wenn wir nicht gerade in eine bestimmte Aktivität vertieft sind, die alle unsere Kräfte bindet, ist unser Geist meist mit irgendwelchen Problemen beschäftigt.

Die kontemplative Schau unterscheidet sich von der Art und Weise, wie wir gewöhnlich wahrnehmen. Normalerweise sind wir mit vielen Dingen gleichzeitig beschäftigt: Wir gehen einer bestimmten Aktivität nach, mit der gewisse Ziele verbunden sind; parallel dazu denken wir an eine andere Aufgabe, die wir ebenfalls noch erledigen sollten; und zwischendurch blitzen Erinnerungen an Vergangenes und Wunschphantasien in unserem Bewusstsein auf. Entsprechend wenig Aufmerksamkeit bleibt uns übrig für das sinnliche Wahrnehmen.

Manchmal sind wir derart absorbiert von inneren Prozessen, dass die Aufmerksamkeit für die sinnliche Wahrnehmung stark eingeschränkt ist. Wir können die köstlichsten Speisen verzehren oder durch die halbe Stadt eilen, ohne es bewusst zu erleben. Die enge Verknüpfung mit physischen und mentalen Aktivitäten begrenzt unsere Wahrnehmung, fokussiert sie in selektiver Aufmerksamkeit auf das, was wir gerade als zweckdienlich betrachten. Demgegenüber öffnet uns die kontemplative Schau neu für die sinnliche Dichte und Anmut der Wirklichkeit. Sie erschließt uns die Tiefendimension der sinnlichen Welt, die sich einem zielgerichteten, analysierenden und urteilenden Blick verbirgt.

Ungeteilte und unverzweckte Wahrnehmung sammelt uns im Hier und Jetzt. Anders als Denken und Imaginieren, das uns zum augenblicklich durchlebten Leben in Distanz bringt, führt uns ungeteiltes Wahrnehmen in Tuchfühlung mit ihm. Es intensiviert den Kontakt mit uns und der uns umgebenden und übersteigenden Wirklichkeit. Wir legen den Schleier unserer Konzepte und Vorstellungen ab, die unser gegenwärtiges Erleben einhüllen, und erkunden seine Fülle.

Auf diese Weise können wir entdecken, dass wir die Wirklichkeit nicht nur berühren, sondern immer schon von ihr berührt sind. Der Wechsel der Aufmerksamkeit vom Nachdenken zum Gewahrsein erschließt uns die Gegenwart neu. Das Zeiterleben verändert sich in grundlegender Weise. Während wir, solange wir diskursiv denken und Phantasien nachhängen, die Zeit entweder vergessen oder als voranschreitende Abfolge erleben, erfahren wir sie in ungeteilter Sammlung als verweilende Gegenwart.

Das zentrale Problem der Umschaltung vom Tun- in den Sein-Modus liegt darin, dass es paradox wirkt, absichtsvoll die Absichtslosigkeit anzustreben. Doch geht es nicht darum, die kontemplative Haltung aktiv herzustellen oder aufrechterhalten zu wollen. In den Sein-Modus zu wechseln, bedeutet eine Wachheit zu erkunden, die jenseits von zielbestimmtem Handeln und konsumierendem Erleben liegt. Die Umstellung ist deshalb anspruchsvoll, weil wir unseren Mund und unsere Hände viel leichter kontrollieren können als unsere Gedanken und Phantasien.

Um in das kontemplative Verweilen hineinzufinden, bedarf es eines festen Vorsatzes, der die ganze Übung zu prägen vermag. Er ist zweifach charakterisiert: zum einen während des festgelegten Zeitraums jegliche Form von gesteuerter körperlicher und mentaler Aktivität zu lassen; zum andern mit größtmöglicher Genauigkeit wahrzunehmen, was während dieser Zeit selbsttätig geschieht. Kontemplativ zu verweilen heißt, hellwach wahrzunehmen, was sich im sich entleerenden Raum des Bewusstseins zeigt, ohne es zu kategorisieren, zu analysieren oder zu bewerten. Dazu gehört auch, alle Handlungs- und Bewegungsimpulse, Gefühle, Gedanken und Vorstellungen, die während dieser Zeit auftauchen, in derselben Weise wahrzunehmen.

Wenn wir aus der Welt absorbierender Gedanken und Phantasien heraustretenden, finden wir uns in einem offenen Raum wieder, in dem sich etwas Neues zeigen kann. Es gehört zu den eigentümlichen Erfahrungen der Kontemplation, dass wir diese zwar als wohltuend erleben, unser Geist jedoch die Leere, die damit verbunden ist, nur schwer aushält. Es trägt zur Vertiefung der Sammlung bei, wenn wir unsere Aufmerksamkeit am Anfang und zwischendurch auch auf das entleerte Bewusstsein selbst oder das Schweigen und die sich einstellende Ruhe ausrichten.

Kontemplation heißt: sich begrenzen, um in die Tiefe zu finden! Zu kontemplieren bedeutet, mit ruhigem Blick zu verweilen. Eingrenzung und Beschränkung charakterisieren diese besondere Form der Wahrnehmung, und zwar unabhängig davon, ob es sich um einen eingegrenzten Bereich des Himmels oder um einen heiligen Raum handelt (das lateinische *templum* kann sich auf beides beziehen). Auch die Metapher des Spiegels wurde häufig dafür gebraucht, diese Umgrenzung zu beschreiben. Ein Spiegel gibt dem Blick Halt. Er fasst die unbegrenzte Welt zu einem begrenzten Bild zusammen, das man dann genauer betrachtet.[11] Die Feinheit solchen Wahrnehmens verbindet die religiöse Kontemplation mit dem naturwissenschaftlichen und dem philosophisch-phänomenologischen Blick. Die Kontemplierende gleicht der Biologin, die regungslos ins Mikroskop schaut. Die kontemplative Sammlung geht mit bewusster Verlangsamung, ja mit Bewegungslosigkeit einher. Die ruhige Körperhaltung dient der Aufmerksamkeitssteigerung. Sie weckt den Sinn für feine Unterschiede und die unbemerkte Fülle des gegenwärtigen Moments.

Die Beschränkung des Blicks führt zu einer Flusserfahrung. Wie wir das stille Vorbeiziehen der Wolken dann wahrzunehmen beginnen, wenn wir stehen bleiben, so lässt uns die Kontemplation entdecken, dass alles fließt. Das achtsame Wahrnehmen sensibilisiert für die fließenden Qualitäten körperlichen Erlebens. Es erkundet das »Dunkel des gelebten Augenblicks«[12], in dem sich in einem fließenden Prozess Neues formiert. Dunkel ist der gelebte Augenblick, weil er uns so nahe ist. Er geht gewöhnlich unbemerkt vorüber. Wir durchleben ihn, ohne ihn zu erleben. Unser Bewusstsein richtet sich eher auf das Ferne als auf das Nahe und eher auf das Gegenständliche als auf das Ungegenständliche. Deshalb verlieren wir leicht den bewussten Kontakt zum strömenden Leben. Wir übersehen dann die Fülle dessen, was uns zwar bereits gegeben ist, aber unserer Aufmerksamkeit bedarf, um uns zu Eigen zu werden.

Die Gegenwart gleicht dem Acker, in dem ein Schatz vergraben ist (Mt 13,44). Alfred Delp bezeichnete sie als Brunnenstube des Lebens. In einem seiner Gefängnisbriefe heißt es: »Die Welt ist Gottes voll. Aus allen Poren quillt er gleichsam uns entgegen. Wir aber sind oft blind. Wir bleiben in den schönen und in den bösen Stunden hängen und erleben sie nicht durch bis an den Brunnenpunkt, an dem sie aus Gott herausströmen. Das gilt für alles Schöne und auch für das Elend.«[13]

Wer bei angenehmen oder unangenehmen Erfahrungen hängen bleibt, ist für das Neue des gegenwärtigen Augenblicks blind. Weil Neues in unserer Wahrnehmung meist mit Abwechslung und Reizintensität verbunden wird, erscheint der kontemplative Vollzug von außen gesehen als monotone Wiederholung des ständig Gleichen. Aus der kontemplativen Innensicht ist es jedoch genau umgekehrt: Die rastlose Suche nach dem Neuen erscheint als »rasender Stillstand«[14]. Allein die kontemplative Aufmerksamkeit, die geduldig zu warten weiß, erschließt quellfrisches Leben.

Kontemplation heißt: achtsam wahrzunehmen, was sich jetzt erschließt!

Allein was wir lieben, erkennen wir in seiner Tiefe. Lassen wir uns auf etwas nicht mit ganzer Aufmerksamkeit ein, sind wir schnell gelangweilt. Und Langeweile schwächt wiederum die Wahrnehmung. Was wir ungeduldig oder gelangweilt betrachten, nehmen wir nur flüchtig und schematisch wie durch einen Nebelschleier wahr. Da die kontemplative Praxis aus einfachen und wiederholbaren Übungsvollzügen besteht, stellt sich leicht ein Gefühl von Überdruss ein. Wir neigen dann dazu, die Übung abzubrechen. Unvermittelt stellt sich der Gedanke ein: »Es passiert ja nichts! Es ist zum Davonlaufen!«

Ein solcher Gedanke ist typisch für das Funktionieren unseres Geistes: Zum einen enthält er eine affektiv aufgeladene negative Wertung: »Es passiert ja nichts! Das ist schlecht!« Zum anderen steckt darin auch ein Handlungsimpuls: »Es ist zum Davonlaufen! Ich breche die Übung ab!« Solche Impulse üben eine aktivierende Wirkung auf uns aus. Im Alltag gehen gewöhnlich Wahrnehmung, affektive Wertungen, Handlungsimpulse und Handeln ständig ineinander über. In kontemplativer Schau hingegen verweilen wir ganz bei dem, was sich uns an Wahrnehmungen zeigt und nehmen die affektiven Wertungen und Handlungstendenzen mit derselben Aufmerksamkeit wahr, ohne uns mit ihnen zu identifizieren. Wenn der Gedanke in uns hochsteigt »Es passiert ja nichts! Es ist zum Davonlaufen!« nehmen wir ihn als das wahr, was er ist: als emotional gefärbter Gedanke, den wir zwar haben, dem wir jedoch nicht folgen müssen.

Um die kontemplative Übung trotz zeitweiliger Monotonie zu vertiefen, braucht es Interesse und Geduld, zwei Aspekte einer Haltung, für die sich in den letzten Jahren der Begriff der Achtsamkeit eingebürgert hat. Nach Simone Weil umfasst sie auch die Sehnsucht nach Wahrheit und Freude, die uns zu genauerem Wahrnehmen und Erkennen führen. Achtsamkeit entsteht aus intensivem Wüschen: »Nur das Begehren kann unser Erkenntnisvermögen führen. Und um etwas zu begehren, müssen Lust und Freude da sein.«[15]

Nur diejenige Wirklichkeit, auf die wir uns achtsam einlassen, erschließt sich uns. Die Tiefendimension, mit der die kontemplative Schau verknüpft ist, gleicht einem Reh, das sofort flieht, wenn man sich ihm unachtsam nähert. Es bedarf eines sehr behutsamen Interesses, damit etwas Neues und Unerwartetes bei uns ankommen kann. Kurze und einfache Fragen, welche die Wahrnehmung verfeinern, sind dazu hilfreich: Was ist jetzt da? Was zeigt sich jetzt? Was rührt mich jetzt an? Kontemplatives Wahrnehmen setzt Moment für Moment neu an. Es verkostet den Augenblick und lässt ihn zugleich los, um sich dem nächsten zu öffnen.

Es ist heute nicht dein Tag. Kopfschmerzen begleiten dich seit dem Aufwachen. Gewohnheit und Pflichtgefühl halten dich davon ab, die stille Zeit kurzerhand zu streichen. Da hörst du, wie draußen die Motoren der schweren Baumaschinen angehen. Du erinnerst dich daran, wie ihr Lärm in den vergangenen Tagen deine Nerven strapazierte. Ärger steigt hoch. Du spürst den dringlichen Impuls, etwas gegen die Störung zu unternehmen oder deine Gebetszeit zu verkürzen. Nach einigen Minuten des Hin- und Her wächst die Klarheit, dass es besser ist, diesen Impulsen nicht nachzugeben. Die Kopfschmerzen und der Lärm bleiben, doch findest du inmitten dieser Bedrängnis zu Augenblicken der Ruhe.

Seelischer und physischer Schmerz ist eine Feuerprobe kontemplativer Praxis. Ohne die bewusste innere Entscheidung, auch Schmerzliches an uns herankommen zu lassen und es als Teil unseres gegenwärtigen Daseins zu akzeptieren, verhärten wir uns. Was sich mir zeigt, kann wohltuend, doch auch irritierend sein. Für die kontemplative Übung spielt es keine Rolle, ob das, was sich mir zeigt, angenehm oder schmerzlich ist. Dies ist zu betonen, weil sich an beide Empfindungen spezifische Reaktionen heften können, die für den kontemplativen Vollzug störend sind: Abwehr und Verhaftung. Im ersten Fall verschließen wir uns oder flüchten in Gedanken und Phantasien. Im zweiten Fall versuchen wir das angenehme Erleben festzuhalten und zu verlängern. Beides verwickelt uns in kontrollierende Eigenaktivität und verstellt die Offenheit für die Gegenwart.

Das erste Ziel kontemplativen Übens ist nicht, uns besser zu fühlen, sondern zu lernen, besser zu fühlen.[16] Solange wir uns und unser Erleben verändern wollen, stehen wir uns im Weg. Was Wandlung ermöglicht, ist die wohlwollende Akzeptanz für unser Dasein mit seinen angenehmen und seinen schmerzlichen Seiten. Die Wahrnehmung, die es achtsam zu erschließen gilt, liegt noch vor der Bewertung bestimmter Empfindungen als angenehm oder unangenehm, wohltuend oder irritierend.

Die Vielfalt kontemplativer Wahrnehmung

Die Himmel erzählen die Herrlichkeit Gottes,
das Firmament verkündet das Werk seiner Hände.

– Psalm 19,1

Kontemplative Wahrnehmung kennt unterschiedliche Formen. Die wichtigsten sollen im Folgenden beschrieben werden.[17] Auf diese Weise wird der Resonanzraum, der dieses Buch eröffnet, erweitert. Mit der Vielfalt kontemplativer Wahrnehmung vertraut zu werden, bewahrt davor, eine einzige Form zu verabsolutieren.

Ungeteilte Wahrnehmung – jenseits von Handlungsvollzügen oder in ihnen

Das vorliegende Buch widmet sich vorwiegend jener Form der Kontemplation, die im vorangegangenen Abschnitt eingeführt wurde. Ihr Kennzeichen ist es, nicht mit zweckgerichteten Tätigkeiten einherzugehen. Jegliche Aktivität zu lassen und in ungeteilter Wahrnehmung zu verweilen, steht quer zu unseren eingewöhnten Lebensmustern und bedarf deshalb der ausdrücklichen Einübung. Einmal erschlossen lässt sich kontemplatives Wahrnehmen jedoch auch mit Handlungsvollzügen verbinden. Das macht es nicht zuletzt möglich, aktive Formen des Betens und religiöse Rituale in einer kontemplativen Haltung zu vollziehen. Die Einübung ins Jesusgebet, die weiter unten beschrieben wird, basiert auf einer solchen Verbindung von aktivem und rezeptivem Beten.

Extra- und introvertiertes Wahrnehmen

In kontemplativen Vollzügen können sich extra- und introvertierte Aufmerksamkeit miteinander verschränken. Nicht allein in der leiblich-sensorischen Selbstwahrnehmung findet beides zusammen. Selbst die Wahrnehmung unserer mentalen Wirklichkeit ist von sinnlichen Erlebnisqualitäten geprägt. Das macht die verbreitete Rede von den ›inneren Sinnen‹ sinnvoll. In unserem Geist ›sehen‹ wir Bilder. Wir ›hören‹ Stimmen und Melodien. Auch Ungegenständliches nehmen wir so wahr: Gefühle, Stimmungen, Ahnungen und anderes mehr. Innere Worte, Einsichten und Anmutungen lassen sich ›verkosten‹. Sie gewinnen durch solches ›Nachspüren‹ an Reichtum und Dichte, ähnlich wie sinnliche Gegenstände. In der Einübung ins kontemplative Beten steht allerdings jeweils ein Aspekt im Vordergrund. Es trägt zur differenzierten Wahrnehmung bei, wenn wir das ganze Spektrum von extra- und introvertierten Wahrnehmungsformen ausloten.

Distanzierendes und annäherndes Wahrnehmen

In kontemplativer Wahrnehmung formen wir unsere Aufmerksamkeitshaltung in einer Weise, die der Feinabstimmung eines fotografischen Objektivs gleicht. Was wir achtsam betrachten, lassen wir nahe an uns herankommen. Wirklichkeiten, denen wir eine solch intensive Aufmerksamkeit schenken, prägen uns. Was wir wahrnehmen, zentriert und öffnet uns. Durch achtsame Annäherung gewinnt das Gegenwärtige an heilsamer Kraft. Es erschließt sich wie eine Landschaft, die aus dem Nebel auftaucht. Es wird zutraulich wie ein scheues Reh.

Nicht immer jedoch übt das, was unsere Aufmerksamkeit weckt, eine wohltuende Wirkung auf uns aus. Manchmal machen wir in kontemplativem Beten die Erfahrung: Was unsere Aufmerksamkeit auf sich zieht und fesselt, versetzt uns in Spannung und Unruhe. Wir kreisen um Sorgen, unangenehme Erinnerungen oder anregende Projekte. Die kontemplative Aufmerksamkeit ermöglicht hier heilsame Distanzierung. Achten wir in einer Haltung neutraler Offenheit auf die mentalen Prozesse, die in unserem Bewusstsein ablaufen, dann können wir Gedanken *als Gedanken* wahrnehmen. Wir lernen zu unterscheiden zwischen Gedanken und Wirklichkeit. Im Gegensatz zum bisher Beschriebenen ist diese Form kontemplativer Aufmerksamkeit beobachtend und objektivierend. Als Beobachter registrieren wir, was in uns oder um uns geschieht, ohne uns emotional involvieren zu lassen. Zur Attraktivität der Beobachterperspektive gehört allerdings auch, dass sie eine eigene, zurückhaltende Form von Emotionalität in sich birgt. Sie vermittelt uns Sicherheit, gelegentlich auch Heiterkeit. In den Modus des neutralen Beobachters zu wechseln, kann uns helfen, Dinge loszulassen, die uns bedrängen. Zu entdecken, dass wir gegenüber dem, was uns bedrängt, durch achtsame Selbstwahrnehmung in innere Distanz treten können, bedeutet einen Gewinn an innerer Freiheit.

Fokussierte und weite Aufmerksamkeit

Die Unterscheidung zwischen fokussierter und weiter Aufmerksamkeit lässt sich wiederum durch den Vergleich mit einem Objektiv veranschaulichen. Während erstere einem Zoom gleicht, so letztere einem Weitwinkelobjektiv. Die fokussierte Aufmerksamkeit richtet sich auf ein begrenztes Feld des Gewahrseins, die weite kennt keine solche Eingrenzung. Beide

Formen vermitteln je besondere Erlebnisqualitäten. In fokussierter Aufmerksamkeit, wie sie weiter oben bereits beschrieben wurde, ist das Wahrnehmen gebündelt und verankert. Es richtet sich auf ein sinnlich wahrnehmbares Objekt, auf unseren Leib, auf die Bewegung des Atems oder auf mentale Prozesse. Im Verweilen verfeinert sich der Blick oder das Gespür für das, was jetzt da ist. Wir öffnen uns dem, was uns aus dem gegenwärtigen Moment entgegenkommt.

Während sich in fokussierter Aufmerksamkeit die Tiefe des Gegenwärtigen auftut, zeigt sich in weiter Aufmerksamkeit eher, wie vielschichtig es ist. Sie ist reine Offenheit für alles, was uns berührt, ohne sich auf etwas Einzelnes zu richten. Die Fülle, die sie erschließt, hat symphonischen Charakter. Simone Weil vergleicht die weite Aufmerksamkeit mit dem Blick, den wir auf einem Berggipfel in die Weite schweifen lassen. Die Wälder und Täler bleiben dabei am Rand unseres Bewusstseins. Wir verweilen in einer Erlebnisganzheit, in der keine Einzelwahrnehmungen mehr unsere Aufmerksamkeit fesseln. Sie ruht ›gleichschwebend‹ bei allem, was sich uns im jetzigen Augenblick vergegenwärtigt.

Sinnlich-kontemplative Erkundungen

Und ich sage dazu,
dass die Schönheit Gottes
durch ihre große Klarheit
in alle Geschöpfe hineinreicht.

– Scala divini amoris

Oft werden wir in der freien Natur ohne unser Zutun kontemplativ. Schönheit, Anmut und Stille helfen uns, uns zu sammeln. Diese spontanen Formen der Kontemplation lassen sich, wie in den folgenden Abschnitten gezeigt werden soll, kultivieren und vertiefen.

Kontemplativer Spaziergang

Zur Eröffnung kontemplativer Exerzitien empfiehlt Franz Jalics einen kontemplativen Spaziergang in der Natur. Besonders geeignet sind geschützte Orte, die zum Verweilen einladen, oder einsame Wege, die wir langsam abschreiten können. Kontemplative Spaziergänge leben vom Stehenbleiben, nicht vom Vorwärtsgehen. Die Verlangsamung und das Innehalten ermöglichen es, die Mitwelt der Natur, die uns in sinnlicher Weise angeht, genauer wahrzunehmen.

Lassen wir uns dabei von unserem inneren Sinn und unseren Sinnen leiten! Achten wir darauf, was unsere Aufmerksamkeit auf sich zieht. Haben wir etwas gefunden, das uns anspricht, heißt es stehenzubleiben und in achtsamem Wahrnehmen zu verweilen. Die Kunst besteht darin, die sinnlichen Qualitäten dessen, was sich uns zeigt, ebenso genau wahrzunehmen wie unser antwortendes Erleben, ohne das Wahrgenommene zu kategorisieren und zu beurteilen. Solche Aufmerksamkeit bewegt sich auf einer Ebene, die diesseits der Deutungs- und Bewertungsprozesse liegt, die gewöhnlich unser Wahrnehmen begleiten. Einfache Fragen können helfen, die Achtsamkeit zu erhöhen und das Wahrnehmen zu verfeinern: Wie empfinde ich den Wind auf meiner Haut, den Boden unter meinen Füßen, ein Tautropfen auf meinem Finger? Was zeigt sich mir in der verwilderten Ecke eines Gartens? Wie fühlt sich die Oberfläche dieses Steines oder jenes Holzstücks in meiner Hand an? Wie spielen die verschiedenen Sinne ineinander?

Geleitet von einem inneren Rhythmus verabschieden wir uns nach einer gewissen Zeit wieder von einem bestimmten Ort und gehen weiter. Der fließende Wechsel zwischen einer fokussierten und einer freischwebenden Form der Achtsamkeit, zwischen Stehenbleiben und langsamem Gehen ist Teil dieser Übung. Wir können uns auch vorstellen, wir wären in unsere Kindheit versetzt und seien daran, die Welt zum ersten Mal zu erkunden. Kinder suchen sich in einem bestimmten Alter geschützte Orte im Freien, an denen sie sich geborgen fühlen und die zugleich offen sind für eine geheimnisvolle Wirklichkeit.[18]

Vermutlich wird es uns nicht durchweg gelingen, in achtsamer Wahrnehmung zu verweilen. Vielleicht wird uns plötzlich bewusst, dass wir gerade wieder unseren Gedanken nachhängen oder beginnen, den Gegenstand, den wir betrachten, genauer zu analysieren, zu klassifizieren und kritisch zu beurteilen. Ein gepflegter Garten kann uns in Erinnerung rufen, dass zuhause noch einige Gartenarbeiten anstehen, und wir finden uns unvermittelt in Überlegungen wieder, wie wir dabei vorgehen sollen. Das achtsame Wahrnehmen solcher gedanklicher Abschweifungen ist Teil der Übung. Wenn wir realisieren, dass wir über das Wahrgenommene nachzudenken beginnen oder unsere Gedanken uns schon ganz woandershin getragen haben, haben wir die Möglichkeit, unsere Aufmerksamkeit sanft in die Gegenwart zurückzulenken.

Manchmal sind die Gedanken, die auftauchen, mit Emotionen verknüpft. Ein knospender Zweig kann spontane Freude auslösen, ein abgestorbener Baum Trauer. In solchen Fällen ist es angebracht, bewusst einen Moment lang bei diesen Gefühlen zu verweilen, ohne sich in sie verstricken zu lassen. Ob wir auf unserem Spaziergang freudvoll oder traurig gestimmt sind, spielt für die Übung der Achtsamkeit keine Rolle.

Möglicherweise empfinden wir zu Beginn des Spaziergangs einen inneren Widerstand. Es können sich Gedanken melden wie: »Könnte ich die Zeit nicht besser nutzen? Spazierengehen kann ich auch anderswo! Ich habe mir doch diese Zeit genommen, um mich ins Gebet zu vertiefen!« Unserem komplizierten Geist erscheint die Übung als banal: »Das ist doch Kindergarten!« Solche Gedanken als Gedanken wahrzunehmen, ist ebenfalls Teil der Übung. Wenn wir uns einlassen und uns auf den Weg des Wahrnehmens machen, verschwinden die Widerstände und Einwände meist in kurzer Zeit.

Zur kontemplativen Einübung gehört es, die einzelnen Übungsschritte so zu vollziehen, als wäre es zum ersten Mal. In gewisser Weise trifft das auch zu. Genau betrachtet, wiederholt sich das Leben nie, sondern erneuert sich ständig. Heraklit wies darauf hin, dass wir nicht zweimal in denselben Fluss steigen können. Immer fließen neue Wasser auf uns zu. Das kontemplative Wahrnehmen wendet sich immer wieder dem Neuen des Lebens zu. Es verbindet sich oft mit der Erfahrung einer tiefen Vertrautheit mit sich und der Mitwelt.

Das Neue des Lebens, auf das auch die *Scala divini amoris* hinweist, gehört zu den beglückenden Entdeckungen des kontemplativen Verweilens in der Natur. Es wirkt auf uns zurück und weckt das Gefühl von Läuterung und Erfrischung. Diese Übung vermittelt die grundlegende Erfahrung, dass Kontemplation nicht anstrengend, sondern erholsam ist. Was auszehrt und erschöpft, sind unsere vielen Sorgen und Gedanken. Kontemplative Übungen schenken Denkpausen und Sabbatzeiten, in denen wir uns regenerieren und neu in Kontakt mit unserer Mitwelt und mit uns selbst kommen.

Du tauchst in den Mikrokosmos eines Klostergartens ein. Auf deinem Erkundungsweg bist du zu einer niedrigen Holzbank geführt worden. Inmitten des teppichartigen Halbschattens eines verblühten Apfelbaums lädt sie dich zum Ausruhen ein. Als du niedersitzt, merkst du, wie Müdigkeit und sorgenvolle Anspannung gleich einem feinen Schleier über allem liegt. Deine Finger gleiten über die raue und gekerbte Oberfläche der Bank, ertasten ihre Rundungen und Kanten, die Wärme des Holzes, das sich von den kühleren runden Flächen der Eiseneinlagen abhebt. Alte, wenn auch ungenaue Erinnerungen melden sich: wie du hölzerne Gegenstände als

Kind ertastet hast. Auch wenn sie sich nicht zu einem bestimmten Bild ausformen, wecken sie ein Gefühl von Vertrautheit und Geborgenheit. Unvermittelt bemerkst Du auch einen leicht modrigen Geruch, der sich mit jenem von erwärmten Blättern durchmischt und dem Gesamtbouquet des Gartens einen dunklen, bisher nicht wahrgenommenen Unterton gibt. Kommt er von dem moosbewachsenen Brunnen, der einige Meter entfernt liegt? Die Geräusche, die dich wellenartig erreichen und einhüllen, sind einfacher zu verorten. Einige dringen von Ferne in den abgeschiedenen Garten – Dorfgeräusche aller Art: Stimmen, Motoren, Musikfetzen. Jene, die dem Garten selbst entspringen, lassen dich seinen Innenraum ausloten: zaghafte Vogelstimmen hier und dort, das unregelmäßige und stoßweise Gurgeln des Brunnens, Schritte im knirschenden Kies. Nahes und Fernes verschmelzen nach und nach, um bald darauf wieder auseinanderzugleiten.

Sinnliche Kontemplation im Alltag

Was wir auf einem kontemplativen Spaziergang erkunden, lässt sich im Kleinformat auch mitten im Alltag einüben. Einige Minuten genügen vollauf. Ich wende mich zunächst entlang der fünf Sinne fokussierten Formen der Wahrnehmung zu, um am Ende auch das entfokussierte synästhetische Erleben in den Blick zu nehmen.[19]

Schauen: Unser Alltag ist voller Ausblicke, die zur kontemplativen Schau einladen: der Blick aus einem Fenster in die Weite oder auf dem Arbeitsweg auf einen Fluss oder einen Baum; das Betrachten des Abendhimmels, der uns das Warten auf die Straßenbahn verkürzt und die belebte Haltestelle in einen Meditationsraum verwandelt. Wenn wir es aushalten, einige Minuten ganz Auge zu sein, beginnt sich unser Blick zu klären, wir werden ruhiger und merken, wie das, was wir betrachten, bei uns anzukommen beginnt. Vielleicht entdecken wir plötzlich etwas, was wir noch nie so gesehen haben: ungewohnte Lichtnuancen über der vertrauten Landschaft oder hinter Strommasten und Fahrleitungen die matte Mondsichel und die sie begleitende Venus.

Neben den Formen und Farben, mit denen uns die natürliche Welt beschenkt, sind unsere Alltagswelten auch vielfältig bestückt mit Kunstbildern, die uns Ankerpunkte anbieten, um schauend zu verweilen. Der ruhende Blick lässt uns in den Raum eintreten, den uns ein Bild eröffnet. Schauend verwandelt sich nicht allein unser Sehen, sondern auch unsere Stimmung und unser Sein. Im achtsamen Eintreten in Bildwelten gewinnen wir unbemerkt auch einen neuen Blick auf die Welt unseres Alltags. Seerosenteiche sehen anders aus, nachdem wir durch die Seerosenlandschaften Claude Monets gegangen sind.

Das kontemplative Verweilen weckt auch den ›Geschmack‹ an der sinnlich-materiellen Qualität von Bildern und Skulpturen. Raue Oberflächen, dick aufgetragene Farben und Spuren der Pinselführung gehören, so bemerken wir, zur Bildwelt dazu. Bildende Kunst führt uns die Entstehung des Sinnes aus dem Sinnlichen vor Augen. Wir werden zu Zeuginnen und Zeugen der Geburt neuer Welten. Aus einem Federstrich und zwei Punkten entsteht vor unseren Augen ein Gesicht. Der gemalte und übermalte Grund öffnet sich plötzlich in die Tiefe. Ein Horizont zeichnet sich ab, vor dem eine Gestalt sich abzuheben beginnt. Das Bild schafft, achtsam betrachtet, eine sinnreiche und dichte Wirklichkeit. Achtsames Schauen weckt auch hier den Sinn fürs Hintergründige. Es sensibilisiert für Unbestimmtes und Verheißungsvolles, das vor unseren Augen zur Quelle von Sinn und Bedeutung werden kann.

Die besondere Weise des Sehens, die sich durch eine kontemplative Haltung ausbildet, lässt sich auch von außen wahrnehmen. Man erkennt den ruhigen und verweilenden Blick. Kontemplatives Schauen unterscheidet sich deutlich vom flüchtigen Umherblicken und vom fixierten Starren. Es lässt unseren Blick verweilen, nimmt ihm seine Starre. Es öffnet ihn für Unscheinbares und befreit uns von einem Tunnelblick, der nur sieht, was er begehrt oder befürchtet. Wir vermögen sehend feine Unterschiede wahrzunehmen, die wir sprachlich nur mit großer Mühe zu artikulieren vermögen. Um in die kontemplative Schau hineinzufinden, müssen wir unsere Sehgewohnheiten zurücklassen und uns auf die Wirklichkeit einlassen, die unsere Interpretationen und Schematisierungen übersteigt.

Versuchen wir für einige Minuten, ganz bewusst bei den primären Sehqualitäten zu verweilen: bei den feinen Nuancen von Farben und Formen, beim Wechselspiel von Vorder- und Hintergründigem, von Ferne und Nähe. Wenn wir merken, dass unser Geist das Wahrgenommene zu klassifizieren beginnt, kehren wir einfach zu diesem elementaren Sehen zurück. Mit der Zeit wird sich uns dabei eine eigentümliche Freude am Schauen und am Geschauten erschließen, eine ›Schaulust‹ besonderer Art, die von Staunen durchwirkt ist.

Hören: Um ganz Ohr sein zu können, steht uns eine einfache Möglichkeit zur Verfügung: Wir können die Augen schließen. Unabgelenkt durch Sichtbares geht uns eine dynamische und vielschichtige ›Hörwelt‹ auf. Diese ist, weit stärker als die ›Sehwelt‹, bestimmt von einem Kommen und Gehen, von Anschwellen und Verebben. Beim Hören bereitet es uns meist weniger Mühe, auf einer vorinterpretativen Ebene des Wahrnehmens zu verweilen. Vieles, was wir hören, ist Geräusch, dem keine Bedeutung im engeren Sinne abzugewinnen ist. Bei geformten Klängen – bei Stimmen, Signalen oder Musik – hebt sich die sinnliche Dimension deutlich ab von der sinnhaften Ebene der Bedeutung. Vom Musikhören sind wir es gewohnt, auf sinnliche Hörqualitäten, auf feine Unterschiede und Ober- und Nebentöne zu achten. Mit gleicher Aufmerksamkeit können wir uns auch Geräuschen zuwenden, die nicht vom Menschen geformt sind. Wer hat nicht schon dem Wind, dem Vogelgesang, dem Prasseln des Feuers und dem Murmeln oder Tosen eines Baches nachgelauscht? Manche Geräusche kommen und gehen wie auf Taubenfüßen, andere brechen herein und verschwinden dann plötzlich wieder. Sie schwellen an und verebben. Oder sie bilden, wie der sich wiederholende Ruf eines Vogels, eine dezente Klangkulisse, die die Stille hörbar macht.

Tasten: Im Gegensatz zum Gehör lebt der Tastsinn durch Bewegung auf. Feingefühl entwickelt sich durch ein häufiges und bewusstes Ertasten. Dazu bedarf es günstiger Bedingungen. Unser Tastsinn ist temperaturempfindlich. Bei zu großer Hitze oder Kälte verlieren sich die feinen Unterschiede. Im Tastsinn verschränken sich Berühren und Berührt-Werden. Er ermöglicht uns, mit unserer Um- und Mitwelt und mit uns selbst in Kontakt zu treten und in Berührung zu bleiben. Meist geschieht das halb- oder unbewusst. Die ›Fühlwelt‹ ist für viele eine Wirklichkeitsdimension, die einem kaum erschlossenen Naturreservat gleicht. Das macht sie für die kontemplative Einübung besonders interessant. Um diesen Sinn zu wecken, können wir unser Wahrnehmungsgedächtnis und unsere Vorstellungskraft befragen:

Wie fühlt es sich an, an einem Frühlingsmorgen einen Tautropfen, der an einem Grashalm hängt, in die hohle Hand zu empfangen? Erinnerst du dich an das Gefühl, das du hattest, als du mit kleinen Kinderhänden deinen Wellensittich sanft aus seinem Käfig holtest? Hast Du schon einmal die Hand eines Sterbenden gehalten, seinen Kampf und sein Loslassen-Können gespürt? Wie wird es sich anfühlen, wenn du selber einmal in dieser Situation sein wirst und deine Hand in die Hand von jemandem legst, der dich in den letzten Stunden deines Lebens begleiten wird? Wie fühlt es sich an, wenn du heute deinem Lebenspartner, deinem Kind oder einem nahestehenden Menschen die Hand auf die Schulter legst?

Wir können uns vornehmen, bei unserem alltäglichen Tun bewusst darauf zu achten, mit welchen Menschen und Gegenständen wir in Berührung kommen. Versuchen wir, einen Moment in der Berührung zu verweilen: Wie fühlt es sich an? Welche feinen Unterschiede nehmen wir wahr? Was lässt uns im Kontakt bleiben. Was verhindert ihn?

Riechen: Tauchen wir bewusst und verweilend in die Welt der Gerüche ein, so verwandelt sich unsere Umwelt unversehens in einen orientalischen Basar. Was neutral schien, beginnt auf überraschende Weise zu duften. Nicht nur die vielschichtige Mischung von Gerüchen in einer Bäckerei oder einer Metzgerei nehmen wir intensiver wahr, sondern auch unauffälligere Geruchslandschaften. Sie unterscheiden sich manchmal von Straße zu Straße, von Wohnung zu Wohnung, von Büro zu Büro. Krankenhäuser, Bahnhöfe und Kaufhäuser bergen andere Geruchswelten als Kirchen oder Bibliotheken. Wer in Zürich die Niederdorfstraße entlang geht oder in einer ländlichen Gegend einen Bauernhof passiert, kann innerhalb von wenigen Metern mehrere Geruchszonen durchwandern. Täglich verweilen wir in unterschiedlichen Duftwelten. Selbst wenn wir nicht besonders auf sie achten, vermitteln uns Gerüche wichtige Informationen. Manchmal liegt etwas in der Luft, was uns vorsichtig handeln lässt. Manchmal wittern wir einen Lösungsweg.

Mögen sich auch unangenehme Gerüche darunter mischen: Unsere Lebenswelt ist überraschend duftreich und oft auch aromatisch. So riecht der Winter anders als der Sommer, der Frühling anders als der Herbst. Viele Düfte erreichen unsere Bewusstseinsschwelle nicht und bleiben unbeachtet. Auf manche Düfte werden wir aufmerksam, weil sie uns an ungewohntem Ort oder mit einer besonderen Qualität entgegenkommen. Etwa dann, wenn mitten in der Stadt plötzlich ein ganzes Wohnquartier von einer süßen Duftwolke durchdrungen wird. Ein großer Lindenbaum, so entdecken wir, trägt im Frühsommer einen Hauch von Landleben in die Stadt.

Wenn wir unsere Aufmerksamkeit dem Geruchssinn zuwenden, stoßen wir auf sein erstaunliches Gedächtnisvermögen.

Der feucht-modrige Geruch des Mostkellers meines Großvaters ist mir noch nach über 40 Jahren in lebhafter Erinnerung. Gelegentlich wecken ähnliche Kellerräume meine Erinnerung. Einen Moment lang meine ich, den gleichen Duft wiederzufinden. Jedes Mal stelle ich nach kurzer Zeit fest: Es riecht doch anders als in der Zeit, in der ich auf kindlichen Beinen in diesen Keller hinunterstieg, um frischen Apfelmost aus großen Holzfässern zu trinken. Die spontane Erinnerung lässt gleichwohl ein Stück Vergangenheit wiedererstehen. Der Duft einer vergangenen Welt durchdringt meine Gegenwart und schenkt ihr einen Hauch von Ewigkeit. Paart sich der Geruchssinn mit kontemplativem Verweilen, wird er mitten im Alltag zum Tor für eine transzendente Wirklichkeit.

Schmecken: Um kontemplatives Wahrnehmen in unseren Alltag einzubetten, bietet der Geschmackssinn besonders lustvolle Möglichkeiten. Wie in den bisher betrachteten Bereichen braucht es eine bewusste Entscheidung zum kontemplativen Verweilen, zur Fokussierung der Aufmerksamkeit auf das, was wir in diesem Augenblick schmecken. Es ist Ausdruck von Dankbarkeit und Wertschätzung, Nahrungsmittel achtsam zu verkosten. Das kann schon bei der Vorbereitung beginnen, bei der alle Sinne beteiligt sind. Das Kochen bietet etwas fürs Auge und fürs Ohr. Auch die tastenden Hände und die Nase sind mit im Spiel – und nicht zuletzt die Zunge, die das Ganze von Zeit zu Zeit abschmeckt.

Synästhetisches Erleben: Was wir beim Kochen in besonders intensiver Weise erfahren können, trifft für unser Alltagserleben insgesamt zu: es ist meist synästhetisch. Wir nehmen mit verschiedenen Sinnen gleichzeitig wahr. Auch dieses synästhetische Erleben können wir durch eine kontemplative Haltung intensivieren. Im Unterschied zu den fokussierten Formen der

Wahrnehmung geschieht diese Intensivierung hier dadurch, dass wir unsere Aufmerksamkeit weiten, sie ›entfokussieren‹. Wir öffnen alle Sinne gleichzeitig und achten auf das Gesamtempfinden, auf den vibrierenden Zusammenklang. Das kontemplative Moment bleibt sich gleich: wir verweilen hellwach bei dem, was sich uns im jetzigen Augenblick erschließt. Wir tauchen auf diese Weise in einen wogenden Kosmos sinnlicher Wahrnehmungen ein, der uns wie eine klangreiche Symphonie umschließt und bewegt.

Im Tempel des Leibes

Wisst ihr nicht, dass euer Leib der Tempel des Heiligen Geistes ist,
der in euch wohnt,
den ihr von Gott habt,
und dass ihr nicht euer selbst seid?

– 1 Korinther 6,19

Sinnliches Wahrnehmen spielt sich zwischen zwei Polen ab: zwischen gegenständlicher und zuständlicher Wahrnehmung.[20] Der gegenständliche Pol des Wahrnehmungsspektrums ist mit dem Sehsinn verbunden. Am anderen Ende des Spektrums steht der Tastsinn, der eine zentrale und integrierende Stellung einnimmt. In ihm verbinden sich gegenständliches und zuständliches Wahrnehmen. Er ist der Sinn für das Andere, für die feinen Differenzen, die uns von ihm unterscheiden. Zugleich sind wir durch den Tastsinn in unmittelbarem Kontakt mit uns selbst, mit unserem »Haut-Selbst«[21]. Die kontemplative Rücknahme gegenständlicher Wahrnehmung dient dazu, die zuständliche Wahrnehmung zu schärfen und das Spüren zu intensivieren, um auf diese Weise stärker in Berührung mit uns zu kommen.

Dieses Spüren im Sinne eines achtsamen und zuständlichen Wahrnehmens bildet die Schwelle zwischen sinnlicher Wahrnehmung und Innenschau. Bereits Aristoteles vermerkte, dass es uns schwer fällt, das Nahe und Unscheinbare wahrzunehmen.[22] Im Nahbereich sensorischer Selbstwahrnehmung ist kontemplatives Verweilen aus einem zweifachen Grund anspruchsvoller als in der nach außen orientierten sinnlichen Wahrnehmung. Zum einen geht es um weit feinere und monotonere Formen der Wahrnehmung. Zum andern stoßen wir auf unangenehme körperliche Empfindungen. Beides fördert die Tendenz, in Gedanken und Phantasien abzuschweifen.

Um nicht bei irritierenden Empfindungen hängen zu bleiben und die Sammlung zu fördern, stehen zwei Wege zur Verfügung. Der erste führt zu einer nicht-fokussierten, allgemeinen Wahrnehmung unserer leiblichen Präsenz. Die Aufmerksamkeit ist hier freischwebend, nicht auf bestimmte Einzelempfindungen gerichtet. Der zweite Weg, der auf den folgenden Seiten näher beschrieben wird, besteht darin, das Spüren auf eingegrenzte Empfindungsfelder zu lenken: den Atem, die Handflächen, die Sitzfläche usw. Man kann die beiden Wege verbinden und zwischen weiter und fokussierter Achtsamkeit hin und her pendeln.

Sitzen in Stille

Im stillen Sitzen vertiefen sich die Erfahrungen der sinnlichen Kontemplation. Der Prozess der Verlangsamung, der auch mit den bereits beschriebenen Übungsformen verbunden ist, mündet in regungslosem Verweilen. Die völlige Rücknahme körperlicher Aktivität erschließt die genaue Selbstwahrnehmung. Wir können wahrnehmen, wie wir vom festen Boden getragen werden, wie durch das ruhige Sitzen innere Ruhe einkehrt. Die Aufmerksamkeit richtet sich zunehmend auf den inneren Raum, der sich langsam zu öffnen beginnt. Vielleicht wird beim ruhigen Sitzen auch eine innere Unrast bewusst. Die Sammlung macht die Fliehkräfte spürbar, die wir in uns tragen. Nehmen wir auch diese Unruhe genau und mit wohlwollender Akzeptanz wahr, wird sie sich mit der Zeit abschwächen.

Als Grundhaltung der Meditation und der kontemplativen Versenkung taucht das Sitzen neutestamentlich bei Maria von Bethanien auf. Zu Füßen Jesu sitzend lauscht sie seinem Wort und vergisst dabei alle Sorgen des Alltags (Lk 10,39). Es sollte jedoch noch einige Jahrhunderte dauern, bis das Christentum die spirituelle Bedeutung des stillen Sitzens ausdrücklich reflektierte. Es kam einer »Revolution gleich, als der spirituelle Meister zu seinem Schüler sagte: ›Wenn du beten willst, *setz dich.*‹ [...] Das Sitzen auf der Matte, die Haltung der Hände, das Schließen der Augen – all das sind Gesten, die von der Hinwendung zum Herzen sprechen; sie bilden das Vokabular einer Gewissheit: Die Grotte des Köpers ist dazu da, dass Gott im Verborgenen zur Welt kommt, das Begehren besänftigt, ohne es stillzustellen, den ganzen Menschen ergreift, ohne ihm jemals zu gehören.«[23] Die ägyptischen Wüstenväter des 4. Jahrhunderts ›erfanden‹ für diese Einkehr einen besonderen Ort: das Kellion, die Mönchszelle. Für sie wurde das Sitzen zur lebensformenden Grundhaltung, in der sich Arbeit und Meditation verbinden konnten. Wie in Ägypten üblich saß man auf Schilfmatten am Boden. Durch das Sitzen im Kellion konnte man lernen, sich mit aller Unruhe, mit allem Unvermögen auszuhalten und in Gottes Gegenwart zu verweilen.

»Ich will sitzen und will schweigen und will hören, was Gott in mir spreche,« heißt es bei Meister Eckhart.[24] Das ruhige Sitzen öffnet für das Wort. Es stellt der Zerstreuung, die einem von außen und innen begegnet, etwas Festes entgegen. Es bringt uns wieder ›in Ordnung‹ und fördert die klare Ausrichtung.[25] Es hilft uns dabei, den Kontakt zur Erde zu finden und uns nicht in geistige Höhen zu verlieren.[26] Aufrechtes Sitzen kann sich mit Würde und Demut verbinden. In rechter Demut empfange man sitzend mehr als stehend, heißt es bei Meister Eckhart. Nirgends vermöge der Himmel mehr zu wirken als im Grund der Erde.[27] Auf einem als tragend, als fest und verlässlich wahrgenommenen Fundament können wir uns besser loslassen. »Die Hingabe an den Boden, an die Erde, ist grundlegend, ist Begründung im Wortsinn,« beschrieb der in Meditation geübte Choreograph Manfred Schnelle diese Erfahrung. Im Berühren der Erde »erfahre ich eine Beruhigung meines Wesens«.[28]

Die aufrechte Haltung begünstigt, ergänzend zur Erdung, eine Offenheit nach oben. Sie fördert unsere Wachheit, öffnet unsere Sinne, lässt uns freier atmen. Leibliches Selbsterleben und symbolischer Ausdruck entsprechen sich. Eine aufrechte Sitzhaltung strahlt Aufrichtigkeit, Offenheit und Präsenz aus. Die äußere Haltung stärkt die innere, indem sie diese manifestiert und erlebbar macht. Gerade weil das aufrechte und gleichzeitig entspannte Sitzen eher ungewohnt ist, wird es in der kontemplativen Übung als erfrischend neu erlebt.

Auch eingefleischte Fehlhaltungen können sich dabei deutlicher zeigen: verspannte Schultern, Druckgefühle auf der Brust oder Schmerzpunkte in der Wirbelsäule. Der leibseelische Schmerz, der auf dem kontemplativen Weg ans Licht kommen kann, bedarf eines achtsamen Umgangs. Spontan neigen wir dazu, Schmerzliches abzuwehren und Verspannungen aktiv auflösen zu wollen. Der kontemplative Umgang ist ein anderer. Er besteht darin, sich dem Schmerzlichen ebenso wohlwollend zuzuwenden wie dem Angenehmen. Es ist gut, wenn die Wunden, die wir in uns verborgen tragen, ans Licht kommen. Solches Zulassen bedeutet eine Zurücknahme unseres Wollens. Wir verzichten darauf, das Leidvolle zu verdrängen oder aus eigener Kraft zu überwinden. Es ist gerade der Verzicht auf Veränderung, der den Raum für die Verwandlung öffnet.

Das ruhige und aufrechte Sitzen hilft, die Aufmerksamkeit nach innen zu richten. Die Aufforderung Jesu, sich zum Gebet in eine Kammer zurückzuziehen und die Türe zu schließen[29], lässt sich als Einladung zur Innenschau verstehen. Sich betend zu sammeln bedeutet, den Lärm draußen zu lassen, die Fernsinne zu schließen, damit die Nahsinne sich öffnen und die Innenschau sich ausbilden kann. Das griechische Verb *myein*, das hinter dem Wort ›Mystik‹ steckt, bedeutete: die Augen, die Ohren und den Mund schließen, um zur Stille der inneren Wahrnehmung zu finden.

Zum Paradox kontemplativer Einkehr gehört es, dass sie nicht willentlich herzustellen ist, jedoch einer großen Entschiedenheit bedarf. Es braucht, so meinte der spanische Franziskaner Francisco de Osuna, einen Wächter an der Türe des Geistes, der allen herandrängenden Eindrücken und Gedanken die Auskunft gibt, dass zu dieser Stunde keine Besucher empfangen werden.[30]

Achtsam atmen

Achtsames Lauschen auf den Atem gibt der kontemplativen Sammlung eine sinnlich fühlbare Verankerung. Die Ausrichtung unserer Aufmerksamkeit auf einfache sinnliche Empfindungen, wie sie mit dem Atem verbunden sind, sammelt und entleert unseren Geist. Das Verweilen von Moment zu Moment lässt uns präsent werden. Wie bei der aufrechten Sitzhaltung und gefalteten Händen durchdringen sich zudem erlebte Sinnlichkeit und symbolischer Sinn. In den ineinander gelegten Händen manifestiert sich die Abkehr vom Tätig-Sein, eine Haltung des Empfangens. Diese Gebetshaltung betont das Sein vor Gott, das dem Denken und Tun voraus- und zugrunde liegt. In ähnlicher Weise verschränken sich auch im Atem Sinn und Sinnlichkeit:

- Wie die Haut ist der Atem ein Grenzphänomen. In ihm sind wir in ständigem Austausch mit dem, was uns umgibt. Er lässt uns die Verbundenheit mit der Welt und mit anderen atmenden Wesen erfahren. Zugleich erspüren wir atmend unseren Innenraum und unsere Körpergrenzen. Die Achtsamkeit, die bei der Atembewegung verweilt, stärkt das Verbundenheitserleben und lässt uns in Berührung bleiben mit dem, was uns begrenzt.
- Das Atmen ist aktiv und passiv zugleich. Das achtsame Wahrnehmen der Atembewegung sensibilisiert uns für die passivische Dimension unseres Lebens. In sanfter Weise wird erlebbar, dass all unsere Aktivität von Passivität begleitet, durchdrungen und getragen ist.
- Als Stimmträger ist der Atem Medium der Gestimmtheit: »Durch Atem und Stimme drückt sich immer auch die Stimmung aus und werden Gefühle kommuniziert.«[31] Im Atem spiegelt sich unsere leibseelische Verfassung. Wer trauert, atmet anders als diejenige, die fröhlich gestimmt oder verängstigt ist.
- In der Atembewegung durchdringen sich Vitalität und Geist. In den drei Atemräumen finden die unterschiedlichen Dimensionen unseres körperlichen Selbst zueinander. Während die Atembewegung im untersten Atemraum sich mit den Vitalkräften verbindet, zeigt sich im Brustbereich ein feinerer Atem, der den Gefühlsbereich berührt. Im mittleren Atemraum, der unterhalb des Zwerchfells liegt, geht eines ins andere über: »In ihm werden Ruhe, Sicherheit, Gleichgewicht, Gelassenheit, Selbstwert, Selbstbewusstsein und Ich-Kraft erlebbar.«[32]
- Der Atem gleicht nicht zuletzt einem Leitfaden, der die verschiedenen Lebensbereiche miteinander verknüpft.

Wie ein stiller Fluss ist er immerfort in Bewegung. Er bildet eine Brücke zwischen Zeiten kontemplativer Versenkung und dem Alltag. Der Atem rhythmisiert die Zeit auf sanfte Weise. Die Aufmerksamkeit auf ihn zu lenken, hilft zur Rückkehr in die Gegenwart, zu den langsamen Rhythmen des Lebens.

Vor dem Hintergrund dieser Sinnfülle erstaunt es nicht, dass der Atem zu einer der wichtigsten spirituellen Leitmetaphern geworden ist. Die Akzente sind unterschiedlich gesetzt. In hinduistischen und buddhistischen Traditionen wird stärker das Aufgehen des persönlichen Atems im unpersönlichen Atem der Welt betont. Judentum und Christentum heben hingegen eher hervor, dass menschliches Atmen auf den Atem Gottes angewiesen ist. Er ist es, der alles belebt und die Menschen bewohnt, sie inspiriert und aufatmen lässt. In diese Richtung weist auch Paul Claudels Aussage, Gebet sei eine Heiligung unseres Atmens.[33]

In der *Scala divini amoris* ist der Geruchssinn mit der Erfahrung des Neuen verbunden. Wer im Duft der Geschöpfe den Duft Gottes wahrzunehmen vermag, gleiche den Zugvögeln, die auf der Suche nach Nahrung in ferne Länder fliegen. Ein verheißungsvoller süßer Duft, den sie in der Luft wahrnehmen, hilft ihnen, sich zu orientieren. Ähnlich die Kontemplativen: Sie wittern das Neue, das im Aufgang ist. Sie sind auf stille Weise unterwegs in eine verheißungsträchtige Wirklichkeit, die bereits jetzt schon die Welt in feinster Weise erfüllt und zum Duften bringt.

Abgesehen von einigen Vertretern des ostkirchlichen Hesychasmus hat die christlich-kontemplative Tradition bis ins 20. Jahrhundert weitgehend darauf verzichtet, Atemtechniken im engeren Sinne zu entwickeln. Die sparsamen Anweisungen beschränken sich darauf, die Bewegung des Betens in achtsamer Weise mit derjenigen des Atems zu verbinden und sie dadurch zu intensivieren. Wie bei den bisherigen Übungsschritten geht es in der kontemplativen Ausrichtung auf den Atem allein um ein bewusstes und wohlwollendes Wahrnehmen, um gesammelte Präsenz. Zu Beginn fällt es schwer, die Atembewegung einfach nur wahrzunehmen, ohne sie willentlich zu beeinflussen.

Dein Fokus des Gewahrseins richtet sich auf den Luftstrom. Vielleicht achtest du auch auf die sanfte Bewegung, die der Atem bewirkt und selbst vollzieht. Je genauer und wacher du hinspürst, desto feinere Qualitäten zeigen sich: die Frische der Luft beim Einatmen; die sanfte Ausdehnung des Brustkorbs; die Kraft der Verdichtung beim Ausatmen, die aufrichtend, lösend und zentrierend wirkt; die unterschiedlichen Phasen des Atemrhythmus, besonders auch die Ruhe nach dem Ausatmen. Das Gewahrsein dehnt sich nach und nach auf den ganzen Leib aus. Du nimmst wahr, wie du in deinem ganzen körperlichen Sein durchatmet bist, wie du sanft bewegt wirst.

Der Sanftheit des Atems entsprechen das achtsame Wahrnehmen und die wohlwollende Akzeptanz dessen, was in ihm und durch ihn spürbar wird. Dazu gehört nicht zuletzt die Wahrnehmung von Zerstreuung und verminderter Wachheit. Auf beides reagieren wir leicht mit Ärger und Unmut, was uns wiederum zu angestrengtem und verbissenem Üben drängen kann. Wir sind leicht versucht, unseren herumschweifenden Geist durch einen inneren Kraftakt zurück zu beordern. Es gehört zur kontemplativen Übung, auch solche mentale Verstrickungen und Manöver nicht negativ zu bewerten, sondern mit wohlwollender Akzeptanz und Humor wahrzunehmen.

Francisco de Osuna vergleicht unsere unruhige Seele mit einem verängstigten Vogel, der sich nur durch sanftes Zureden besänftigen lässt: »Wenn du wahrnimmst, dass sich deine Seele in eine Vielfalt konfuser Gedanken zerstreut hat, erschrecke sie nicht und bring sie nicht in größeres Leid. Korrigiere sie vielmehr liebevoll mit ein paar wenigen schlichten und zutraulichen Worten: ›Wohin bist du weggeflogen, meine Seele!‹»[34] Wenn ich geduldig wahrnehme, dass meine Seele ›weggeflogen‹ ist, stehe ich bereits wieder an der Schwelle der Kontemplation.

Franz Jalics schlägt vor, die Aufmerksamkeit auf den Atem mit einem achtsamen Wahrnehmen der Handflächen zu verbinden.[35] Eine solche Fokussierung hat einen fernen Vorläufer in der hesychastischen Anleitung, beim Gebet die Aufmerksamkeit auf die Herzmitte zu lenken. Die Sammlung auf das Herzzentrum hat den Vorzug, das kontemplative Gebet noch stärker zu rhythmisieren. Aus medizinischer Sicht ist die Fokussierung auf das sensible Organ des Herzens jedoch nicht zu empfehlen. Das Hineinspüren in die Handflächen ist eine gute Alternative, um die Bewegung der Sammlung körperlich stärker zu verankern. Neben ihrer symbolischen und energetischen Bedeutung sind unsere Hände für ein fokussiertes Wahrnehmen deshalb besonders geeignet, weil wir in der Regel keine negativen, sondern eher positive Empfindungen mit ihnen verbinden.

Lausche im stillen Sitzen achtsam auf das Kommen und Gehen deines Atems. Begleite die Bewegung des Atems bewusst von Beginn des Einatmens bis zur Stille nach dem Ausatmen. Vertraue dich dieser Bewegung an. Spürst du, wie die Atemluft deinen Leib durchströmt und sanft bewegt? Wie fühlt sich das genau an? Nimm wahr, wie die leicht erwärmte Atemluft ausströmt. Ist es dir möglich, auch in den kurzen Atempausen achtsam zu bleiben?
Richte deinen Achtsamkeitsfokus dann auf die Handflächen und verweile in geduldigem Hinspüren. Strenge dich dabei nicht an. Das Empfinden braucht Zeit, um sich zu entfalten. Kannst du Wärme oder ein sanftes Pulsieren wahrnehmen? Was erspürst du, wenn du in deine Hände hinein ausatmest? Was immer du auch wahrnimmst, es ist in Ordnung so. Selbst dann, wenn du nichts spürst. Das achtsame Sich-Öffnen hat seinen Sinn in sich.
In einem dritten Schritt kannst du das achtsame Wahrnehmen des Atems mit dem Erspüren der Handflächen verbinden. Die fokussierte Wahrneh-

mung beginnt sich dadurch zu weiten. Was nimmst du genau wahr von Augenblick zu Augenblick?

Versenkung und Versunkenheit

Die vorangegangenen Abschnitte haben gezeigt, dass die sinnliche Wahrnehmung ein Tor zur kontemplativen Sammlung ist. Tore sind dazu da, durch sie einzutreten. Auf dem Weg kontemplativer Verinnerlichung tritt die sinnlich-sensorische Wahrnehmung zunehmend in den Hintergrund, auch wenn sie das Erleben weiterhin prägt. Zu Beginn seines Werks *Von der mystischen Theologie* lädt Dionysios Areopagita dazu ein, »die sinnliche Wahrnehmung und die Denktätigkeit, alle Sinnendinge und Denkinhalte, alles Nicht-Seiende (die imaginative und nur gedachte Wirklichkeit) und Seiende« zurückzulassen, um zur mystischen Schau zu gelangen.[36] Dionysios vergleicht diesen Prozess mit dem Aufstieg auf den Gottesberg. Nach dem biblischen Bericht wird Moses dabei von einer dunklen Wolke umhüllt.[37]

Von ferne gleicht die kontemplative Versenkung dem Zustand hoch konzentrierten Denkens. Gedanken können uns völlig absorbieren. Wir nehmen dann nicht mehr wahr, was um uns geschieht, obwohl wir in einem hellwachen Bewusstseinszustand sind. In deutlichem Unterschied dazu zeichnet sich die kontemplative Innenschau dadurch aus, dass sie nicht auf Gedanken und Vorstellungen ausgerichtet ist. Unser Geist ist nicht mehr diskursiv tätig, sondern intuitiv wahrnehmend. Die klassische Tradition redete mit Vorliebe von den ›inneren‹ Sinnen. Durch sie lässt Gottes Gegenwart sich schmecken und spüren, macht sich leise im Resonanzraum des Selbst vernehmbar, leuchtet im Innersten auf.[38]

Der deutsche Arzt Carl Albrecht, der den Prozess der Versenkung aus psychologisch-phänomenologischer Perspektive untersuchte, beschrieb die Versunkenheit als »ein voll integrierter, einheitlich und einfach gefügter, überklarer und entleerter Bewusstseinszustand, dessen Erlebnisstrom verlangsamt ist, dessen Grundgestimmtheit die Ruhe ist und dem als einzige Funktion eines nur noch passiv erlebenden Ichs die Innenschau zugeordnet ist.«[39]

Die Innenschau besteht gemäß Albrecht darin, alles, was sich im entleerten Bewusstseinsfeld zeigt, ungeteilt und hellwach wahr zu nehmen. Sie unterscheidet sich vom Denken und Phantasieren: »Die Innenschau ist kein Vollzug aktiven reflexiven Denkens. Sie ist ein ›Anschauen‹ des Ankommenden und läuft als solches allem reflexiven Denken über das Angeschaute voraus.«[40] Man könnte auch von einem Wahrnehmen in Gestalt erlebter Intuition sprechen. In zunehmender Versenkung gewinnt eine solche Innenschau an Klarheit und Dauer. Als »voll integrierter, einheitlich und einfach gefügter, überklarer und entleerter Bewusstseinszustand«[41] unterscheidet sich die Versunkenheit nicht allein vom normalen Wachbewusstsein, sondern auch vom Tagträumen. Simone Weil beschreibt einen solchen introvertierten und offenen Bewusstseinszustand in anschaulicher Weise:

> »Der Geist soll hinsichtlich aller besonderen und schon ausgeformten Gedanken einem Menschen auf einem Berge gleichen, der vor sich hinblickt und gleichzeitig unter sich, doch ohne hinzublicken, viele Wälder und Ebenen bemerkt. Und vor allem soll der Geist leer sein, wartend, nichts suchend, aber bereit, den Gegenstand, der in ihn eingehen wird, in seiner nackten Wahrheit aufzunehmen.«[42]

Die christliche Tradition benutzte unterschiedliche Begriffe und Metaphern, um dieses kontemplative Erleben zu beschreiben: Geistgebet, Herzensgebet oder Gebet der Sammlung. Mit ›Geist‹ oder ›Herz‹ ist in diesem Zusammenhang eine Dimension menschlichen Daseins benannt, die sich der Verfügung entzieht, jedoch der Wahrnehmung zugänglich ist. Im ›Seelengrund‹, wo Erkennen, Wünschen und Fühlen eins sind, vollzieht sich das Gebet ohne willentliche Mitwirkung. Es ist Hören auf das, was sich in uns ereignet. Im Innersten des Menschen vergegenwärtigt sich Gottes Geist, der das Gebet und die Sehnsucht nach ihm weckt.

Das in der Versenkung Wahrgenommene zeichnet sich durch Unmittelbarkeit und Frische aus. Es handelt sich um ein Flusserleben besonderer Art. Was in der Versenkung ankommt, was sich der Innenschau zeigt, erscheint nicht als Vorstellung oder Gedanke, sondern als Tiefenwirklichkeit. Die Versenkung erschließt eine intensive Form des Selbsterlebens und der Selbstvertrautheit, die ein Gefühl von Geborgenheit und Vertrauen weckt. Im Unterschied zur Selbstreflexion, die uns in Selbstdistanz bringt und so Orientierung ermöglicht, verstärkt die Innenschau den Selbstkontakt. Da unsere Sprache sich am sinnlichen und gegenständlichen Welterleben orientiert, stehen uns für ein solches Selbsterleben wenig passende Worte zur Verfügung. Bei Albrecht findet sich der Versuch, nicht allein den Prozess der Versenkung zu beschreiben, sondern auch das Erleben in Versunkenheit zu versprachlichen. Die folgenden Notate sind die poetische Artikulation eines Erlebens, in dem sich Wahrnehmung und augenblickshafte Reflexion vermischen:[43]

18. März 1942
Die Sehnsucht erzittert und muss durchschritten werden. Noch fragt sie. Noch strecken sich die Hände und suchen nach dem Goldglanze des vom Geheimnis Umhüllten. Der leere Raum wünscht sich aufgefüllt. Vorwitzig ist diese Sehnsucht. Ungebührlich – erdentstanden. Quellen werden nicht aufgetan durch den Steinschlag sehnsüchtigen Wollens. … Tafeln stehen an der Schwelle und auf sie sind die Werte eingeschrieben, die ungebannt in die Tür eintreten können. Die in die große Verwandlung einfließen dürfen. Ungeduld, Hast, Tatverlangen, – auch getane Taten sind gebannt. Nur der Kuss des Lichtes, nur das Tun, das lichtgesegnet war, darf wie ein Besitz durch die Tür mitgenommen werden.

21. März 1942
Schranken und Gestrüpp können viele oder wenige sein. Das sagt nichts über die lebendige Nähe, – die lebendige Nahegekommenheit des Ursinnigen. Der Raum hinter den Hecken kann zarttönig oder lautfarbig und kann schwachfließend oder vollfließend angefüllt sein. Das Geheimnis, das sich sagen will, ist ohne Abhängigkeit von der Befindlichkeit.

24. Mai 1942 Pfingstsonntag
Die Seele ist ein wartendes Gefäß. Sie ist ein hingebreiteter Teppich, ist eine dem Licht geöffnete Blume. Das Gefäß ist gefüllt. Es ist niemals leer gewesen. Nur unsichtbar, nur unfühlbar. Das Fühlbarwerden ist dem Geborenwerden verwandt. Die Seele gebiert sich selber, wenn sie sich erfüllt, wenn die Bewegung sich der Ruhe verbindet, wenn die bewegte Ruhe geschehen ist.

22. Juni 1942
Die Seele, die die Arme dem Lichte entgegenwandte, die nicht im Letzten lichtgewordene Seele, sie ruht in der Nähe, getragen von dem blauen warmen Sein. Ruht und fällt nicht. Und es ist wie heilsame Helligkeit. Es ist wie ein Jenseitssein von Sehnsucht und Bescheidenheit. Es ist das Ruhen, in das die Stille sich einsenkt. Die Stille ist das Schweigen des Ungemäßen. Sie ist die erste Stufe, in die hinein die Seele sich in ihrer ganzen Vollständigkeit versenken darf. Sie ist der Raum, in dem die eingesunkene Seele die Lichtheit des Schweigens erfährt.

18. Juli 1942
Sie [die Seele; S. P.-K.] ahnt, sie spürt den Hauch eines Nahheit spendenden Kusses. Wie ein schlafendes Kind in tiefer Versunkenheit durch den Kuss der Mutter erhellt wird.

Auch wenn Albrecht selbst seine Versunkenheitsnotate nicht als Poesie verstanden wissen wollte, fallen doch die vielen Anklänge an eine lyrische Sprache auf. Um sich sprachlich an die kontemplative Erlebniswirklichkeit heranzutasten, scheint diese Sprachform geeigneter zu sein als andere. Im innersten Raum singt Anima, nach Paul Claudels Parabel, ihr wunderbares Lied (siehe Abschnitt III, 2).

2. Kontemplation als Tiefen- und Höhendimension des Gebets

Alle Welt schweige in der Gegenwart JHWHs.
Denn er tritt hervor aus seiner heiligen Wohnung.
Sacharia 2,17

Die Formen kontemplativen Wahrnehmens, die in den vorangegangenen Abschnitten beschrieben wurden, lenken die Aufmerksamkeit auf die Gegenwart, die nach christlicher Überzeugung eine Zeit der Fülle darstellt.[44] Nach einer schönen Formulierung Voltaires gleicht der gegenwärtige Moment der Bundeslade.[45] Als mobiles Heiligtum begleitete sie Israel auf seinem Weg ins gelobte Land.[46] Der gegenwärtige Augenblick gleicht diesem mobilen Heiligtum. Die Sammlung des Geistes auf die Gegenwart bringt uns nicht nur mit uns selbst, sondern auch mit Gottes Gegenwart in Kontakt. Wo sie im Horizont christlichen Lebens vollzogen wird, im Bewusstsein der geheimnisvollen Gegenwart Gottes, hat solche Sammlung Gebetscharakter. Nach Origenes ist bereits die Einstimmung auf das Gebet ein betender Vollzug.[47] Die Rede vom »Gebet der Sammlung« (Teresa von Ávila[48]) oder vom »centering prayer« (Thomas Keating) führen diesen Gedanken weiter.

Gesammelte Aufmerksamkeit und Gebet sind verschwistert. Dass sich im Griechischen Aufmerksamkeit und Gebet reimen, ist nach Evagrios Pontikos ein Hinweis auf eine innere Zusammengehörigkeit: »Sucht die Aufmerksamkeit [*prosoche*] das Gebet [*proseuche*], wird sie das Gebet finden. Denn nichts anderes geht so sehr mit dem Gebet Hand in Hand wie die Aufmerksamkeit.«[49] Berufen kann sich Evagrios auf seinen Lehrer Basilius den Großen, der geschrieben hatte: »Sei achtsam auf dich selbst, um achtsam zu sein für Gott.«[50] In der Neuzeit und Moderne wird dieser Gedanke besonders vom Philosophen Nicolas Malebranche und Simone Weil entfaltet. Achtsamkeit, so heißt es bei beiden, sei das »natürliche Gebet der Seele«. Simone Weil verdeutlicht dies folgendermaßen:

> »Im Gebet richtet die Seele alle Aufmerksamkeit [*attention*], deren sie fähig ist, auf Gott, und die Beschaffenheit des Gebetes hängt zu einem großen Teil von der Beschaffenheit der Aufmerksamkeit ab. Wenn es hieran mangelt, kann auch die Wärme des Gefühls keine Abhilfe schaffen. Nur die Spitze der Aufmerksamkeit tritt mit Gott in Berührung, wenn das Gebet inständig und rein genug ist, daß eine solche Berührung stattfindet; aber die ganze Aufmerksamkeit ist Gott zugekehrt.«[51]

Als schauende Kommunion ist Kontemplation die Tiefen- und die Höhendimension christlichen Betens. Als Tiefendimension kann das Bewusstsein göttlicher Gegenwart alle Formen des Betens begleiten. Den Raum der Kontemplation betritt, wer sich bewusst auf die Gegenwart Gottes hin sammelt und in ihr schweigt. Der Prophet Sacharja deutet auch auf die Höhendimension, wenn er vom Hervortreten aus seiner heiligen Wohnung spricht. Angedeutet ist damit die kontemplative Erfahrung, vom lauschenden Hören zum Schauen geführt und in eine Wirklichkeit hineingenommen zu werden, die jenseits aller Worte liegt.

Tiefendimension des Betens: Stilles Verweilen in Gottes Gegenwart

Ich schaue ihn an und Er schaut mich an.

– Jean Vianney, Pfarrer von Ars

Sei still vor JHWH und harre auf ihn!

– Psalm 37,7

Kontemplation bedeutet, sich auf Gottes Gegenwart auszurichten und sich zu öffnen für seine geheimnisvolle Ankunft. Die

Gebetstradition kennt viele Formen, diese Ausrichtung zu vollziehen. Wenn Christen sich zum Gebet gegen Osten wenden, verkörpern sie ihr Vertrauen auf eine Gegenwart, die am Kommen ist. Am frühen Morgen erwartungsvoll dem Sonnenaufgang entgegen zu harren – dieser urmenschliche Vollzug ist ins christliche Beten eingegangen und formiert es. Als Tiefendimension des Betens ist Kontemplation die »Orientierung« des ganzen Daseins auf einen Lichtglanz, der immer deutlicher hervorscheint und schließlich ganz durchbricht. Wer sich betend nach Osten ausrichtet, bezieht Leib und Kosmos ein, um sich intensiver auf Gottes Gegenwart ausrichten zu können.

Zur leibsinnlichen Öffnung für die göttliche Präsenz gehört auch das aufmerksame Schweigen. »Dir ist Schweigen Lob«, heißt es zu Beginn von Psalm 65. Dem entspricht, dass der Psalm mit dem Hinweis auf den stillen Jubel der kornerfüllten Täler ausklingt. Die Last menschlicher Verstrickung, die der Psalm zur Sprache bringt, wird der stillenden Kraft Gottes anvertraut, die nicht allein das Tosen der Meere, sondern ebenso den Lärm der Völker zum Schweigen bringt. Dem glücklichen Schweigen, auf das der Psalm aufmerksam macht, eignet eine differenzierte Lob-Qualität: ein dankbares Aufatmen vor Gott, ein unaussprechlicher Jubel.

Dem schweigenden Gebet wohnt eine besondere Sinnlichkeit inne, die sich dadurch näher beschreiben lässt, dass wir zwischen *vokalem* und *verbalem* Schweigen unterscheiden. Im vokalen Schweigen verstummt die Stimme, im verbalen Schweigen kommen die Worte und worthaften Gedanken zur Ruhe.[52] Das stille Gebet ist nonvokal, aber nicht immer nonverbal, da Gebete auch lautlos, im Geist, gesprochen werden können. Orientiert man sich am zeitlichen Vollzug, findet man zu einer Unterscheidung, die für die Erschließung der kontemplativen Dimension des Betens bedeutsam ist: Das *präverbale* Schweigen geht den Gebetsworten voraus, während im *trans-*

verbalen Schweigen das Gebet ausklingt oder sich in eine andere Dimension bewegt.

Nicht allein die Stimme, sondern auch das Schweigen hat eine raumbildende Dimension. Es eröffnet einen Resonanzraum, in dem Hintergründiges und Fernes hörbar wird. Wo im Gebet versunkene Menschen in Stille verharren, kann dies mit dem Erleben verbunden sein, dass sich der Raum weitet. Wie eine einsame Vogelstimme die Stille eines bestimmten Ortes zu verdichten vermag, wird die Gebetstille besonders durch leise, stimmnahe Geräusche hör- und spürbar: ein Räuspern, ein Murmeln, ein Aufatmen usw. Die Grenze zu Geräuschen, die als etwas zu beschreiben sind, das die Stille unterbricht, dürfte ebenso fließend wie subjektiv sein. So beschreibt Johannes Cassian das stille gemeinschaftliche Beten der Wüstenväter im Kontrast zu dem, was er in südgallischen Klöstern erlebt:

»Wenn sie [die ägyptischen Mönche] zu der genannten Gebetsfeier [...] sich versammeln, so beobachten alle ein so tiefes Schweigen, daß [...] man glauben sollte, es sei außer dem, welcher in der Mitte stehend den Psalm absingt, kein Mensch sonst zugegen. Und dies gilt besonders von der Oration, welche den Psalm schließt; [...] keine Stimme außer der des vorbetenden Priesters wird laut, es sei denn, daß eine solche durch ein Überströmen des Geistes dem Munde entflieht und gleichsam unwillkürlich dem Herzen entsteigt, dann nämlich, wenn es von übermäßiger und nicht überwältigender Andachtsglut entzündet ist, so daß aus den verborgenen Tiefen der Brust gleichsam gewaltsam hervorbricht, was die entflammte Seele nicht mehr in sich zu verschließen im Stande ist.«[53]

»Im Medium der Stille verschränken sich die Sinne.«[54] Das Schweigen der Stimme verbindet sich im Kontext von Gebetsvollzügen mit dem stillen Sitzen, Stehen, Knien oder Liegen, mit einer verweilenden Schau, mit dem Bewegen der Lippen oder dem Ertasten der Knöpfe einer Gebetsschnur. Die Sinnlichkeit wird auf diese Weise zum Medium des Betens und entspricht der Intention, in Berührung mit Gottes Wirklichkeit zu kommen, sich ihr zu öffnen, auf sie zu hören.

Die kontemplative Tiefendimension wird in jeder Form des Betens berührt, die bewusst auf Gottes Gegenwart achtet und einen Raum der Stille eröffnet, in dem sie sich zeigen kann. Gewahr zu werden, dass wir in Gottes Gegenwart leben und von ihr umfangen sind, ist *der* kontemplative Grundvollzug schlechthin. Nach Teresa von Ávila ist deshalb jedes Gebet, das im Bewusstsein des Angeschaut-Werdens vollzogen wird, bereits im Keim kontemplativ. Diese kontemplative Ausrichtung ist es, was nach Teresa jedem gesprochenen Gebet vorausgehen und es grundieren sollte:

»Wer möchte denn behaupten, daß es falsch sei, beim Beten des Stundengebetes oder des Rosenkranzes mit dem Nachdenken darüber zu beginnen, mit wem er spricht und wer der ist, der spricht, um zu sehen, wie er mit ihm umgehen soll? Ich sage euch, Schwestern, wenn man das Viele, das in Bezug auf diese zwei Punkte zu tun wäre, gut täte, dann würdet ihr, bevor ihr mit dem mündlichen Beten – also mit dem Verrichten des Stundengebetes oder des Rosenkranzes – anfangt, viele Stunden im inneren [kontemplativen] Beten verbringen.«[55]

Jerónimo Gracián, Teresas Schüler und Weggefährte, vergleicht die Einstimmung auf Gottes Gegenwart mit dem Stimmen der Instrumente vor einem Konzert: »wenn nur der Mund spricht, aber das Herz nicht auf den gerichtet ist, zu dem er spricht, dann ist dies im eigentlichen Sinne kein Beten«.[56]

Die Ausrichtung auf Gottes Gegenwart, mit der das Beten einsetzt, kann dieses insgesamt bestimmen. In klassischer Weise wird dies von Anselm von Canterbury beschrieben:

»Wohlan denn, armer Mensch, entfliehe ein wenig deinen Beschäftigungen, verbirg dich einige Zeit vor deinen lärmenden Gedanken, wirf ab jetzt die drückenden Sorgen und stelle zurück deine mühevollen Beschäftigungen. Sei ein wenig frei für Gott und ruhe eine Weile in ihm. Tritt ein in das Kämmerlein deines Geistes, schließe alles aus, außer Gott und dem, was dir hilft, ihn zu suchen, und, nachdem die Tür geschlossen ist, suche ihn. Sprich nun, mein ganzes Herz, sprich nun zu Gott: Ich suche Dein Antlitz, Herr, Dein Antlitz, suche ich.«[57]

Sich bewusst auf Gottes Gegenwart auszurichten, gleicht dem Aufwachen an einem neuen Ort.[58] Da Gott auf geheimnisvolle Weise präsent ist und sich uns vergegenwärtigt,[59] können wir dieser Gegenwart gewahr werden, uns für sie öffnen, sie ankommen lassen. Anselm braucht dafür einen biblischen Ausdruck: »Gottes Angesicht« zu suchen.[60] Kontemplativ zu beten, bedeutet: Präsentwerden vor und in dem, der uns sein Angesicht zuwendet und uns sein Dasein zuspricht; bewusst einzutreten in seine Gegenwart, sich seiner Präsenz auszusetzen; auf das göttliche »Ich-bin-da!« zu antworten: »Hier bin ich!«[61]

Bei solchem Präsentwerden für die Gegenwart Gottes geht es um eine grundlegende Einstellung: um die Öffnung unseres Geistes (*attentio*) und die Ausrichtung unserer Sehnsucht (*intentio*). Es lassen sich viele Zeugen aufführen, die diese Ausrichtung in unterschiedlicher Weise beschreiben. Nach Dionysios Areopagita bedeutet dies, sich auszuspannen zu dem, der alles Sein und Erkennen übersteigt.[62] Wir sollen uns, so heißt es im *Goldenen Brief* Wilhelm von St. Thierrys, in nächtlichem Gebet »vor Gott stellen, gleichsam von Angesicht zu Angesicht« und »uns im Licht seines Angesichtes betrachten«.[63]

Francisco de Osuna macht es noch anschaulicher. Er vergleicht die kontemplative Ausrichtung auf Gottes Gegenwart mit einem Hündchen, »das höchst lebendig und mit gespanntem Schweifwedeln am Tische steht, den Hals gereckt, so dass seine ganze Haltung auszudrücken scheint, wessen es bedarf.«[64] Gleich dem Hündchen sollen wir uns innerlich und äußerlich ganz auf den richten, der am Tische sitzt. Die Anklänge an das Letzte Abendmahl Jesu sind in Osunas Text unüberhörbar. Am »Tisch des Gebetes« speist Christus mit den Seinen. Kontemplation ermöglicht Kommunion. Sie ist ein Schauen, das nicht auszehrt, sondern nährt.

Die Möglichkeiten, sich Gottes Gegenwart inne zu werden, sind vielfältig. Sie kann sich als geheimnisvolle Präsenz des

Geistes erschließen, als eucharistische Gegenwart Christi oder als tragende, alles bergende und umfassende Gegenwart des Schöpfers, die uns anspricht und ins kontemplative Verweilen hineinführt. Der sich uns vergegenwärtigende Gott lädt uns ein, uns bewusst in seine Gegenwart zu stellen, sie uns zu vergegenwärtigen. Es liegt nahe, das Gebet damit zu beginnen. Wir treten in den Blick des Auferstandenen, in seinen Glanz, seinen Lebensraum.

Dass der kontemplativen Tiefendimension des Betens im 20. Jahrhundert zunehmende Beachtung geschenkt wurde, dürfte auch auf das Wirken von Romano Guardini zurückzuführen sein. In seinen vielgelesenen Schriften zum Gebet und zur Liturgie umkreiste er das Geheimnis der Sammlung und betonte ihren antwortenden Charakter. Wer sich vor Gott und auf ihn hin sammelt, lässt sich auf eine Sammlungsbewegung ein, die ihr oder ihm vorausgeht. Den sinnlichen Charakter der Kontemplation hatte Guardini während einer Liturgie in Palermo entdeckt:

»Vor vielen Jahren war ich am Karsamstag in dem wunderbaren Dom von Nonreale bei Palermo. Die Liturgie entwickelte sich in ihrer ganzen Feierlichkeit. Kinder wurden getauft und Ordinationen vollzogen. Nach mehreren Stunden war ich am Ende meiner Aufnahmefähigkeit – ich muß es bekennen. Das Volk war es nicht. Keiner hatte ein Buch; keiner einen Rosenkranz; alle waren aber lebendig da. Einmal drehte ich mich um und sah in all die Augen, die auf die heilige Feier gerichtet waren. Der Anblick dieser schauenden Augen ist mir unvergeßlich geblieben; ich habe mich gleich wieder weggewandt, als sei es nicht erlaubt, da hineinzublicken. Hier war noch die antike Fähigkeit, im Schauen zu leben. Natürlich haben diese Menschen auch gedacht und gebetet; aber sie haben schauend gedacht, und ihr Gebet war Gebet im Schauen, ›Kontemplation‹.«[65]

Guardinis Zeugnis bildet eine Brücke zwischen antiker und heutiger Kontemplation. In wandelnden Formen hält sich die Grunderfahrung, dass sich der Kontakt mit Gott, die Berührung mit seiner überhellen Gegenwart, sich durch leibsinnliche Präsenz vermittelt.

Höhendimension des Betens: Vom Hören zum Schauen

Vom Hörensagen nur hatte ich von dir vernommen;
jetzt aber hat mein Auge dich geschaut

– Hiob 42,5

Wenn das Bewusstsein dafür, dass man in Gottes Gegenwart verweilt, als Tiefendimension des Gebets bezeichnet werden kann, so besteht die Höhendimension in der Erfahrung, im Gebet über alle Worte und Gedanken hinausgeführt zu werden und in eine Wirklichkeit einzutreten, die jenseits aller Worte liegt. Das wortbezogene Sinnverstehen wird abgelöst durch ein transverbales Sinnereignis. Carlo M. Martini, der als Erzbischof von Mailand eine ›Schule des Wortes‹ ins Leben rief, in der das Hören auf die Schrift, das Verweilen beim Wort eingeübt wurde, verortet diese Erfahrung, ähnlich wie Romano Guardini und Christian Lehnert, im feierlichen Rahmen des Gottesdienstes:

»Wenn ich in den Pfarreien meiner Diözese einen feierlichen Gottesdienst halte, bemerke ich oft, dass wir auf eine ›ekstatische‹ Ebene kommen, wo jeder gewissermassen sich selbst vergisst und sich in einem gemeinsamen Aufschwung mit den anderen dem Geheimnis nähert. In solchen Momenten entfaltet die Liturgie geradezu greifbar ihre Wirkung. [...] Auch in der ›Schule des Wortes‹ lässt sich eine solche ›ekstatische‹ Dimension erkennen: Wenn auf die Verkündigung und Erklärung des biblischen Textes in dem Dreischritt *lectio – meditatio – contemplatio* die Zeit der Stille folgt, erfährt man sich oft vereint in der Kontemplation des Angesichts Gottes und angezogen von der Macht des Heiligen Geistes. Auch dies ist eine lebendige ›liturgische‹ Erfahrung, in diesem Fall außerhalb der Eucharistiefeier.«[66]

Das Grundmodell für die kontemplative Höhendimension, die Martini umschreibt, findet sich im Buch Hiob. Am Ende seines langen Leidenswegs fasst Hiob seine Gotteserfahrung in einem einzigen Satz zusammen: »Vom Hörensagen nur hatte ich von dir vernommen; jetzt aber hat mein Auge dich geschaut.« Ähnlich beschreibt auch das Lukasevangelium einen Weg vom Hören auf das Schriftwort zum österlichen Schauen. Unterwegs nach Emmaus legt der unerkannte Auferstandene den Jüngern die Schrift aus – bis sie ihn als lebendiges Wort erkennen. Im Rückblick nehmen sie wahr, dass sie, ohne es bewusst zu bemerken, bereits unterwegs von seiner Gegenwart berührt worden waren: »Brannte uns nicht das Herz, als er uns die Schrift auslegte?«[67]

Für die christlich-kontemplative Tradition war die johanneische Variante des Wegs vom Hören zum Sehen, vom Sehen zum vertieften Hören besonders prägend. Das Johannesevangelium und der 1. Johannesbrief verstehen sich als Bezeugung des göttlichen Wortes, das in die Welt gekommen ist und diese erleuchtet. In seinem Licht wird die Gemeinschaft mit Gott wahrnehmbar und zugänglich: »Was von Anfang an war, was wir gehört haben, was wir mit unseren Augen gesehen, was wir geschaut und was unsere Hände angefasst haben, das verkünden wir: das Wort des Lebens.«[68]

Die altkirchliche Schriftauslegung knüpfte an diese Sichtweise an. Der spirituelle Weg folgt Christus, dem göttlichen Logos, und nährt sich aus der Kraft seiner Gegenwart. Das verkörperte und zugleich entmaterialisierte Lichtwort führt über alles Verstehbare hinaus in die Gemeinschaft mit Gott. Durch Versenkung in das Wort der Schrift können wir aufsteigen zu dem, der zu uns heruntergestiegen ist. Im 3. Jahrhundert vergleicht Origenes die Erfahrung von Gottes Gegenwart und die Suche nach ihr mit den Erfahrungen der Braut im Hohelied:

»Häufig, Gott ist mein Zeuge, sah ich den Bräutigam sich mir nahen und ganz nahe bei mir sein. Doch plötzlich zog er sich zurück, und ich konnte ihn dann nicht finden, den ich suchte. Daher sehne ich mich von neuem nach seiner Ankunft, und manchmal kommt er wieder. Und wenn er erschienen ist und ich ihn mit meinen Händen erfasst habe, dann entgleitet er wieder. Wenn er entglitten ist, wird er von mir wieder gesucht.«[69]

Den Aufstiegsweg, den Origenes mit vielen biblischen Bildern umschrieb, wurde von Dionysius Areopagita anfangs des 6. Jahrhunderts systematisiert. Um zum »Gipfel der mystischen Worte« zu gelangen, wo Gottes Gegenwart in »überlichtem Dunkel des Schweigens« erfahrbar wird, muss das Bildhafte und Erkennbare überstiegen werden. Wer Gott ist, kann nicht erlernt, sondern nur erfahren und erlitten werden.[70] Gott lässt sich nicht begreifen. Doch wird von ihm ergriffen, wer sich auf sein Geheimnis einlässt. Die Worte der Heiligen Schrift sind der Ausgangspunkt. Sie dienen der Einweihung ins Geheimnis Gottes, das sich dem Menschen transverbal, in »überunerkennbarer« Weise vergegenwärtigt, ihn läutert, erleuchtet und mit sich vereinigt.

Der Weg vom Schriftwort in die Gegenwart des lebendigen Worts wurde in der mittelalterlichen Mystik als eine Aufstiegsbewegung beschrieben. Der kontemplative Weg gleicht dem Erklettern eines Palmbaums: zuoberst warten süße Datteln und der Ausblick in die Weite. Doch ohne Stamm kein Aufstieg, ohne Palme keine Datteln, ohne Schriftmeditation keine Kontemplation im christlichen Sinne.

Der Übergang vom sprachgebundenen zum transverbalen Gebet, vom Verstehen zum staunenden Wahrnehmen entspricht dem Jubilus im Gregorianischen Gesang. Er hat seinen festen Ort in der Liturgie: im Alleluja vor dem Evangelium; oder genauer noch: der letzten Silbe »ja«. Der Gesang löst sich vom Wort, dem Alleluja, und bleibt gerade so auf es zurückbezogen. Dass der Übergang ins Transverbale gerade hier geschieht, ist sinnreich: Zum einen ist die »Schlusssilbe *IA* [...] der göttliche Name in kürzester Gestalt. [...] Mit der Schlusssilbe *IA* wird [...] der Gottesname ›ausgesungen‹.«[71] Die ungebundene Melodik vergegenwärtigt diesen Namen in seiner Unaussprechlichkeit. Dem entspricht zum anderen die liturgische Bedeutsamkeit solchen Betens ohne Worte. Im Aufbau der Messe leitet das Alleluja zum Evangelium hin. Der wortlose Jubel, der sich als Antwort auf die Lesungen über das Aussagbare erhebt, bereitet die Ankunft des Wortes vor. Augustinus zufolge artikuliert sich im Jubilus eine innere Berührung durch Gottes Gegenwart, für die es keine Worte gibt:

»Wer jubiliert, spricht keine Wort aus, es ist ein Freudenton ohne Worte. Es ist die Stimme des Herzens, das seine Freude verströmt, so sehr es kann, die ausdrückt, was es fühlt, ohne den Sinn davon zu fassen. Um seine Freude zu übersetzen, braucht der Mensch nicht Worte, die man aussprechen und verstehen kann, sondern er lässt seine Freude ohne Worte hervorbrechen. Die Stimme scheint dann eine Freude zu verraten, von der der Mensch so sehr erfüllt ist, dass er unfähig ist, sie klar zu nennen.«[72]

Dass die Tiefendimension des Betens, die Sammlung hin auf Gottes Gegenwart, und seine transverbale Höhendimension zusammengehören, betonte bereits Gregor der Große: »Der erste Schritt besteht daher darin, dass die Seele sich in sich selbst sammelt, der zweite, dass sie sich in dieser Sammlung wahrnimmt, der dritte, dass sie sich über sich selbst hinausschwingt und sich unverwandten Blickes der Schau des unsichtbaren Schöpfers hingibt.«[73]

Der Weg vom Glauben zum Schauen und vom Schauen zum vertieften Glauben ist spiralförmig. Das Johannesevangelium, das den Weg von den gesehenen Zeichen zum Glauben in vielen Varianten beschreibt, endet mit dem Zeugnis des zweifelnden Thomas, dem sich in der Berührung mit dem auferweckten Logos, im Berührt-Werden durch ihn, ein neues Leben erschließt. Auch die Leserinnen und Leser dieses Evangeliums, deren Sicht noch von Zweifel verhüllt ist, sollen sich vom Wort, dass es bezeugt und weitergibt, berühren lassen, damit auch sie zur österlichen Schau finden.

3. Kontemplation als Herzensgebet

Darum singt dir mein Herz und will nicht verstummen!

– Psalm 30,13

Nachdem die Kontemplation bisher als leibsinnliche Achtsamkeitspraxis und Tiefen- und Höhendimension christlichen Betens in den Blick gekommen ist, widmet sich das folgende Kapitel dem kontemplativen Gebet im engeren Sinne. Wenn christliches Gebet allgemein als »Kommunikation mit Gott und Christus«[74] umschrieben werden kann, lässt sich kontemplatives Beten in doppelter Weise charakterisieren: als wahrnehmungsbezogen (beschauliches Gebet) und verinnerlicht (Herzensgebet). Kontemplatives Beten mag gelegentlich mit überströmender Fülle verknüpft sein, häufiger jedoch verbindet es sich mit der Erfahrung von Armut, Nicht-Können und Nicht-Wissen. Die westkirchliche Tradition neigt dazu, Kontemplation als unmittelbares Berührt-Werden durch die Gegenwart Gottes zu verstehen, als Geschehen, das sich jenseits aller Worte ereignet. In der ostkirchlichen Tradition hingegen entwickelte sich eine Form kontemplativen Betens, die transvokal, nicht aber transverbal ist: das Jesusgebet. Wer es einübt, beginnt in der Regel damit, es mündlich zu rezitieren. Und selbst dort, wo es sich gänzlich innerlich vollzieht, bleibt es ans Wort zurückgebunden.

Zu Beginn meines Theologiestudiums kam ich in eine Gebetskrise. Die kontemplativen Entdeckungen und Erfahrungen, die mir in den Jahren zuvor geschenkt worden waren, hatten ihre Strahlkraft verloren. Im Rückblick auf meinen bisherigen spirituellen Weg stellten sich mir beunruhigende Fragen: War mein Enthusiasmus, der mich auf den Weg gebracht hatte, illusionär? Hatte ich mich in eine heile Innenwelt zurückgezogen und es versäumt, ungeklärte Lebensfragen aktiv anzugehen? War es noch ratsam, die kontemplative Praxis, so wie ich sie mir angeeignet hatte, fortzuführen?

In dieser Krise kam mir das Jesusgebet zu Hilfe. Es war mir bereits bekannt, doch hatte ich bislang keinen tiefergehenden Zugang zu ihm gefunden. Es bedurfte zweier Neuentdeckungen, um mich für diese Weise kontemplativen Betens zu öffnen: die Begegnung mit den Kontemplativen Exerzitien Franz Jalics' und dem christlichen Osten. Während Franz Jalics mir die schrittweise Anleitung und die Ermutigung vermittelte, die ich so dringend brauchte, veränderte sich durch die Begegnung mit der Ostkirche der Deutungsrahmen, innerhalb dessen ich meine kontemplative Praxis verstand. Was meinen Blick auf die christliche Tradition grundlegend veränderte und auf die Vielfalt ostkirchlicher Spiritualität ausweitete, war ein längerer Aufenthalt in der Lavra Netofa, einem ostkirchlich geprägten Kloster im südlichen Galiläa. Das Jesusgebet im täglichen Kontakt mit orthodoxer Liturgie einzuüben, war wie das Erlernen einer neuen Sprache im Land, in der sie gesprochen wird. Dass das Umfeld des Klosters muslimisch und jüdisch geprägt war, gab meiner Gebetspraxis zusätzlich eine interreligiöse und politische Dimension. Geweckt wurde mein Gebet frühmorgens vom Ruf des Muezzins aus dem nahegelegenen arabischen Dorf. Dass nicht nur das liturgische Beten, sondern auch die Kontemplation durch und durch sinnliche Vollzüge darstellen, prägte sich mir unauslöschlich ein. Das kontemplative Beten verleiblichte sich in neuer Weise. Hatte der Leib schon bisher eine wichtige Rolle gespielt, als das stille Sitzen und die Aufmerksamkeit auf den Atem eine zentrale Rolle spielte, so verkörperte sich nun in gewisser Weise auch das, was ich bislang als einen geistigen Innenraum betrachtet hatte. In den ersten Jahren kontemplativer Praxis hätte ich es als störend empfunden, während den Zeiten der Sammlung ab und zu die Worte des Jesusgebets stumm zu artikulieren. Nun entdeckte ich, dass eine solche Verleiblichung eine große Hilfe war, wenn ich zu aufgewühlt oder zu müde war, um einfach in Stille zu verweilen. Das lautlos artikulierte Beten sammelte mich ein und verband mich mit dem Grundstrom christlichen Betens. Im stillen und dennoch leiblichen Rezitieren des Jesusgebets öffnete sich mein Herz. Was ich dabei vollzog und wahrnahm, war nicht in den gewohnten Kategorien zu fassen. Es war aktiv und rezeptiv zugleich, ebenso sinnhaft wie sinnlich. Und es verdichtete sich in ihm, einer geheimnisvollen Schaltstelle gleich, eine Fülle von Bezügen und personalisierte mein Verweilen in Stille. Der Name, den meine Lippen formten und der mich selbst zu formen begann, hatte die Kraft eines Sakraments, eines Treuezeichens, das die Nähe eines Freundes präsent werden lässt: »Dein Name ist wie köstliches Salböl!«[75]

Auf den folgenden Seiten wird das Jesusgebet von unterschiedlichen Seiten beleuchtet. Zunächst wird seine Entstehung und Entwicklung nachgezeichnet, danach kommen einzelne Aspekte in den Blick: die Bedeutung des Namens, der Übergang vom verbalen zum transverbalen Beten und schließlich der Ruf nach dem göttlichen Erbarmen.

Die Kristallisation des Jesusgebets

Wer das Jesusgebet spricht, tritt in eine reale Geschichte ein.

– Gerhard Lohfink[76]

Während das Beten *im Namen Jesu*, die betende Kommunikation mit dem Auferstandenen, die christliche Tradition von Anfang an kennzeichnete, bedurfte es einer Kristallisation von mehreren hundert Jahren, bis sich das Jesusgebet im engeren Sinne herausbildete. Ein frühes Zeugnis wird Makarios dem Ägypter zugeschrieben. Der Wüstenvater, der im 4. Jahrhundert lebte, beschreibt die Praxis, den Namen Jesu zu meditieren, als einen herausragenden Weg, um mit Gottes Gegenwart in Kontakt zu treten:

»Ein Bruder befragte Abba Makarios und sagte: Lehre mich den Sinn dieses Satzes: ›Die Betrachtung meines Herzens ist in deiner Gegenwart.‹ (Psalm 19,15) Der Greis antwortete ihm: Es gibt keine andere hervorragende Betrachtung außer den Heil bringenden und gesegneten Namen unseres Herrn Jesus Christus, der unaufhörlich in dir wohnt, so wie geschrieben steht: ›Wie eine Schwalbe werde ich rufen, und wie eine Taube werde ich nachsinnen.‹ (Jesaja 38,14) Also handelt der fromme Mensch, der ausdauernd ist im Heil bringenden Namen unseres Herrn Jesus Christus.«[77]

Meditation und Herzensgebet ist hier ein einziges somatisches Geschehen. Schriftworte werden mit Mund und Lippen halblaut rezitiert, um sie auf sinnliche Weise zu vergegenwärtigen, zu verkosten und zu verinnerlichen. Nicht zufällig zitiert Makarios Jesaja 38,14, um diese Praxis zu veranschaulichen. Das hebräische Wort für meditatives Murmeln (*hagah*), bezeichnet auch das Gurren der Taube. Wer sich im Jesusgebet übt, gurrt leise wie eine Taube, während das Herz so intensiv und durchdringend wie eine Schwalbe ruft.

Das identitätsstiftende Kennzeichen des Christwerdens, den Namen Jesus Christus anzurufen, verbindet sich in der ägyptischen Wüste mit der Praxis des Herzensgebets und der murmelnden Meditation. Mitte des 5. Jahrhunderts wird bereits die feste Form des Jesusgebets fassbar. Ähnlich wie Makarios lädt Diadochus von Photike, der in dieser Zeit in Griechenland wirkte, dazu ein, den »heiligen und ruhmreichen Namen in der Tiefe [des] Herzens ständig [zu] erwägen«. Dies vertreibe belastende Phantasien und vermittle »in der Glut des Herzens« die Fähigkeit, »jederzeit [Gottes] Güte zu lieben«.[78]

Die Einübung ins Jesusgebet wird Diadochus zufolge durch den Heiligen Geist unterstützt und inspiriert. Die göttliche Geistkraft vergleicht er mit einer Mutter, die ihrem Kind das Sprechen beibringt: »Die Seele besitzt dann die Gnade, die mit ihr zusammen übt, ja mit ihr zusammen schreit ›Herr Jesus‹. Auch die Mutter lehrt ja auf diese Weise ihr Kleines das Wort [Mutter und] Vater und spricht es immer wieder mit ihm, bis es dahin kommt, dass es vor allem anderen kindlichen Plappern bestimmt [die Mutter und] den Vater ruft, sogar im Schlafe.«[79]

Zur gleichen Zeit entsteht in Oberägypten eine Schrift, in der die Praxis des Jesusgebets verteidigt wird. Verfasst ist sie von Shenute, der zu den einflussreichsten Gestalten des ägyptischen Mönchtums gehört. Die Schrift wendet sich gegen die Kritik, die intensive Anrufung Jesu lasse vergessen, dass Christus selbst zum Vater gebetet habe. Aus Shenutes Sicht verkennt diese Kritik, was die Konzile des 4. Jahrhunderts nach jahrzehntelangem Ringen herausgestellt haben: die Göttlichkeit Christi. Die Verteidigungsschrift belegt die enge Verschränkung zwischen theologischen Reflexionsprozessen und spiritueller Praxis. Die theologischen Klärungen des 4. Jahrhunderts schufen den Boden für die Entwicklung des Jesusgebets. Das Gebet zu Jesus entspricht nach Schenute der Verehrung Christi als Logos, der eins ist mit Gott. Es vermehre die Hoffnung und den inneren Reichtum, beim Betreten des Hauses zu sagen »Gott, und beim Verlassen: Jesus, und beim Ruhen: Gott, und beim Aufstehen: Jesus, und beim Segnen: Gott, und beim Bitten: Jesus! Um mich nicht länger hierbei aufzuhalten: es ist klar, dass wir die wesenseine Dreifaltigkeit nennen, wenn wir Jesus sagen‹.«[80]

Schenutes Schrift ist der früheste erhaltene Text, der sich in reflexiver Weise mit der Praxis des Jesusgebets beschäftigt. Er wendet sich nicht nur gegen kritische Einwände, sondern vermittelt auch eine alltagsnahe Anleitung:

»Sucht die Bedeutung dieser Worte und ihr werdet sie auf eurem Munde haben und auf den Lippen eurer Söhne finden:
Feiert ihr ein Fest und seid ihr in Freude, (sagt): Jesus!
Seid ihr in Sorge und Leid: Jesus!
Lachen die Söhne und Töchter: Jesus!
Die, welche Wasser berühren: Jesus!
Die, welche Untiere oder sonst Schreckhaftes sehen: Jesus!
Die, welche in Schmerzen oder Krankheiten sind: Jesus!
Die, welche gefangen genommen worden sind: Jesus!
Die, welche ungerecht gerichtet wurden und Unrecht erleiden: Jesus!
Der Name Jesu allein ist auf ihren Lippen und ist ihr Heil und ihr Leben: er und sein Vater.«[81]

Bemerkenswert ist aus heutiger Sicht, dass diese frühe Werbeschrift für das Jesusgebet nicht exklusiv ist. Sie richtet sich nicht nur an Mönche, sondern an alle Christen. Mögen es Mönche gewesen sein, die das Jesusgebet entwickelten, so überschreitet es doch bereits im 5. Jahrhundert den Kreis der monastischen Welt. Noch in einem anderen Sinne ist Schenutes Anleitung inklusiv. Hat sie doch den ganzen Alltag, ja das ganze Leben im Blick. Das Jesusgebet bewährt sich in Zeiten der Freude ebenso wie in Zeiten der Not. Es bringt dem Zusammensein Segen, doch schützt es auch den, der alleine unterwegs ist. Noch in den Grenzsituationen des Lebens, in Krankheit, Gefangenschaft und Verfolgung, vermittelt es Trost und Schutz.

Im Laufe der Geschichte gab das Jesusgebet Anlass zu weiteren Kontroversen. Im 14. Jahrhundert wird seinen Vertretern vorgeworfen, fragwürdige Techniken zu pflegen und überhöhte Erwartungen zu wecken. Nach heftigen Auseinandersetzungen identifiziert sich die Griechisch-orthodoxe Kirche mit dieser Gebetspraxis und betrachtet sie bis heute als ein Kernelement ihrer Tradition. Anfangs des 20. Jahrhunderts bricht eine letzte große Kontroverse aus. Epizentrum des Streits ist das Russisch-orthodoxe Athos-Kloster Panteleimonos, sein Auslöser die Schrift *Auf den Bergen des Kaukasus* des russischen Einsiedlers Illarion.[82] Was die Geister entzweit, ist das Verständnis des Namens, der im Jesusgebet unaufhörlich wiederholt wird. Für Illarion und seine Weggefährten ist Christus in seinem Namen auf heilsame Weise gegenwärtig. Die Begegnung mit ihm geschieht im Aussprechen seines Namens. Der Name ist mehr als ein sprachliches Zeichen, das auf eine nichtsprachliche Wirklichkeit hinweist; er hat an dieser selbst teil.

Die Auseinandersetzung eskaliert und findet schließlich ein gewaltsames Ende. Am 3. Juli 1913 werden 621 Namensverehrer auf einem russischen Kriegsschiff vom Athos entfernt. Aufgrund der Russischen Revolution, die vier Jahre später ausbricht, muss die theologische Lösung des Konflikts lange auf sich warten. Erst nach dem Zusammenbruch der Sowjetunion wurde der Streit durch eine ausgewogene Namenstheologie geschlichtet und die Namensverehrer rehabilitiert. Die russisch-orthodoxe Theologie der postkommunistischen Ära vergleicht den Namen Jesu Christi mit einer Ikone, durch die die göttliche Wirklichkeit zugänglich wird. Die betende Rezitation des Namens Jesu ist eine Weise, den auferstandenen Christus zu berühren und von ihm berührt zu werden.[83]

In den *Aufrichtigen Erzählungen eines Russischen Pilgers*, die in der zweiten Hälfte des 19. Jahrhunderts entstanden sind, künden sich die späteren Auseinandersetzungen um das Jesusgebet schon an. Arsenij Troepol'skij, der Autor dieser anonym veröffentlichten Erzählungen, war vertraut mit den sozialen und kirchlichen Spannungen im späten Zarenreich und kannte zumindest ansatzweise die spirituellen Traditionen des Westens und des nicht-christlichen Ostens. Die Praxis des Jesusgebets, in die sich der namenlose Pilger einübt und einlebt, nährt sich aus unterschiedlichen Quellen: aus der *Philokalia,* die für die ostkirchliche Gebetstradition steht, ebenso wie aus biblischen Schriften. Das Anliegen, die Praxis des Jesusgebets an die biblische Gebetsüberlieferung zurückzubinden, soll in den folgenden Abschnitten aufgenommen und weitergeführt werden.

»Köstlich wie Salböl ist Dein Name«

Ich bin, der ich dasein werde – für Euch!

– Exodus 3,14

»Dein Name ist wie köstliches Salböl!« ruft die Braut im Hohelied ihrem Bräutigam zu.[84] Seinen Namen zu hören, verzaubert sie. Wie kann ein Name so köstlich duften? Er weckt Erinnerung und Sehnsucht, gleicht einem Sakrament, einem verheißungsträchtigen Treuezeichen. Wenn sein Name ausgesprochen wird, ist der Geliebte geheimnisvoll gegenwärtig. Die eigentümliche Kraft, die dem Namen des oder der Geliebten innewohnt, ist Liebenden vertraut. Namen schaffen Präsenz und Zugänglichkeit. Das Rumpelstilzchen fürchtet genau dies. Es möchte sich verbergen, unzugänglich bleiben. Es hat Angst, Kraft und Kontrolle zu verlieren, wenn sein Name bekannt wird. »Ach wie gut, dass niemand weiß…« Das bekannte Märchen erzählt eine Gegengeschichte zum Hohelied und zur Erzählung vom brennenden Dornbusch. Gott wählt den umgekehrten Weg. Er offenbart seinen Namen. So macht er sich zugänglich, wird anrufbar, verströmt sich in die Welt.

Am brennenden Dornbusch verheißt Gott seine mitgehende Gegenwart. Der Name, mit dem er sich Moses zusagt, definiert nicht. Er wahrt das Geheimnis, gibt ihm weiten Raum: »Ich bin, der ich dasein werde – für Euch!« Der heilige Name, angezeigt durch die vier Buchstaben J-H-W-H, gleicht selbst dem brennenden Dornbusch: einer unscheinbaren und kargen Gestalt, durch die etwas transparent und zugänglich wird, ohne dass es sich begreifen ließe. Was als ein Name unter vielen erscheint, verströmt sich wie süßes Salböl und wird zum festen Turm, in dem man sich bergen kann.[85] Man kann sich in ihm einfinden wie an einem heiligen Ort, wie vor dem Dornbusch. Wo Gott seinen Namen wohnen lässt, entsteht ein Raum der Einkehr und des Friedens.[86]

Gott ist unergründlich – doch kein namenloses Geheimnis. Er macht sich den Menschen vertraut. Nach altkirchlicher Schriftauslegung hat aus dem brennenden Dornbusch der göttliche Logos gesprochen, der in Christus sicht- und berührbar wurde. Das fließende Licht der Gottheit offenbart sich als Immanuel, als »Gott-mit-uns«. Die Menschwerdung des Logos ist die letzte Konsequenz dieser verlässlichen Selbstzusage und Selbstgabe. Gott gibt den Menschen seinen inspirierenden Logos, sein unverbrüchliches Wort. Darauf ist Verlass. Daran können sie sich orientieren. Das ihnen gegebene, ihnen nahe gekommene Wort, dürfen sie sich zu Herzen nehmen.[87] Dass Jesus nicht zurückgezogen als Einsiedler lebte, sondern die Nähe der Menschen suchte, ist nach Thomas von Aquin auf Gottes Wunsch zurückzuführen, zugänglich zu sein. Nur durch heilsame Präsenz kann er im Menschen Vertrauen wecken und ihn für sich und seinen Heilsplan gewinnen.

Erst wenn wir wissen, mit wem wir es zu tun haben, können wir uns öffnen und vertrauen. Das christliche Gebet gründet in der Erfahrung geschenkter Vertrautheit. Es lebt von der Möglichkeit, das Geheimnis zu benennen und zu berühren. In der frühchristlichen Didache heißt es: »Wir danken dir, heiliger Vater, für deinen heiligen Namen, den du in unseren Herzen hast Wohnung nehmen lassen.«[88] Wer den Namen Gottes, der im Herzen wohnt, anruft, betet im Geist vertrauensvoller Liebe. Ihn zu heiligen, bedeutet, ihn anders zu gebrauchen als alle anderen Namen und ihm in seinem Leben zu entsprechen. Allein der Wirklichkeit, die dieser Name repräsentiert, gebührt Anbetung.

Dass Gott in Jesus uns sein Wort gegeben und seinen Namen offenbart hat, ist für die christliche Gebetspraxis grundlegend. Christliches Beten geschieht *im Namen Jesu*. Das bedeutet ein Dreifaches: in Verbundenheit *mit ihm*, in Orientierung *an ihm* und schließlich auch *durch ihn*, im Vertrauen auf ihn. Die Anrufung des Namens Jesu gibt dem Gebet eine Richtung, einen Lebens-, Beziehungs- und Entfaltungsraum. Wir treten ins Bewusstsein des Auferstandenen ein, in die österliche Urerfahrung, in die staunende Entdeckung seiner neuen Gegenwart. Sein Name birgt den Duft einer verheißungsträchtigen Geschichte, einer anbrechenden Zukunft. Der geheimnisvolle Name, die Verheißung des brennenden Dornbuschs, wird in ihm neu aussprechbar.

Das Jesusgebet setzt an diesem zentralen Punkt christlicher Gebetspraxis an. Es intensiviert, verdichtet und verinnerlicht die Anrufung Gottes. Die achsenzeitliche Wende von einem extravertierten zu einem intravertierten Beten symbolisiert sich biblisch in der Gestalt der Hanna, der Mutter des Propheten Samuel. Bedrückt durch das Schicksal einer kinderlosen Frau pilgert sie nach Schilo, um dort im Tempel um einen Nachkommen zu beten. Wie sie das tut, ist unüblich: Sie betet still ›im Herzen‹. Ähnlich wie später das stille Lesen bedeutete das stille Beten eine religionsgeschichtliche Innovation. Der Hohepriester von Schilo, der diese neue und verinnerlichte Form des Betens argwöhnisch beobachtet, markiert die normative Position, die in der Antike vorherrschend blieb. Fixiert in seiner Vorstellung, dass sich die Intensität des Betens an seiner Lautstärke bemisst, verkennt er das Gebet der Hanna, die ganz in sich versunken die Lippen lautlos bewegt, und meint, sie sei betrunken.[89]

Das Gebet der Hanna markiert eine Schwelle. Es ist zwar verinnerlicht und auf seine Weise ein Gebet des Herzens, doch erscheint es gleichzeitig als ein höchst aktiver Vollzug. Doch ist das nur eine Möglichkeit, Hannas Gebet zu verstehen: als Vorform dessen, was heute als charismatische Gebetspraxis praktiziert wird.[90] Wie auch immer man Hannas Beten versteht: Durch seine Innenzentrierung und die Rücknahme der Stimmlichkeit tendiert es zum passiv-rezeptiven Herzensgebet. Diese Tendenz wird durch die neutestamentliche Geisttheologie verstärkt. Die paulinische Entdeckung, dass Gottes Geist im Herzen der Menschen betet, ist für kontemplatives Gebet in christlicher Tradition entscheidend. »Weil ihr aber Söhne seid,« schreibt Paulus an die Galater, »sandte Gott den Geist seines Sohnes in unser Herz, der Geist, der ruft: Abba, Vater.«[91] Verstand man bisher das Gebet als menschlicher Anruf Gottes, entdeckt Paulus das Rufen Gottes im eigenen Herzen. Für die Einübung des Jesusgebets lässt sich daraus folgern: Alles hängt vom Heiligen Geist ab, der die menschliche Sehnsucht nach Gottes Gegenwart inspiriert und dem Gebet so seine Orientierung gibt. Auch wenn das Gebet zunächst aktiv geschieht, ist es auf das vorgängige und präsentische Wirken des Geistes bezogen. Die Anrufung des Namens antwortet auf ein Angerufen- und Berührtwerden, auf eine Sehnsucht, die das Herz bewegt. In der *Philokalia* findet sich für das Zusammenspiel von menschlicher Aktivität und Passivität das schöne Bild eines Harfenspielers, der die Saiten selbstvergessen zum Klingen bringt und der Melodie lauscht, die wie von Ferne kommt.[92]

Das leiblich erfahrbare Symbol dafür, dass Gottes Geist in uns betet und die Anrufung des Namens trägt, ist der Atem. Bereits bei Hesychios vom Dornbuschkloster findet sich die Aufforderung: »Der Name Jesu verbinde sich mit deinem Atem, und du wirst den Nutzen der Ruhe (*hesychia)* erkennen«.[93] Namen und Atem können auf unterschiedliche Weisen verbunden werden. Im ostkirchlichen Hesychasmus ist es üblich, den Namen auf den Einatem zu legen und ihn auf diese Weise symbolisch ins Herz zu führen. Im westkirchlichen Kontext wird heute eher empfohlen, diese Anrufung mit dem Ausatmen zu verbinden, so als wäre sie stimmhaft. Das entspricht der Einsicht, dass im Atemzyklus, entgegen einer verbreiteten Vorstellung, der aktive Akzent auf dem Ausatmen liegt und das Sprechen mit dem Ausatmen verbunden ist. Bei Karlfried Graf Dürckheim, einem der Pioniere der europäischen Meditationsbewegung des vergangenen Jahrhunderts, findet sich eine kulturgeschichtliche Begründung dieser meditativen Praxis: »Weil [...] in unseren Zonen zunächst der sich in seinem Atem festhaltende Mensch, der den rechten Ausatem verlernt hat, das Feld beherrscht, muss [...] am Anfang der rechte Ausatem geübt werden.«[94]

Die Gebetsbewegung mit dem Ausatmen zu beginnen, wird zunächst meist als unlogisch empfunden: Müssen wir den Atem nicht zunächst in uns aufnehmen, um ihn dann loslassen zu können? Die Logik der Gnade ist eine andere. Sie geht vom schon Beschenktsein aus und führt über die darauf antwortende Hingabe zum Neuwerden. Beim Ausatmen Jesus und beim Einatmen Christus zu sprechen – was eine weitere Möglichkeit ist –, bedeutet auch, das Ostergeheimnis mitzuvollziehen: vom alten ins neue Leben überzugehen.

Welche Form der Anrufung immer auch gewählt wird: Sie bedarf der geduldigen Einübung und der Ausrichtung auf den Angerufenen. Den Namen anzurufen, bedeutet, mit der Auferstehungswirklichkeit Jesu in Kontakt zu treten, und nicht, über sie nachzudenken und sich dadurch eher von ihr zu distanzieren. Damit der Name ins Herz einsinken kann, braucht es viel Achtsamkeit und Geduld. Auch auf die Stille zu hören, die den Namen umgibt und von ihm hervorgerufen wird, vertieft die Sammlung. Die sanfte Anrufung wird so allmählich zu einem stillen und selbsttätigen Geschehen. Wie die Harfenspielerin selbstvergessen auf die Melodie ihres Instruments lauscht, so ist die Kontemplative dann ganz Ohr für den Klang des Namens.

Worte im Schweigen

Dir ist Schweigen Lob!

– Ps 65,2

Zwischen mündlichem Beten und dem Herzensgebet im engeren Sinne siedelt die ostkirchliche Tradition das mentale Gebet an. Gewöhnlich handelt es sich dabei um die stille und innerliche Rezitation des Jesusgebets. In der westkirchlichen Tradition entwickelte sich parallel dazu die Praxis, sich mental auf ein lautlos wiederholtes Gebetswort zu sammeln. Die anonyme Schrift *Wolke des Nichtwissens* empfiehlt, sich dazu ein einsilbiges Wort zu suchen.[95] In einem solchen Wort kann sich gemäß dieser Anleitung verdichten, was einen im Innersten bewegt. So wie in der zwischenmenschlichen Kommunikation kann auch im Gebet ein Wortpartikel dazu dienen, Präsenz zu markieren und den kommunikativen Kontakt zu halten.

Im 20. Jahrhundert wurden die kontemplativen Traditionen aus Ost und West in vielfältiger Weise weitergeführt und miteinander verbunden. Zur Inspiration neuer Formen beigetragen hat auch das vertiefte Wissen über Rezitations- und Meditationspraktiken im Hinduismus, Buddhismus und Islam. Überblickt man die bisherige Tradition und die heutige Praxis, lassen sich zwei Varianten kontemplativen Betens unterscheiden, die als unterschiedliche Formen der Resonanz auf die Kommunikation des Evangeliums bezogen sind:[96]

- *Kontinuierliche innere Rezitation:* Die Tradition des Jesusgebets betont, ähnlich wie der islamische Dhikr, die unablässige Wiederholung, das intensive Verkosten des geschenkten Wortes. Was als expressiver Vollzug einsetzt, verinnerlicht sich nach und nach. Ähnlich wie das Rosenkranzgebet lebt ein solches Beten von Rhythmus und Monotonie, von einem atmosphärischen und strukturierenden Geschehen also, das die Betenden ganz absorbiert. All dies dient nicht allein der Intensivierung des Betens, sondern begünstigt auch die alltägliche Integration. Aufgrund ihrer strukturierenden Kraft lässt sich diese Form gut in den unterschiedlichsten Situationen praktizieren und bewährt sich selbst dort noch, wo sonst nichts mehr geht.
- *Dem inneren Wort nachlauschen:* In Weiterführung traditioneller westkirchlicher Formen kontemplativen Betens steht

das *Centering Prayer*, das heute insbesondere im angelsächsischen Raum sehr verbreitet ist. Der Akzent liegt hier nicht auf der unablässigen Rezitation, sondern dem achtsamen Hören auf das Wort, das einen Raum eröffnet, in dem es sich ausbreiten kann und die Lauschenden hineinzieht. Das sammelnde Wort gleicht einem Glockenschlag, der in bestimmten Abständen erklingt und der die Stille und die sie durchwirkende Präsenz noch deutlicher wahrnehmbar macht.

Die Anleitung von Franz Jalics ist zwischen diesen beiden Varianten angesiedelt. Für beide gilt, dass das still rezitierte und erlauschte Wort nicht als Gegenstand des Nachdenkens dient, sondern als Medium der Sammlung, der Läuterung und der betenden Ausrichtung auf Gottes Gegenwart. Ein solches Gebet besteht in einem Hören, das in ungeteilter Aufmerksamkeit die Präsenz wahrnimmt, die sich zeigt. Die Rezitation lässt sich mit der Bewegung des Atems verbinden. Das fokussierende Hören auf das innere Wort und das achtsame Wahrnehmen des Atems kann allmählich in ein nicht-fokussiertes Gewahrsein münden.

Die Beschränkung auf ein einziges kurzes Wort und die Anleitung, nicht über dieses Wort nachzudenken, sondern auf die Präsenz zu achten, die es vermittelt, bedeutet für unseren Geist eine große Herausforderung. Ist er es doch gewohnt, eine Fülle von Gedanken, Worten und Bildern hervorzubringen und zu bearbeiten. Das achtsame Hören auf wenige Worte kommt einer mentalen Diät gleich, die unserem geistigen Appetit gegen den Strich läuft. Doch entspricht sie der kontemplativen Erfahrung radikaler innerer Armut ebenso wie der notwendigen Konfrontation mit dem eigenen Nichtkönnen und Nichtwissen. Erst mit der Zeit wird spürbar, dass ein solches Verweilen »in der Wolke des Nichtwissens« für Geist und Seele wohltuend ist. Der umherschweifende Geist wird dadurch in der

Gegenwart verankert. Manchmal stellt sich diese Erfahrung spontan ein. Doch dürfte es besser sein, sich auf eine längere Zeit der Einübung einzustellen.

Die jüdisch-christliche Gebetstradition kennt eine beachtliche Reihe von kurzen Rufen, die sich für die kontemplative Einübung eignen: »Du!«, »Ja!«, »Komm!«, »Kyrie eleison!«, »Jesus Christus!«, »Maranatha!«[97] Das von Franz Jalics besonders empfohlene *Ja* hat eine sinnreiche Mehrdeutigkeit, die zum Jesusgebet hinführt.[98] Psychologisch gesehen eignet diesem Wort eine öffnende und bestärkende Kraft. In den Resonanzraum der Bibel gestellt, klingt sowohl der Gottesname an, der sich in vielen biblischen Namen verbirgt (Elija, Jesaja usw.), als auch die paulinische Aussage, dass Jesus das Ja Gottes sei.[99]

Eine Fortsetzung findet diese Reihe in jenen sinn- und klangreichen Worten, die heutigen Beterinnen und Betern spontan geschenkt werden. Jedes Wort, welches das Herz für Gottes Gegenwart öffnet, ist ein Geschenk. Die Ausformung einer konkreten Gebetspraxis folgt keinem festen Muster, sondern ist eine persönliche Angelegenheit, die wie die Entstehung einer neuen Landschaft einzigartig ist. Das Eintreten in eine bestimmte Gebetstradition gleicht dem Erlernen einer fremden Sprache. Ohr und Zunge brauchen Zeit, um sich an neue Worte und Klänge zu gewöhnen. Die besondere Qualität biblischer Gebetsworte liegt darin, dass sie heutiges Beten verbindet mit einer großen Gebetsgemeinschaft: mit unzähligen Menschen, die mit diesen Worten gebetet und sie weitergegeben haben; doch ebenso mit all jenen, die heute in dieser Weise beten. Wer sich in der einen oder andern Form am Jesusgebet orientiert, tritt in den Gebetsstrom der Ostkirche ein. Sie oder er wird begleitet von unzähligen Christen, die sich diese Form des Betens zu eigen gemacht haben. Im Zentrum dieses Gebets steht, was christliches Beten insgesamt kennzeichnet: der stets gegenwärtige Auferstandene.

Der Ruf nach Erbarmen und Licht

Sohn Davids, Jesus,
erbarme Dich meiner.

– Markusevangelium 10,47

Das kontemplative Gebet ist eine verinnerlichte Anrufung des Auferstandenen, anbetendes Verweilen in Gottes Gegenwart. Als solches ist es Lob und Dank. Doch stimmt es auch ein in den Ruf des Heiligen Geistes, der in der Tiefe des menschlichen Geistes seufzt. Es entspringt dem Abgrund menschlicher Bedürftigkeit und Armut. Die Grundform des Jesusgebets akzentuiert diese Sehnsuchtsbewegung. Sie greift zurück auf den Gebetsruf, der in der Antike mit der Begrüßung der aufgehenden Sonne verknüpft war: Kyrie eleison.[100]

Überhelle Gegenwart. Morgenerkenntnis bahnt sich ihren Weg durch dämmrige und schlaftrunkene Schichten Deiner selbst. Gebannt schaust Du gegen den Horizont. Das Bergrelief wird immer schärfer, beginnt an den Rändern zu leuchten. Strahlen brechen durch. Lichtflut blendet Dich. Urerfahrung, die Dich mit Menschen verbindet, deren Lebenswege fernab verlaufen sind. Im ungeschützten Aufprall des Morgenlichts schrumpfen die zeitlichen Distanzen. In strömendes Licht getaucht verlieren sich die Unterscheidungen. Uferlose Freude.

Nicht allein menschliche Urerfahrungen, sondern auch verschiedene biblische Sedimente haben sich im Kyrie eleison abgelagert: die Anrufung des erhöhten Christus als Licht der Welt, die demütige Bitte des namenlosen Zöllners im Tempel und der inbrünstige Ruf des blinden Bartimäus, der um Heilung schreit. Die Sehnsucht, die sich im Kyrie zu artikulieren vermag, ist vielgestaltig.

Was auch als Bekenntnis zu Gottes Barmherzigkeit verstanden werden kann und die christliche Tradition mit der jüdischen und muslimischen verbindet, fügt sich nahtlos an die

Anrufung des Auferstandenen an. Ein frühes Zeugnis für die um das Kyrie ergänzte Formel des Jesusgebetes findet sich bei Dorotheus von Gaza, der in der Mitte des 6. Jahrhunderts lebte. Im *Leben des Hl. Dositheus* wird erzählt, wie Dorotheus seinen an Tuberkulose erkrankten Schüler begleitet:

> Dositheus »bewahrte beständig die Erinnerung an Gott, denn Dorotheus hatte ihm übermittelt, allezeit zu sprechen: ›Herr Jesus Christus, erbarme dich meiner!‹, und dazwischen: ›Sohn Gottes, komm mir zu Hilfe!‹ Dies war sein ständiges Gebet. Als er krank wurde, sagte ihm Dorotheus: ›Dositheus, gib acht auf das Gebet, schau, dass es dir nicht entwischt.‹ Dieser antwortete ihm: ›Gut, Herr, bete für mich.‹ [...] Als das Leiden ihn niederdrückte und er so schwach wurde, dass man ihn in einem Tuch tragen musste, fragte Dorotheus ihn: ›Wie geht es mit dem Gebet, Dositheus?‹ – ›Entschuldige, Herr, ich habe keine Kraft mehr, an ihm festzuhalten.‹ – ›Dann lass das Gebet. Erinnere dich einfach an Gott und denke daran, dass er bei dir ist.‹«[101]

Das Jesusgebet hilft Dositheus, sich an Gottes Gegenwart zu erinnern und sich in sie zu bergen. Als schließlich die Krankheit ihm die Kraft raubt, wird er von Dorotheus ermutigt, sich ohne Worte dem gegenwärtigen Gott anzuvertrauen und sich von ihm umfangen zu wissen.

Die Nähe von Bittgebet und Kontemplation wird leicht übersehen. Kontemplative Gelassenheit und inbrünstiges Wünschen scheinen sich auszuschließen. Schaut man in die frühen Quellen christlicher Kontemplation, wird man eines anderen belehrt. Johannes Cassian charakterisiert das kontemplative Gebet als Glutgebet. Das Feuer des göttlichen Geistes entzündet die Betenden, die sich nach ihm ausstrecken. Es entfacht in ihnen die Glut der Sehnsucht. Wie das Feuer nach oben strebt, so auch der Geist des Menschen. Das Glutgebet antwortet auf die sanfte Berührung durch Gottes Gegenwart. In einer kurzen Anrufung kann sich das Erleben in seiner Vielschichtigkeit artikulieren und verdichten. Der schlichte Ruf »Erbarme

Dich meiner« umfasst alles: »das eigene Elend, Hoffnung, Erwartung, Vertrauen, Zuneigung, Hingabe, Anbetung.«[102]

Das Herzensgebet weckt und formt die menschliche Sehnsucht. Es lässt uns Großes wünschen: Gott selbst. Im Vaterunser findet nach Thomas von Aquin die Sehnsucht, die Gott ins Herz des Menschen gelegt hat, zu seiner wahren Gestalt.[103] Es lehrt nicht nur, was wir begehren sollen. Es verweist auch auf die richtige Priorität. Zunächst soll sich das Gebet auf Gott als dem Ziel der Sehnsucht beziehen. Erst danach auch auf die notwendigen Mittel. Im Unterschied zur vertrauten Praxis des Bittgebets tendiert kontemplatives Beten dazu, beim ersten Schritt zu verweilen: der Ausrichtung der Sehnsucht auf Gott.

Das Gebet der Sehnsucht, in dem sich die geheimnisvolle Gegenwart des Heiligen Geistes artikuliert, führt zum immerwährenden, das ganze Leben durchdringenden Gebet. Bereits der erste Brief des Apostel Paulus an die Thessalonicher, die frühste uns bekannte christliche Schrift, spricht davon.[104] Katharina von Siena bekräftigt diese Erfahrung, wenn sie schreibt, zum vollkommenen Gebet gelange man nicht durch viele Worte, sondern durch liebende Sehnsucht.[105] Das inständige Bitten, zu dem die Evangelien wiederholt auffordern, ist nicht mit quantitativer Fülle zu verwechseln. Es besteht in einer kontinuierlichen affektiven Ausrichtung auf ein Ersehntes. Wie Hunger und Durst kann ein solches Gebet der Sehnsucht alles Tun des Menschen begleiten. Es durchströmt auch das aktive Leben mit der Kraft des Pneumas.

Das schlichte Geheimnis, dass sich das Gebet durch Vereinfachung intensivieren und vertiefen lässt, zeigt sich sowohl in der kontemplativen Verinnerlichung als auch in der Verbindung mit dem Alltag. Johannes Klimakus, der im 7. Jahrhundert das St. Katharinen-Kloster auf dem Sinai leitete, führt dafür biblische Belege an und verweist auf die eigene Erfahrung:

»Die Art deines Gebetes sollte äußerst einfach sein, denn mit einem Wort söhnten der Zöllner und der verlorene Sohn Gott mit sich aus. [...] Suche in deinem Gebet nicht nach wohlklingenden Worten, denn das einfache und einfältige Stammeln der Kinder hat oftmals ihren Vater im Himmel zufriedengestellt. Versuche nicht, viele Worte zu machen, damit sich dein Geist nicht bei der Suche nach Worten verliert. Ein Wort des Zöllners hat Gott Genüge getan, und ein Wort des Glaubens hat den Räuber gerettet. Viele Worte haben im Gebet oft den Geist mit Vorstellungen erfüllt und ihn zerstreut. Die wenigen Worte (*monología)* aber pflegen den Geist zu sammeln. Verspürst du Lieblichkeit oder Ergriffenheit bei einem bestimmten Satz des Gebets, so verweile bei ihm.«[106]

Johannes lädt ein, auf die Resonanz zu hören und bei ihr zu bleiben. Der angemessene Gebetsrhythmus lässt sich nicht von außen festlegen. Er entwickelt sich aus dem achtsamen Vollzug. Die Anrufung der Nähe Gottes ist dann passend, wenn sie von Herzen kommt: wenn in sie eingehen kann, was jemand zutiefst ersehnt und erahnt. Je nach Lebenssituation ändert dieser Gebetsruf seine Tonlage und seine Farbe. Die Sehnsucht nach Heil und Heilung verbindet sich mit ihm ebenso leicht wie Dankbarkeit und stilles Lob. Zum *kontemplativen* Gebet wird er dadurch, dass er mit der Zeit wie von alleine im Herzen aufsteigt, durch achtsames Hören auf das, was sich in ihm verbirgt und was er zu erschließen vermag: die Tiefendimension unserer Sehnsucht.

Um einen persönlichen, von verengenden Vorstellungen befreiten Zugang zum Ruf nach Gottes Erbarmen zu finden, ist es hilfreich, sich in den Resonanzraum des Neuen Testamentes zu stellen. Wir können uns in den Gestalten entdecken, die durch diesen Ruf Heilung erfahren.

Zum Beispiel im blinden Bettler Bartimäus:[107] Im Markusevangelium nimmt er eine Schlüsselstellung ein. Während die Jünger für das hereinbrechende Ende blind sind, klärt sich die Sicht des Bartimäus in der Begegnung mit Jesus, so dass er ihm schließlich auf seinem Weg folgt. Zu Beginn der Erzählung ist

Bartimäus ganz auf seine Abstammung, seine Behinderung, seinen sozialen Status reduziert. Er wird als Sohn des Timäus (aram. Bar = Sohn) und blinder Bettler eingeführt. Am Rand der Straße, der Stadt, der Gesellschaft, da sitzt er. Das Leben und die Menschen gehen an ihm vorüber, ohne ihn zu würdigen und zu sättigen.

Mit Jesus, der mit seinen Jüngern auf dem Weg nach Jerusalem ist, um dort an der kultischen Kontemplation teilzunehmen, nähert sich ihm unverhofft das Heil. Doch diese Chance droht an ihm vorüberzugehen. Schon ist Jesus dabei, die Stadt zu verlassen. Im letzten Augenblick geschieht eine Wendung. Das Licht, das mit dem Namen des charismatischen Heilers aus Nazareth verbunden ist, fällt in die Dunkelheit des Blinden. Es weckt seine Sehnsucht. Und es lässt ihn seine Behinderung, seine Not, an die er sich bereits gewöhnt hatte, neu wahrnehmen. An Jesus nimmt der Blinde einen Glanz wahr. Als Königssohn, als Sohn Davids ruft er ihn an. Sein Schrei ruft Gegenkräfte hervor: »Viele wurden ärgerlich und befahlen ihm zu schweigen«, wird berichtet. Die Nähe Jesu lässt die Stimmen laut werden, die sich der Heilung entgegenstellen: »Ich habe es schon so oft versucht, es bringt ja doch nichts.« »Du Nichtsnutz! Bleib an Deinem Ort.« Dass er sich von diesen Stimmen, die von außen und innen auf ihn einstürmen, nicht entmutigen lässt, das ist die Größe dieses Menschen. Er schreit noch viel lauter: »Sohn Davids, Jesus, erbarme Dich meiner!« Der Ruf ist mehrdeutig. Geht es Bartimäus, dem Bettler, um ein Almosen? Im weiteren Verlauf wird deutlich, dass er etwas anderes im Sinn hat. Er möchte ans Licht kommen – und tut es. In der Anrufung des Erbarmens Jesu bleibt er nicht bei seiner Not *(miseria)* stehen. Im Blick auf Gottes Barmherzigkeit *(misericordia),* findet er schrittweise aus seiner miserablen Situation heraus. Er ist zunehmend ausgerichtet auf das Licht, das ihn aus seiner Dunkelheit herausführt. Der Ruf, der die Gegenstimmen übertönen muss, gewinnt an Kraft. Er energetisiert auch Jesus, der schließlich stehen bleibt.

Bedeutsam ist, dass Jesus nicht selbst zu Bartimäus hingeht, sondern ihn zu sich ruft. Auf einen behinderten Bettler zuzugehen, bereitet ihm sonst keine Mühe. Auch die Entschiedenheit, sich auf seinem Pilgerweg nach Jerusalem durch nichts aufhalten zu lassen, vermag das Verhalten Jesu nicht zu erklären. Es hat einen therapeutischen Sinn. Es holt den Blinden aus der Bettlerexistenz, aus der selbstentmutigenden Passivität des ›armen Schluckers‹ heraus. Es gehört zur Heilung des Bartimäus, aufzustehen und sich auf einen neuen Weg zu wagen. Unterstützt wird er dabei von ermutigenden Stimmen. Sie antworten auf den Ruf Jesu und verstärken ihn: »Hab nur Mut, steh auf, er ruft dich!«

Der Heilungsweg ist anspruchsvoll und verlangt mutige Schritte. Als erstes wirft Bartimäus seinen Mantel fort. Das ist ein entscheidender Schritt. Er lässt los, was ihn bisher notdürftig umhüllte. Er gibt seine Schutzmechanismen preis, das Armutsgewand seines bisherigen Lebens. Obwohl noch blind, kann er so freier auf Jesus zulaufen. Woher die Stimme kam, hat er sich genau gemerkt. Mit feinem Gehör lässt er sich vom verheißungsvollen Ruf leiten, der ihn auf einen neuen Weg lockt.

Dass Jesus ihn dann fragt, was er für ihn tun könne, macht wiederum stutzig: Ist Jesus selber blind, dass er so fragen muss? Nach den überlieferten Berichten ist es für die Heilpraxis Jesu wichtig, dass der Kranke seine Not selbst in Worte fassen und seinen Wunsch zum Ausdruck bringen kann. In Bartimäus weckt die Frage den Wunsch, nicht weiterhin als Bettler abgespeist, sondern als heilungsbedürftiger Mensch wahrgenommen zu werden. Sie ruft sein freies Ja hervor: »Ich möchte gesund werden, wieder sehen, in Gemeinschaft mit anderen Menschen unterwegs sein können.« Die Heilung, von der berichtet wird, schreibt Jesus nicht sich, sondern dem Glauben des Bartimäus zu. Es war zwar sein Nahekommen, seine Zuwendung, die den Blinden neues Vertrauen schöpfen ließ. Doch ohne den beharrlichen Ruf nach Erbarmen, wäre dieser nicht zum Licht und zu einer neuen Sicht gekommen.

An dieser Heilungsgeschichte lässt sich zeigen, inwiefern der Kyrie-Ruf auch für heutiges kontemplatives Beten bedeutsam sein könnte. Artikuliert doch dieser kurze und offene Gebetsruf die innerste Sehnsucht nach Heil, Heilung und Erfüllung und bewirkt dadurch eine innere Öffnung. Er gleicht einem Bindemittel, das hilft, diese Sehnsucht mit allem Undurchschauten und Unverstandenen vor Gott zu bringen. Die Bruchstellen des eigenen Lebens können so in die kontemplative Sammlung hineingenommen und in Gottes Licht gestellt werden.

Bartimäus kommt zum Licht der Welt. Es reinigt ihn von den Schlacken seiner Vergangenheit. Es erleuchtet ihn. Und indem er schließlich Jesus auf seinem Weg folgt, tritt er auch in dessen Lebens- und Liebesgemeinschaft ein. Damit ist ein Wegmodell vorgezeichnet, dass in der christlichen Tradition klassisch wurde und im folgenden Kapitel entfaltet werden soll: Reinigung, Erleuchtung, Vereinigung.

Teil III:
Kontemplation als Lebensform

Kontemplative Praxis ist lebensformend. Das beobachtete bereits der griechische Philosoph Aristoteles mit Blick auf sein eigenes Leben. Um als Philosoph zu klaren Gedanken und kreativen Einsichten zu gelangen, bedarf es einer gewissen Distanz zu absorbierenden Alltagsgeschäften. Die aristotelische Unterscheidung zwischen aktivem und kontemplativem Leben wurde von der christlichen Tradition aufgenommen und tiefgreifend transformiert. Während die Wahrheit, die der griechische Philosoph zu erkennen und zu schauen suchte, unpersönlicher Art war, ist es kennzeichnend für das christliche Selbstverständnis, auf eine Schau »von Angesicht zu Angesicht« ausgespannt zu sein. Glaubende, so führt Paulus der jungen Gemeinde von Korinth vor Augen, schauen und widerspiegeln mit enthülltem Gesicht den Glanz, der auf dem Antlitz Christi liegt. Im Schauen werden sie in sein Bild verwandelt: »Wir Christen müssen unser Gesicht nicht mit einer Decke verhüllen. Frei und offen dürfen wir die Herrlichkeit des Herrn sehen, die auf unserem Antlitz widerscheint. Und weil wir auf den Herrn selbst blicken, der uns den Geist schenkt, werden wir immer mehr in die Herrlichkeit des Herrn hineinverwandelt.«[1]

Sehen verwandelt die Schauenden, vorübergehend oder dauerhaft. Das ist die Erfahrung, die hinter der paulinischen Schau- und Spiegelmetaphorik steht. Paulus spielt auf eine bekannte alttestamentliche Erzählung an.[2] Moses steigt vom Berg Sinai herunter. Die Spuren dieser Gottesbegegnung sind ihm ins Gesicht geschrieben. Ein Leuchten geht von ihm aus, derart stark, dass er sich zum Schutz des Volkes verhüllen muss. Doch ist der Glanz vergänglich. Die Zeit verstreicht und er verblasst. Moses wird, so interpretiert Paulus, nur vorübergehend verwandelt. Der göttliche Glanz hat die Erde nur gestreift, sie nicht bleibend umgestaltet. Sich selbst und seine Gemeinden sieht Paulus in einer neuen Situation. Vom Auferweckten her fällt ein Glanz in die Welt, der sie erneuert. Wer sich ihm mit enthülltem Antlitz zuwendet, wird erleuchtet. Mehr noch: Es geschieht eine Verwandlung ins Ebenbild dessen, der das vollkommene Ebenbild des unsichtbaren Gottes ist. Die anbrechende Zeit entschränkt, was sich zuvor auf auserwählte Einzelne und kurze Momente begrenzte. Diesen Glanz zu schauen, ihn widerzuspiegeln und durch ihn verwandelt zu werden steht nun allen offen.

Daraus ergeben sich markante Kontrasterfahrungen. Denn der Glanz, den Paulus bezeugt, überblendet Leiden und Not der Gegenwart nicht, sondern holt sie ans Licht. In den Briefen, die er an die Korinther schreibt und in die seine eigenen Nöte eingegangen sind, schreibt der Apostel gegen ein enthusiastisches und leichtfüßiges Geistverständnis an, das sich in der von ihm gegründeten und von Geistesgaben verwöhnten Gemeinde breitmacht. Auf sich selbst verweisend betont Paulus, dass die geschenkte Gegenwart des Heiligen Geistes nicht der kreatürlichen Schwäche enthebt. Vielmehr schafft es in Not und Bedrängnis einen Atemraum, in dem Neues beginnen und Altes ausklingen kann. Das Antlitz, das zu schauen die Adressaten eingeladen werden, ist das Gesicht des Gekreuzigten. Die himmlische Herrlichkeit verwischt die Spuren des Kreuzes nicht.

Was Paulus beschreibt, führt die alttestamentliche Vorstellung weiter, dass niemand Gott schauen kann, ohne zu sterben. Sogar die Seraphim, die Feuerengel, verhüllen ihr Gesicht vor der Herrlichkeit Gottes. Paulus hingegen betont, dass in

Christus Gottes Nähe in einer Weise enthüllt wird, die jede schützende Verhüllung überflüssig macht. Sich auf diese Wirklichkeit einzulassen, bedeutet allerdings ebenfalls, sich einem tiefgreifenden Verwandlungsprozess zu überlassen, in die Lichtfülle Christi hineinzusterben.

Die Erfahrung, dass das Antlitz Christi zum Ort verwandelnder Schau wird, entspricht der alttestamentlichen Vorstellung, dass sich JHWH an speziellen Orten schauen lässt: auf dem Sinai, in der Stiftshütte und im Tempel. Das zugewandte Angesicht Gottes steht als segensreiche Präsenz im Kontrast zu der leidvoll erfahrenen Abwesenheit Gottes. Das leuchtende Antlitz Gottes steht für die Erfahrung unbedingter Anerkennung und wohlwollender Zuwendung. Dieses Antlitz schafft Beziehung und Vertrautheit. Es weckt das Vertrauen.

Das leuchtende Antlitz steht für die transformative, lebensprägende und gemeinschaftsstiftende Dimension der Kontemplation, die in den folgenden drei Kapiteln weiter vertieft werden soll.

1. Verwandlungsweg

Und weil wir auf den Herrn selbst blicken,
der uns den Geist schenkt,
werden wir immer mehr in die Herrlichkeit des Herrn
hineinverwandelt.

– 2 Korinther 3,18[3]

Als Carlo Carretto 1954 mit 44 Jahren aufbricht, um in der algerischen Wüste ein neues Leben zu beginnen, vermuteten manche seiner Freunde eine Midlife-Crisis: »Manch einer, der mich nach Afrika gehen sah, dachte an eine Krise aus Trostlosigkeit oder Resignation. Nichts trifft weniger zu als das.«[4]

Die Krise war nicht die Ursache, sondern die Folge seiner Entscheidung. In der Wüste, nackt vor Gott, wird Carretto konfrontiert mit sich selbst:

»Man macht diese Erfahrung gewöhnlich, wenn man so um die vierzig Jahre alt ist. Vierzig Jahre: ein großes liturgisches Datum des Lebens, ein biblisches Datum, Datum des Mittagsdämons, Datum der zweiten Jugend, ein Entscheidungsdatum für den Menschen. [...] Das ist das Datum, das Gott gewählt hat, um den Menschen mit dem Rücken an die Wand zu stellen, der sich bis dorthin unter dem Dornschleier eines ›halb ja und halb nein‹ durchzuschlängeln sucht. Mit den Rückschlägen kommt die Ernüchterung, der Ekel, die Finsternis und tiefer noch das Sehen oder das Erfahren der Sünde. Der Mensch entdeckt, was er ist: ein armes Ding, ein zerbrechliches, schwaches Wesen, ein Gemisch von Hochmut und Bosheit, ein Wesen der Unbeständigkeit, der Faulheit, der Unlogik. Dieses Elend des Menschen kennt keine Grenzen und Gott läßt es ihn bis zur Neige verkosten.«[5]

Gott habe ihn in die Wüste geführt, um mit dem Wüstensand den Unrat von seiner Seele zu schrubben, notiert Carretto im Rückblick. Schauen läutert, erleuchtet und verwandelt. Es lässt teilhaben am Geschauten. Christliche Kontemplation bedeutet: im Blick Christi dem göttlichen Blick zu begegnen, das erleuchtete Antlitz Christi zu schauen und von seinem Glanz erleuchtet zu werden. Die Transformationskraft kontemplativer Praxis kam auf den vorangehenden Seiten schon mehrfach zur Sprache. Carlo Carretto bezeugt sie ebenso wie Bede Griffiths und Simone Weil. Letztere vergleicht die Kontemplation mit dem heilsamen Blick auf die eherne (oder kupferne) Schlange, die Mose auf eine Fahnenstange aufhängen ließ, um die mutlosen und murrenden Israeliten zu einem heilsamen Blickwechsel zu bewegen:[6]

»Es ist eine heute von allen gründlich verkannte Hauptwahrheit des Christentums, daß das, was uns rettet, der Blick ist. Die eherne Schlange wurde aufgerichtet, damit die Menschen, die verstümmelt am Grunde der Entwürdigung liegen, sie anblickten und gerettet würden. Gerade in jenen Augenblicken, wo man, wie man sagt, schlecht aufgelegt ist, wo man sich der seelischen Erhebung, die dem Heiligen geziemt, unfähig fühlt, – gerade da ist die Wirksamkeit des auf die vollkommene Reinheit gerichteten Blickes am größten. Denn gerade da steigt das Böse, oder vielmehr die Mittelmäßigkeit, an die Oberfläche der Seele, in der günstigsten Lage, um durch die Berührung mit dem Feuer verbrannt zu werden.«[7]

Die Verwandlung kann langsam und unmerklich geschehen, wie ein autobiografischer Bericht der anglikanischen Theologin Sarah Coakley belegt.[8] Als frisch graduierte Theologin entdeckte Coakley die Meditation als Mittel zur Stressbewältigung. Bald schon entwickelte sich daraus eine christliche Kontemplationspraxis, die wortlose Hingabe an Gottes Gegenwart. Über viele Jahre täglich in schweigender Anbetung zu verweilen, habe ihr Leben und Denken verwandelt und neu geformt: »Was als beängstigend einsame Reise des Betens begann, schien nun der am wenigsten einsame Vollzug zu sein, den man sich verschreiben kann: Er surrt nicht allein vor Kommunikation, sondern ist in einer wohltuenden Weise bevölkert mit Engeln und Heiligen, mit Lebenden und Verstorbenen.«[9]

Was Coakley mit dem tiefenpsychologischen Wissen des 21. Jahrhunderts zum Ausdruck bringt, artikuliert die frühchristliche Literatur als Läuterung des Herzens und des Geistes. Wer »arm im Geiste« ist, wer ein »reines Herz« hat, findet zur Gottesschau.[10] Oder umgekehrt formuliert: Was dem Geiste seine Armut und dem Herzen seine Reinheit raubt, ist die Fülle an egozentrischen und zerstreuenden Gedanken.

Diese Erfahrung, welche sich auch in buddhistischen und hinduistischen Varianten findet, wird von den Wüstenvätern kultiviert. Sie rücken das achtsame Wahrnehmen der eigenen Gedanken, Spontanphantasien und Träume ins Zentrum des spirituellen Übens. Das Bemühen, bedrängende Gedanken und Phantasien als solche wahrzunehmen und sich von ihnen zu distanzieren, ist spirituell motiviert. Es zielt auf ein ungeteiltes Gebet, die reine Kontemplation. Im Horizont christlicher Lebenslehre erscheint Kontemplation als ein komplexes Spiegelungsphänomen. Die Achtsamkeitspraxis trägt dazu bei, den menschlichen Geist zu reinigen, damit sich in diesem der göttliche Blick spiegeln kann.

Wenn Kontemplation das Ziel christlichen Lebens ist, benennt die sechste Seligpreisung die Voraussetzung dafür: die Reinheit des Herzens. Ein reines Herz ist nach Johannes Cassian federleicht: »Solange es nicht von außen durch irgendeine Feuchtigkeit benetzt und verdorben ist, erhebt es sich gemäß der Beweglichkeit seines Wesens beim leichtesten Hauche gleichsam naturgemäß zum Hohen und Himmlischen.«[11] Was das Herz verklebt und beschwert, sind negative und zerstreuende Gedanken.

Die Läuterung seines Herzens, so die vielfach bezeugte Erfahrung, lässt sich nicht selbst erwirken. Es ist ein Geschenk, für das man sich bereiten kann, um das man bitten darf. Das kontemplative Verweilen öffnet für das reinigende, erleuchtende und einigende Wirken von Gottes Pneuma. Es bringt das Innerste zum Glühen, läutert es von Schlacken. Nach Johannes vom Kreuz wird dieser Prozess paradox erlebt:

»Dieses läuternde und liebende Erkennen oder das göttliche Licht, von dem wir hier sprechen, geht bei der Läuterung des Menschen und dessen Vorbereitung auf die vollkommene Einung mit sich genauso um, wie das Feuer mit einem Holzscheit, das es in sich überformt. Das erste, was echtes Feuer mit einem Holzscheit macht, ist, es allmählich auszutrocknen, indem es alle Feuchtigkeit heraustreibt und alles Wasser, das es enthält, herausweinen lässt; dann macht es das Holzscheit schwarz, dunkel und hässlich und gibt ihm dazu noch einen üblen Geruch. Durch die allmähliche Austrocknung befördert und treibt es alle hässlichen und dunklen Bestandteile, die dem Holzscheit im Gegensatz zum Feuer anhaften, heraus ans Licht. Und indem das Feuer das Holz allmählich von außen her entflammt und erhitzt, überformt es dieses in sich selbst und macht es so schön wie das Feuer. In dieser Schlussphase gibt es für das Holzstück kein Erleiden und keine Eigenwirkung mehr außer seiner Schwere und Masse, die noch dichter ist als die des Feuers. Es hat jetzt die Eigenschaften und die Wirkungen des Feuers in sich: Es ist trocken und macht trocken, es ist warm und macht warm, es ist licht und macht licht, und es ist viel leichter als vorher, weil das Feuer in ihm diese Eigenschaften und Wirkungen hervorruft.«[12]

Was dieser bekannte Text anschaulich beschreibt, ist der anspruchsvollste und schmerzlichste Aspekt des kontemplativen Wegs. Kommt Licht ins Dunkle, kommt das Dunkle ans Licht. Der Logos, der in die Welt kommt, ruft Gegenkräfte und Gegenstimmen hervor – auch in jenen, die seine Ankunft willkommen heißen. Die beharrliche Ausrichtung auf seine Gegenwart, das Bleiben in Christus, führt auf einen Weg der Läuterung, der Erleuchtung und der Vereinigung. Die folgenden Abschnitte beleuchten diesen Weg aus unterschiedlichen Perspektiven.

Absorbierende Gedankenwelten

The mind is a child of the Spirit,
But it likes to run away from home.

– Gerald May[13]

Der Versuch, unseren Geist zu sammeln und uns »nackt und bloß vor Gott« zu stellen, konfrontiert uns mit einem merkwürdigen Paradox. Die Entleerung des Bewusstseins zieht eine Fülle von Gedanken an. Unser Geist leidet unter dem *horror vacui*, einer Angst vor Leere. Wir fürchten uns vor der Freiheit, nach der wir uns sehnen. Es fällt uns schwer, frei von eigenen Gedanken und Vorstellungen in Gottes Gegenwart zu verweilen. Unser Geist gleicht einem Arbeitswütigen. Er ist ein News Junkie, der Stille und Nichtstun nicht aushält. Wo sich ein Leerraum auftut, stürzt er sich gleich in neue Aktivität.

Evolutionsgeschichtlich betrachtet dürfte das seinen guten Grund haben. Wir sind auf Problemlösung, auf Reduktion kognitiver Dissonanzen getrimmt. Sobald unser Geist eine Aufgabe gelöst hat, macht er sich an die nächste. Und weil das Leben voller Probleme und offener Fragen ist, kommt er an kein Ende. In längeren Zeiten der Stille und der Einkehr, in denen wir von alltäglichen Sorgen Distanz gewinnen, mag sich zunächst eine Beruhigung der Gedanken einstellen. Doch dann treten tiefer liegende Spannungen an die Oberfläche, die unseren Geist zu neuer Geschäftigkeit verleiten.

Gedanken und Phantasien bilden eine Wirklichkeit eigener Art. Wir betreten in ihnen eine menschengeschaffene Welt par excellence: das Kopfkino. Eingerichtet ist es derart bequem, dass wir lange Zeiten in ihm verbringen können.

Der Raum ist verdunkelt. Der Film, der gerade läuft und in den Du selbstvergessen versinkst, besteht aus den Gedanken und Phantasien, die Dein Bewusstsein unablässig hervorbringt. Du bist ganz absorbiert ins Geschehen und erlebst es mit starker emotionaler Beteiligung als wirklich. Nun beginnst Du, Dich bewusst aus der Verschmelzung mit der Filmrealität heraus zu lösen. Du realisierst mit Verwunderung, dass es sich um eine fiktive Welt handelt, aus der Du heraustreten kannst. Stell Dir vor, wie Du aufstehst und den dunklen Raum verlässt.

Inneren Bildern und spontanen Denkprozessen wohnt eine faszinierende und motivierende Kraft inne. Sie gleichen dem aufdringlichen Gerede auf dem Markplatz. Dass wir viel Lebenszeit in imaginären Wirklichkeiten verbringen, ist keine neue Entdeckung. Bereits in den Psalmen kommt die vernebelnde Kraft von Gedankengebilden zur Sprache. Und das Neue Testament spricht vom Geschwätz des Herzens,[14] von Gedanken, denen eine negative Kraft innewohnt.[15]

Unsere Gedanken und Vorstellungen prägen unser Leben und Handeln. Sie entstehen und entwickeln sich auf eigendynamische Weise und ziehen die Aufmerksamkeit auf sich. Sie sind Produkte unseres denkenden, phantasierenden und urteilenden Geistes, die von außen geweckt, angestoßen und geformt werden. Der Kampf um Aufmerksamkeit, der soziale Welten prägt, wiederspiegelt sich in unserem Geist. Leben doch Gedanken und Phantasien davon, unsere Aufmerksamkeit auf sich zu ziehen. Sie führen uns aus dem Kontakt mit dem Hier und Jetzt heraus, nehmen uns ein und betäuben uns. So nützlich und überlebenswichtig sie sein mögen: sie haben die Tendenz, zu wuchern und die uns umgebende und übersteigende Wirklichkeit zu verstellen.

Wir bemerken es oft nicht sogleich, wenn uns Gedanken anderswo hin tragen. Plötzlich finden wir uns in Tagträumen wieder. Sie haben mit unserer Vergangenheit oder unserer Zukunft zu tun, manchmal auch mit Alternativwelten, in die wir uns hineinträumen. Gemeinsam ist diesen imaginären Welten ihr Gravitationspunkt: In unseren Gedanken und Phantasien kreisen wir um uns, um unsere Sorgen, Bedürfnisse, Wünsche, Kränkungen und Pläne.

Weil unser Geist unablässig neue Gedanken und innere Bilder hervorbringt, bedarf es ein hohes Maß an Akzeptanz, Geduld und Wohlwollen, wenn wir uns auf den Weg der Sammlung begeben. Das Kommen und Gehen der Gedanken können wir nur sehr eingeschränkt kontrollieren, uns zu ihnen zu verhalten jedoch durchaus. Abbas Poimen, ein Wüstenvater des 5. Jahrhunderts, hatte dafür einen feinen Sinn:

»Ein Bruder kam zum Altvater Poimen und sagte: ›Vater, ich habe vielerlei Gedanken und komme durch sie in Gefahr.‹ Der Altvater führte ihn ins Freie und sagte zu ihm: ›Breite dein Obergewand aus und halte die Winde auf!‹ Er antwortete: ›Das kann ich nicht!‹ Da sagte der Greis zu ihm: ›Wenn du das nicht kannst, dann kannst du auch deine Gedanken nicht hindern, zu dir zu kommen. Aber es ist deine Aufgabe, ihnen zu widerstehen!‹»[16]

Gedanken tendieren dazu, handlungswirksam zu werden. Sie als Gedanken wahrzunehmen bedeutet, diesen Automatismus zu unterbrechen. Die achtsame Selbstwahrnehmung eröffnet die Möglichkeit zur therapeutischen Distanzierung. Auch diese Praxis findet sich bereits bei Poimen. Wollte er sich auf die Eucharistiefeier vorbereiten, so zog er sich zurück und betrachtete eine Stunde lang seine Gedanken.[17] Denn: »Wie es unmöglich ist, in trübem Wasser sein Gesicht zu sehen, so kann auch die Seele nicht kontemplativ zu Gott beten, wenn sie nicht von allen fremden Gedanken geläutert ist.«[18]

Nicht allen Gedanken und Phantasien eignet dieselbe magische Anziehung. Manche blitzen nur kurz auf und verschwinden sogleich wieder. Sie als Hintergrundgeräusch, als Knistern unseres Bewusstseins, stehen zu lassen, fällt nicht schwer. Sind Gedanken jedoch affektiv aufgeladen, bedürfen sie eines größeren Maßes an Aufmerksamkeit. Sie gleichen Wunden, die näher angeschaut werden wollen: Worum drehen sie sich? Was ist das tiefere Thema, in das wir verstrickt sind? Sind wir bereit, den seelischen Schmerz, der sich darin verbirgt, zuzulassen?

Entscheidend ist es, die Gedanken *als Gedanken* wahrzunehmen und uns von ihnen zu desidentifizieren (so wie wir Wunden desinfizieren). Sie sind Produkte unseres Geistes, eine von uns entworfene Wirklichkeit. Solange wir mit Gedanken verschmolzen sind, nehmen wir sie beim Wort und halten wir das, was sie uns sagen oder vor Augen stellen, für die Realität. Treten wir jedoch innerlich einen Schritt zurück, bemerken wir, dass es sich um Konstruktionen handelt. Sie gleichen Luftblasen, die unsere Aufmerksamkeit durch ihren Glanz auf sich ziehen. Im Vergleich zur lebendigen Wirklichkeit, die wir sinnlich wahrnehmen, ist die mentale Welt unserer Gedanken unwirklich.

Durch Bilder zu bildloser Präsenz

Um die Gedanken *als Gedanken* und die inneren Bilder *als Bilder* wahrzunehmen und sich von ihnen zu distanzieren, können wir, in einer besonderen Art von Homöopathie, auch auf Bilder zurückzugreifen. Um sich der überbildlichen Wirklichkeit Gottes zu nähern, die von unseren Vorstellungen und Projektionen verstellt wird, ist dieses Verfahren äußerst hilfreich. Es findet sich bereits bei Cassian. Man stelle sich vor, die Gedanken seien wie Fischschwärme, die in der Tiefe des Herzens herumschwimmen und die man gleich einem Fischer von außen beobachtet.[19] An einem anderen Ort vergleicht Cassian den menschlichen Geist mit einem Mühlrad, das sich unaufhörlich dreht. Gedanke folgt auf Gedanke, Phantasie auf Phantasie, in buntem Durch- und Miteinander, chaotisch sich mischend und flüchtig verfließend. Wie das Rad von der Kraft des Wassers in Schwung gehalten wird, so wird das menschliche Bewusstsein unaufhörlich von einströmenden Gedanken elektrisiert.[20] Ihre mächtige Brandung eindämmen zu wollen, ist zwecklos. Doch kann ich diese Mühle aus zunehmender Distanz beobachten und mich schließlich von ihr abkehren.

Die kontemplative Kunst, Bilder durch Bilder zu neutralisieren, will geübt werden. Bildern eignet eine faszinierende und kreative Dynamik, die sich leicht verselbständigt. Die kontemplative Schau stellt sich in dem Maße ein, in dem Gedanken, Worte und Bilder in den Hintergrund treten. Leerwerden für Gott *(vacatio Dei)* wurde dies früher genannt. Auch Martin Luther war damit vertraut. Er beschreibt den Vorgang bildhaft. Es sei wie die Einkehr in den Jerusalemer Tempel.[21] In dessen Außenhöfen findet sich viel Bewegung und Unruhe. Im mittleren Bereich des Tempels flackert die Menora: das unruhige Licht der Vernunft. Zuinnerst im Allerheiligsten ist es völlig dunkel und still. Der innerste Raum ist frei von Bildern. Reine Präsenz.

In den inneren Spiegel blicken

Achtsam zu werden gegenüber Gedanken und Phantasien, führt zu mehr Selbsterkenntnis und größerer Selbstdistanz. Bekanntlich spiegeln sich in Wachphantasien und spontanen Denkprozessen – wie in den Träumen der Nacht – tiefere seelische Schichten. Wir können durch sie erkennen, wie es um uns steht und was wir begehren. In achtsamem Verweilen klärt sich der Spiegel. Immer deutlicher unterscheiden sich die vordergründigen Gestalten vom hintergründigen Glanz, der leicht zu übersehen ist. Unmerklich treten wir aus der selbsterschaffenen Wirklichkeit heraus, die wir gewöhnlich mit der Wirklichkeit schlechthin identifizieren.

Dass es möglich ist, sich beim Denken und Imaginieren zuzuschauen, gehört zu den befreienden Entdeckungen der Achsenzeit. Sie ging, wie erwähnt, mit einer Verinnerlichung einher. Neben der kultischen Gottesschau und in Anlehnung an sie entwickelten sich zunehmend introvertierte Formen der Kontemplation, in der sich Selbsterkenntnis und Gotteserkenntnis auf neue Weise verknüpften. Der Rationalisierungsschub, den die griechische Aufklärung des 5. und 4. Jahrhunderts vor Christus bedeutete, brachte auch einen neuen Sinn für die Grenzen des Wissens mit sich, die auch jene des Selbst widerspiegeln. Die Aufforderung des Orakels von Delphi »Erkenne Dich selbst!« verstand Sokrates als Königsweg zum guten Leben. Selbsterkenntnis bedeutet wahrzunehmen, sterblich, begrenzt und unwissend zu sein. In der christlichen Weiterführung wird die delphische Aufforderung transformiert: »Erkenne den, der dich erkennt – selbst dann, wenn du ihn nicht wahrnimmst!« Wir empfangen unser Leben aus dem Blick des/der Anderen. Im Angeschaut- und Erkannt-Werden werden wir zu dem, was wir sind.[22] Unser Sein lässt sich nicht unabhängig von der Wirklichkeit erkennen, die uns immer wieder neu ins Leben ruft.

Typologie zerstreuender Gedanken
Um aus den eigenen Gedankenwelten herauszutreten, ist es hilfreich, sich mit ihren typischen Formen vertraut zu machen. Deren Spektrum bewegt sich zwischen Imagination und Kalkulation. Am einen Ende finden sich tagträumerische Phantasien. Sie folgen einer nicht immer transparenten Bildlogik und markieren den Grenzbereich des Wachbewusstseins. Damit verwandt ist assoziatives Denken. In ihm driften wir in Überlegungen und Erinnerungen ab und kommen dabei vom Hundertsten ins Tausendste. Diskursive Denkformen lassen sich davon klar unterscheiden. Die Gedanken kreisen in ihnen um ein Problem. Insofern dabei Lösungsmöglichkeiten ausphantasiert werden, enthält auch diese analytisch geprägte Denkform ein imaginatives Moment. Manchmal werden Probleme auch in Form innerer Gespräche bearbeitet. Nicht selten sind es Streitgespräche, die durch Kränkungen und frustrierende Erfahrungen ausgelöst werden.

Die bisher genannten Gedankenformen haben gemeinsam, in dominanter Weise aufzutreten. Sie stellen sich selbstbewusst in den Vordergrund. Im Gegensatz dazu wirken ihre stilleren Geschwister als Souffleure. Flüsternd sprechen sie Lob und Tadel zu, ermutigen, kommentieren und kritisieren. Zu ihnen gehören Kontrollgedanken und Antreiber, die im Namen hoher Ideale auftreten. Ein Beispiel dafür sind die Gedanken, die den Charakter letzter Urteile haben. So laut sie andere oder uns selbst verurteilen, so leise nisten sie sich im Herzen ein und verhärten es. Abba Poimen hielt sie für besonders gefährlich: »Da ist ein Mensch, der scheint zu schweigen, aber sein Herz verurteilt andere. Ein solcher redet in Wirklichkeit ununterbrochen.«[23]

Die eben genannten Gedankentypen stellen nicht allein mentale Aktivitäten dar, sondern sie wirken meist auch aktivierend, außer dem Tagträumen, das uns eher in einen unterwachen Zustand hineinführt. In der einen oder anderen Weise verhindern sie so das hellwache Verweilen in der Gegenwart. Das gilt auch für »gute« Gedanken, die wir am liebsten gleich in die Tat umsetzen möchten. Die Eigenschaft unseres Geistes, sich ständig neu in problemlösende Aktivitäten zu stürzen, ist im Alltag überlebenswichtig. In der Kontemplation hingegen hat sie eine betäubende Wirkung. Das mag auch ein Selbstschutzmechanismus sein. Aus Angst vor dem Leerraum, in den uns die Kontemplation führt, nebeln wir uns in Gedanken ein. In unseren Gedankenwelten fühlen wir uns sicher, haben wir sie doch selbst produziert. Sie gleichen von uns ausgestalteten Räumen. Der kontemplative Weg weist über diese Räume hinaus. Und er konfrontiert uns mit dem, was wir aus ihnen ausgesperrt haben. Darum geht es im nächsten Abschnitt.

Elektrisierende Affekte

Wer ist dieses ›ich‹, das Du zu sein Dir einbildest?

– Thomas Merton[24]

Wenn bestimmte Gedanken ständig wiederkehren und wir sie nicht lassen können, ist das ein Hinweis darauf, dass sie affektiv aufgeladen sind. Meist sind es schmerzhafte Gefühle und selbstbezogene Leidenschaften, die sich in ihnen offenbaren und zugleich verbergen. Dass sie sich im Verlauf eines kontemplativen Wegs immer deutlicher zeigen, ist peinvoll und heilsam zugleich. Der Logos deckt die *logismoi* auf, die unruhigen, elektrisierenden und zerstreuenden Gedanken, die das Herz verdunkeln und verhärten.[25]

Die zunehmende Sammlung eröffnet einen Raum, in dem sich auch das Heilungsbedürftige melden kann. Was wir mit Aktivität überspielen, wird spürbar, wenn wir ruhig verweilen. In der Stille werden wir mit dem konfrontiert, was in uns hineingesprochen wurde. All das, was wir übertönt und wofür wir keinen angemessenen Ausdruck gefunden haben, wird plötzlich in uns laut und macht es uns schwer, in Ruhe zu verweilen. Es ist ein merkwürdiges seelisches Gesetz: Sobald uns die kontemplative Sammlung mit seelischem Schmerz in Berührung bringt, bildet sich ein dichter Nebel von Gedanken. Es ist, als würden wir kaltes Wasser auf eine heiße Herdplatte gießen. Diese mentale Reaktion hat ihren guten Sinn und ist zu würdigen, obwohl sie unsere Sehnsucht nach innerer Stille durchkreuzt. Unser Geist ist auf Problemlösung, auf Dissonanz- und Schmerzreduktion eingestellt. Wie eine fein programmierte Alarmanlage beginnt er zu blinken, wenn sich an den dunklen Rändern unseres Bewusstseinsfeldes etwas regt.

Zerstreuung ist mit Lusterleben verkoppelt. Die Fähigkeit, zu denken und zu imaginieren, hilft uns nicht allein, uns zu orientieren und Probleme zu lösen. Sie bietet auch Unterhaltung und Entspannung. Tagträume gehen mit einem eigentümlichen Gefühl von Sicherheit einher. In der Welt unserer Gedanken und Phantasien fühlen wir uns zuhause. Es ist unsere Welt. Wir haben sie selbst gebildet und ausstaffiert. Sie besteht aus dem Stoff unserer Vorstellungen und Wünsche. In gefahrvollen Situationen ist sie uns Fluchtort. Wir können uns darin bergen. Das gilt gleichermaßen für intensive Denkprozesse wie für das Tagträumen. Aus Letzterem kehren wir in der Regel mit einem eigentümlichen Gefühl von Lust und Behagen zurück. Als wären wir auf sanften Wolken geflogen. Als hätten wir das Erträumte und Ersehnte bereits verkostet.

Der Unterschied zwischen wohligem Tagträumen und kontemplativer Einkehr ist so subtil, dass er leicht zu übersehen ist. Manchmal wollen wir ihn auch übersehen. Kann die Suche nach innerer Ruhe doch auch vom Wunsch geleitet sein, schmerzliche Klärungsprozesse abzuwehren. Dass es sich dabei um eine alte Versuchung kontemplativer Praxis handelt, zeigt der folgende Text des flämischen Mystikers Jan van Ruusbroec, dessen Werk einen Höhepunkt spätmittelalterlicher Kontemplationslehre darstellt:

»Alle Geschöpfe sind von Natur aus der Ruhe zugeneigt, und deswegen wird die Ruhe von Guten und von Bösen auf manche Weise gesucht. Nun gebt acht, wenn der Mensch bloß und ohne sinnliche Bilder ist, ledig und in den höchsten Kräften ohne Beschäftigung, so kommt er wegen seiner bloßen Natur schon in eine Ruhe. Diese Ruhe können alle Menschen finden und sie durch ihre bloße Natur in ihrem eigenen Wesen ohne Zutun der Gnade Gottes besitzen, wenn sie sich befreien können von Bildern und von allen Beschäftigungen. [...] Es ist ein Stillsitzen im Ledigsein ohne innere oder äußere Übungen, auf dass die Ruhe gefunden werde und ungestört bleibe. Aber die in dieser Weise erfahrene Ruhe ist nicht gestattet, denn sie verursacht im Menschen eine Verblendung durch Unkenntnis und ein müßiges Niedersinken in sich selbst. Diese Ruhe ist nichts anderes als eine Ledigkeit, worin der Mensch fällt und worin er sich selbst und Gott und alle Dinge vergisst, die mit dem Wirken zusammenhängen. Diese Ruhe ist der übernatürlichen Ruhe, die man in Gott besitzt, entgegengesetzt, denn jene ist ein minnigliches Verfließen mit einem einfaltigen Einblick in die unbegreifliche Klarheit. In dieser natürlichen Ruhe aber kann man Gott nicht finden. [...] Wenn der Mensch nun im Ledigsein diese Ruhe besitzt und ihn jede liebevolle Zuwendung eine Störung dünkt, so bleibt er mit dieser Ruhe auf sich selbst gerichtet, und dann lebt er im Widerspruch zu der ersten Weise, die den Menschen mit Gott vereint; dies ist der Anfang zu allen geistigen Irrwegen.«[26]

Ruusbroec lebte in einer Zeit und Umgebung, in der sich die Kontemplation jenseits der klösterlichen Welt auszubreiten begann. In dem zitierten Text beschreibt er sehr genau, was weiter oben als Sammlung bezeichnet wurde: das Loslassen von Bildern und mentalen Aktivitäten, die Ausrichtung auf die Gegenwart. Dabei wird nicht die Suche nach innerer Ruhe problematisiert, sondern die Tendenz, sich in ihr selbstgenügsam abzukapseln. Aus heutiger Sicht mag zwar fraglich sein, ob sich zwischen natürlicher und übernatürlicher Ruhe so scharf unterscheiden lässt. Doch die Kriterien, die genannt werden, dürften immer noch gültig sein. Wo die Ruhe zum letzten Ziel wird, kann uns weder Gottes Nähe berühren noch kommen wir in Kontakt mit seelischen Verwundungen, die nur heilen, wenn sie sich zeigen dürfen. Wer in seine innere Burg einkehrt, hat sich darauf einzustellen, Ungeziefer und wilden Tieren zu begegnen, die beim Eintreten unbemerkt hineinschlüpfen. Sie sind aufdringlich und vernebeln die Sicht.[27]

Die innere Burg ist von dicken Mauern umgeben. Sie gleicht einem unübersichtlichen Labyrinth, dessen Eingang schwer zu finden ist. Der Weg zur Mitte verläuft nicht geradlinig. In vielen Windungen führt er durch Widerstände, Irritationen und Desorientierung hindurch. Selbst fabrizierte Idole blenden Dich, bevor sie zerbrechen. Dahinter erheben sich Schatten, vor denen Du fliehen möchtest. Hattest Du davon geträumt, es würde stetig bergauf gehen, findest du dich unverhofft in einem dunklen Wald wieder. Du watest durch morastiges Gelände, suchst nach Orientierung und Halt. Du realisierst, dass du dich von dem, was dir anhaftet und dich niederzieht, nicht aus eigener Kraft zu entledigen vermagst.

Diese verstörende Erfahrung von Ohnmacht gehört zum kontemplativen Weg. In einem Text aus dem 7. Jahrhundert wird sie als Ringkampf beschrieben, der beginnt, sobald jemand loslassen möchte, was ihm über Jahre Sicherheit vermittelt hat: »Wir sollten uns nicht wundern, wenn wir feststellen, dass wir zu Beginn im Kampfring leidenschaftlicher sind als zur Zeit unseres Lebens in der Welt, denn die Ursachen der Leidenschaften müssen jedenfalls erst in Bewegung geraten, damit auf diese Weise die Gesundheit angestrebt werden kann, denn solange sich die wilden Tiere verbergen, sind sie nicht auszumachen.«[28]

Umgang mit Affekten in der Kontemplation

Die magnetisierenden Gedanken und Phantasien, die während der Sammlung auftauchen, sind Symptome und Schleier zugleich. Der emotionale Unruheherd, der sie hervorbringt, wird durch sie verhüllt. Um ihre affektive Qualität wahrzunehmen, bedarf es einer behutsamen Annäherung. Sie soll im Folgenden näher beschrieben werden. Bewusst wahrzunehmen, welche Emotionen sich hinter absorbierenden Gedanken verbergen, ist der erste Schritt, sie zu würdigen der zweite, sie ins Gebet zu nehmen der dritte.

Um der genaueren Wahrnehmung willen, kann man zwischen vier Affektgruppen unterscheiden, die je eigene Gedanken und Phantasien hervorbringen. Die erste Gruppe umfasst *aggressive Affekte*: Zorn, Groll, Empörung. Sie gleichen einem kalten Nordwind. Die Gedanken, die er hervorbringt, lassen uns starr werden: innere Streitgespräche, Vorwürfe, Anklagen, gehässige Ausrufe. Der innere Tempel wird zum Gerichtssaal, zum Raum projektiver Selbstentlastung, in dem sich das süße Gefühl moralischer Überlegenheit mit Verbitterung und Härte mischt. Sucht man biblische Beispiele für dieses affektive Spektrum, so findet man sie im zornigen Propheten Jona, in den Pharisäern, die in ihrem Herzen andere verurteilen und auf sie herunterschauen, aber auch in Petrus, der in der Stunde der Bedrängnis zum Schwert greift.

Die zweite Gruppe besteht aus Traurigkeit, Neid, Minderwertigkeitsgefühle und Selbstzweifel. Die schwermütigen Gedanken, die von diesen Affekten hervorgebracht werden, kreisen um Dinge, die uns versagt geblieben sind oder genommen wurden, oder um Güter und Talente, die andere haben und die wir auch gerne hätten. Die neutestamentliche Verkörperung dafür ist Maria Magdalena, die am Ostermorgen derart von ihrer Trauer eingenommen ist, dass sie die Gegenwart des Auferstandenen nicht wahrzunehmen vermag.

Sorge und Angst bilden eine dritte Gruppe. Die Gedanken, die sie erzeugen, kreisen um Probleme und Gefahren, die wir auf uns zukommen sehen. Auch sie verschließen den Sinn für die Gegenwart. Sorgenvolle Gedanken mögen unscheinbar sein. Sie tragen dennoch eine stark absorbierende Kraft in sich. Nicht umsonst schenkt Jesus diesen Energiefressern besondere Aufmerksamkeit. Er vergleicht sie mit dornigem Gewächs, die den kostbaren Samen des Wortes zu ersticken drohen.[29]

Die vierte Gruppe besteht aus unterschiedlichen Varianten eines Phänomens, das Evagrios als *Akedia* benannte. Gleich heißem Wüstenwind, der alles austrocknet und erschlaffen lässt, sucht sie uns heim. Akedia besteht aus einem zähen und explosiven Gemisch aus Zorn und Traurigkeit, das sich in Überdruss, Unruhe, Langeweile und Verzweiflung manifestiert. Die Gedanken kreisen um Vergangenes, Gegenwärtiges oder Künftiges, das in einem öden Licht erscheint. Alles wirkt unendlich langweilig, unsinnig und trostlos. Sich noch um etwas zu bemühen, erscheint als sinnlos. Das klassische biblische Beispiel für diesen affektiven Zustand ist der lebensmüde Prophet Elija.[30] Ebenso Judas: der Nachfolge überdrüssig steigt er aus und nimmt sich schließlich in letzter Verzweiflung das Leben.

Neben Affekten, die uns in die Tiefe ziehen, gibt es auch solche, die uns auf einem magischen Teppich in die Ferne entführen. Ein biblisches Beispiel finden wir in den Jüngern, die sich auf dem gefährlichen Weg nach Jerusalem erträumen, wie sie im Himmelreich auf den besten Plätzen sitzen werden.[31] Luftige Gedanken sind ein Palliativ, das chaotische Gefühle, seelische Verwundungen und Verhärtungen vorübergehend aus dem Bewusstsein verschwinden lässt.

Im Umgang mit absorbierenden Affekten besteht die Herausforderung darin, das Schmerzliche und Bedrohliche, das sich in ihnen meldet, mit wohlwollender Akzeptanz zu würdigen, ohne sich darin zu verstricken. Es geht dabei darum, das Leidvolle zuzulassen, ohne darauf zu starren und wie Lots Frau zu erstarren. Diadochus von Photike findet dafür ein einprägsames Bild:

»Wenn sich einer zur Winterszeit am frühen Morgen im Freien aufhält und nach Osten schaut, dann wird der vordere Teil seines Körpers von der Sonne erwärmt, sein Rücken aber wird nicht warm, weil die Sonne nicht über seinem Haupt steht. Genau so geht es denen, die am Anfang der geistlichen Einwirkung stehen, nur teilweise wird ihr Herz erwärmt von der heiligen Gnade. […] So kommt es, dass die Seele in einem Augenblick gute und ungute Gedanken denkt, wie der Mensch jenes Beispiels unter der einen Einwirkung der Sonne zugleich friert und warm ist.«[32]

Der Umgang mit dem, was allmählich an Schmerzlichem und Widerständigem offenbar wird, beschränkt sich in der kontemplativen Sammlung auf wohlwollende Akzeptanz. Auf Veränderung zu verzichten, ermöglicht Verwandlung. Sie geschieht, wenn wir uns neu auf die Gegenwart Gottes ausrichten, die alles Dunkle umfängt. Im eben zitierten Bild gesprochen: uns mit allem noch Unterkühlten und Erstarrten dem warmen Licht aussetzen im Vertrauen darauf, dass die Kraft der Sonne uns ganz durchwärmen wird. Oder in den Worten von Frère Roger:

»In jedem von uns verbergen sich Abgründe, Unbekanntes, Zweifel, wilde Leidenschaft, geheimes Leid… aber auch Schuldgefühle, niemals Eingestandenes, so sehr, daß sich uns ungeheure Leeren auftun. […] Wenn wir Christus mit kindlichem Vertrauen in uns beten lassen, werden eines Tages die Abgründe bewohnbar sein. Eines Tages, später einmal, werden wir feststellen, daß sich in uns eine Revolution vollzogen hat. Dieses Glück freier Menschen ist der Motor in unserm Kampf für alle Menschen, mit allen Menschen. Es bedeutet Mut, Energie, um Wagnisse einzugehen. Es ist überströmende Freude.«[33]

Topografie des Wünschens

Obwohl wir Gott nie gesehen haben,
sind wir wie die Zugvögel,
die an einem fremden Ort geboren,
doch eine geheimnisvolle
Unruhe empfinden,
wenn der Winter naht,
eine Sehnsucht nach der frühlingshaften Heimat,
die sie nie gesehen haben
und zu der sie aufbrechen, ohne zu wissen, wohin.

– Ernesto Cardenal[34]

Hinter den vielen Gedanken, die uns auf dem Weg der Sammlung zunächst begegnen, verbergen sich nicht allein starke Affekte, sondern ebenso intensive Wünsche. Gleich einer zerklüfteten Landschaft weisen sie eine schwer zu überblickende Schichtung auf. Was uns animiert, nennt die hebräische Bibel *nefesch*, was gewöhnlich mit »Seele« übersetzt wird, jedoch wörtlich »Kehle« bedeutet. Dieses Organ, das mit dem Atmen ebenso verknüpft ist wie mit dem Essen und Trinken, steht stellvertretend für die Bedürftigkeit, die uns antreibt. Was wir begehren, beseelt uns insofern, als es uns energetisiert und unser Handeln leitet.

Wir sind Sehnsuchtswesen. Solange wir begehren, sind wir. Wir hungern und dürsten nach allem Möglichen: nach Zuwendung und Liebe, nach Wohlstand und Sicherheit, nach Genuss, nach Erkenntnis, Verstehen und Anerkennung. Was wir begehren, ist anders als bei Tieren biologisch nur teilweise festgelegt. Selbst unsere Grundbedürfnisse sind wandelbar. Wünsche können wuchern, sich zur Sucht verhärten, zur verzweifelten Suche nach einer letzten Erfüllung werden. Umgekehrt kann sich fixiertes Begehren transformieren und in ein Wünschen eingehen, das uns über uns hinaus wachsen lässt.

Im Raum der Freiheit angesiedelt achtet ein solches Wünschen die eigene Begrenztheit ebenso wie die Unverfügbarkeit der Anderen.[35]

Wünsche wachsen oder festigen sich in dem Maße, wie wir sie nähren und uns zu eigen machen. Indem wir uns mit ihnen identifizieren, betrachten wir sie als etwas, was mit uns selbst, mit unserer Identität zu tun hat. Wünsche sind, gleich wie die Gedanken und Gefühle, Bewusstseinsphänomene, zu denen wir uns verhalten können. Wir können sie wahrnehmen und akzeptieren, ohne zu wollen, dass sie sich verwirklichen. Die Haltung eines wohlwollenden Beobachters, der einfach nur wahrnimmt, eröffnet einen inneren Freiraum. Wünsche zu empfinden, bedeutet noch nicht, uns mit ihnen zu identifizieren.

Mitten in Kontemplativen Exerzitien. Du sammelst dich frühmorgens in einer einladenden Kapelle zum Gebet. Es ist Hochsommer, das Fenster ist weit geöffnet, eine angenehme Morgenfrische streicht dir übers Gesicht. Ruhe, Frieden, Dankbarkeit. Plötzlich, du weißt nicht woher, taucht die Erinnerung an einen ungelösten Konflikt vor deinem inneren Auge auf. Er hat Dich in den letzten Monaten viel Energie gekostet. Diesem Gedankenblitz folgen, einem Donner gleich, grollende Stimmen. Dialoge tauchen auf, zuerst leise, dann immer lauter. Bis zum Überdruss ist dir das alles vertraut. Du kannst es nicht mehr hören, hast es schon zu oft durchgespielt. Du nimmst das Bündel an negativen Gefühlen wahr, das sich in diesen inneren Stimmen äußert und von ihnen entfacht wird. Zugleich sehnt sich etwas in Dir nach Frieden. Von der anfänglichen Ausrichtung aufs Gebet, der Freude an diesem anrührenden Morgen, ist nichts mehr übrig. Alles in dir hat sich angespannt. Die innere Aufruhr frustriert dich zusätzlich. Du hattest dich auf eine ruhige Zeit gefreut. Nach der Belastung der letzten Monate sehnt sich alles in dir nach einem Neuanfang. Und nun steckst du wieder mitten in dieser verwickelten Geschichte. Kyrie eleison. Du suchst den Faden des Gebets, hältst Dich an ihm fest, lässt dich neu hineinführen in die Innenschau. Du merkst, wie es allmählich wieder ruhiger wird in dir, nimmst auch die Sanftheit dieses Morgens wieder etwas wahr. Der Schmerz bleibt, gewinnt sogar an Prägnanz. Hinter dem Ärger zeigt sich Panik, hinter nervöser Unruhe die Sehnsucht nach Frieden.

Wünsche, die in Zeiten der Stille auftauchen, haben ihr Energiezentrum meist an einem schwerer zugänglichen Ort. Es mögen Wünsche sein, die schlecht zu unserem Selbstbild passen oder die wir als bedrohlich empfinden. Wünsche, die unsere Ideale oder andere wichtige Wünsche in Frage stellen, bringen uns in Spannung. Wir neigen dazu, sie zu überspielen und zu verdrängen. Doch entziehen wir sie dadurch auch dem Prozess der Wandlung. Nur zu dem, was wir wahrnehmen, können wir uns bewusst verhalten. Und nur was angenommen wird, kann geheilt werden. Die kontemplative Sammlung eröffnet einen Lichtraum, in dem sich auch widersprüchliche Wünsche als Teil unserer seelischen Wirklichkeit zeigen können. Das Wunschgebilde, das so allmählich wie ein verschwundener Kontinent in unserem Bewusstsein auftaucht, ist ein kompliziertes tektonisches Gefüge voller Spannungen und Bruchstellen. In ihm begegnet uns die Geschichte unserer Sehnsucht, erfüllte und durchkreuzte Liebes- und Lebenswünsche. Vielleicht zeichnen sich darin auch dunkle Adern ab, die Schlacken von Sucht und Schmerz.

Was wir begehren, liegt nicht immer offen zutage. Wünsche können sich verschieben, aufschichten, verbergen. Hinter konkreten Wünschen ist manchmal eine tieferliegende Sehnsucht wirksam. Wir können etwas ersehen und erstreben, weil es uns etwas anderes verheißt. Die biblische Urgeschichte spielt dies an der verbotenen Frucht durch, die nicht allein als süßer Leckerbissen, sondern weit mehr noch als Apéritiv für umfassende Erkenntnis und Göttlichkeit lockt. Wer in sinnlicher Lust das Paradies auf Erden, in beruflichen Rollen die tiefste Identität, im Lebenspartner eine letzte Sicherheit sucht, wird zum Nimmersatt. Pascal, der französische Philosoph, analysierte dieses Phänomen mit spitzer Feder:

»Die Menschen bilden sich ein, wenn sie dieses Amt erhalten hätten, so würden sie hierauf mit Vergnügen ausruhen, und sie nehmen nicht die unersättliche Natur der Begierde wahr. Sie glauben, aufrichtig nach Ruhe zu streben, und sie streben tatsächlich nur nach rastloser Bewegung. Sie haben einen geheimen Trieb, der sie bewegt, äußerliche Zerstreuung und Beschäftigung zu suchen, und der aus dem Gefühl ihres beständigen Elends erwächst. Und sie haben einen weiteren geheimen Trieb, der von der Größe unserer ursprünglichen Natur übrig geblieben ist und der sie erkennen lässt, dass das Glück tatsächlich nur in der Ruhe und nicht im Tumult liegt. Und aus diesen beiden entgegengesetzten Trieben bildet sich in ihnen ein verworrener Vorsatz, der sich vor ihren Blicken am Grunde ihrer Seele verbirgt und der sie bewegt, nach Ruhe durch Geschäftigkeit zu streben und sich stets vorzustellen, dass sie die Zufriedenheit, die sie nicht im mindesten haben, erreichen werden, wenn sie erst einige klar erkennbare Schwierigkeiten überwunden haben und sich dadurch das Tor zur Ruhe öffnen können. So verrinnt das ganze Leben; man sucht die Ruhe, indem man gegen einige Hindernisse kämpft, und wenn man sie überwunden hat, wird die Ruhe unerträglich wegen der Langeweile, die sie erzeugt. Man muss sie aufgeben und sich eifrig ins Getümmel stürzen.«[36]

Erstarrte und erneuernde Wünsche

Die Verworrenheit menschlicher Sehnsucht wurzelt demzufolge im Wunsch, unserer Endlichkeit und Bedürftigkeit zu entfliehen. Nur widerwillig nehmen wir zur Kenntnis, begrenzt, verletzlich und sterblich zu sein. Wo sich die Möglichkeit auftut, diese unangenehme Wahrheit zu kaschieren und auszublenden, nehmen wir sie gerne wahr. Wir suchen die Ruhe in der Geschäftigkeit, die Fülle in der zerstreuenden Vielfalt und geraten unversehens in einen rasenden Stillstand.

Doch wohnt Wünschen nicht nur die Tendenz zur Erstarrung inne, sondern ebenso die Kraft zur Veränderung und zur Erneuerung. So mag ein Wunsch, der uns seit unvordenklicher Zeit begleitete, plötzlich neu aufbrechen und zum Anfang eines tiefgreifenden Wandels werden. Oder es stellt sich, angestoßen von außen, ein Wunsch in uns ein, der uns bisher fremd war. Neue Erfahrungen wecken nicht selten neue Wünsche. Mit Horizonterweiterungen stellen sich auch neue Sehnsüchte ein, während das, was uns bisher begehrenswert erschien, plötzlich fraglich wird. Die Pracht eines Frühlingsabends kann zum Anfang eines Wegs werden, der nahezu alles relativierte, was bisher wichtig erschien.

Die Resonanz, die in uns entsteht, wenn wir uns in einem flüchtigen Augenblick an einem Ort der Fülle wiederfinden, verschiebt das Gefüge unseres Wünschens und Wollens. Die Nähe Christi ruft in Bartimäus den intensiven Wunsch nach Heilung hervor. Wo uns Gottes Gegenwart berührt, eröffnen sich Möglichkeiten, die bisher nicht vorhanden waren. Es entsteht eine neue Wirklichkeit oder zumindest die Sehnsucht nach ihr. Jesus bringt nicht nur die Stürme, in denen Menschen unterzugehen drohen, zur Ruhe. Er ist auch derjenige, der heilsame Unruhe stiftet und Erstarrtes in Bewegung setzt.

Dass zwischen kontemplativer Gelassenheit und intensivem Wünschen kein Gegensatz besteht, wurde bereits mit Blick auf das Jesusgebet betont. Die intensive und verinnerlichte Anrufung göttlicher Nähe bringt etwas in uns zum Glühen. Um die Bedeutung, die das Begehren im Zusammenhang kontemplativer Praxis spielt, weiter herauszuarbeiten, lohnt es sich, nochmals einen Blick auf Simone Weil zu werfen. Sie unterscheidet zwischen einem auf Gott oder die Wahrheit ausgerichteten *Wünschen*, das unsere Wahrnehmung öffnet, und einem verkrampften *Wollen*, das den Fokus einengt. Das gott- oder wahrheitsbezogene Wünschen ist mit Freude und Lust verknüpft. Mit Blick auf schulische Lernprozesse schreibt Weil: »Um etwas zu begehren, müssen Lust und Freude da sein. Unsere Verstandeskräfte wachsen und bringen ihre Früchte nur in der Freude. Die Freude des Lernens ist zum Studium ebenso unerlässlich wie dem Läufer das Atmen.«[37] Das gelte auch für das Gebet. Das auf Gott gerichtete Begehren sei »die einzige Kraft, die imstande ist, die Seele aufsteigen zu lassen. Oder vielmehr, Gott allein kommt, die Seele zu ergreifen, und hebt sie empor; das Begehren allein aber veranlasst Gott, herniederzusteigen.

Er kommt nur zu denen, die ihn bitten, dass er komme; und die ihn oftmals, lange und inbrünstig bitten, zu denen steigt er hernieder, er kann nicht anders.«[38]

Die Komplexität deines Wünschens zeigt sich in dem, was dich ins Gebet führt. Was bewegt dich dazu, Tag für Tag eine bestimmte Zeit dafür auszusparen? Was motiviert dich, dich zu sammeln und der Gegenwart Gottes auszusetzen? Die Motive dürften, nicht anders als in anderen Lebensbereichen, gemischt sein. Du sehnst dich vielleicht nach Ruhe, nach seelischer Heilung oder spiritueller Reife. Vielleicht entdeckst du auch im schwer aufzuhellenden Gewirr widersprüchlicher Neigungen die Sehnsucht, Gott um Gottes willen zu suchen.

Das kontemplative Gebet trägt seinen Sinn in sich. Es ist ohne Warum. Das Wahre und Gute ist nach Simone Weil um seiner selbst willen zu begehren: »Ist das Begehren echt, begehrt man wirklich das Licht, so bringt das Begehren nach dem Licht das Licht hervor. [...] man begehrt wirklich das Licht, wenn jeder andere Beweggrund fehlt.«[39]

Man kann Weils Aussagen als Ausdruck der Sehnsucht verstehen, der selbstlosen Güte Gottes zu entsprechen. Gepaart mit der Einsicht, dass dies nur in sehr begrenztem Maße möglich ist, weckt eine solche Sehnsucht den Sinn für das Wunder von Gottes selbstloser Liebe. Sie vermittelt die Gewissheit, dass wir die kostbarsten Güter nicht suchen müssen, sondern erwarten dürfen.[40]

Gebet der Hingabe: Sammelndes Wünschen und das ungeteilte Herz

Je bewusster wir die Vielschichtigkeit unseres Wünschens wahrnehmen, desto deutlicher tritt der Gegensatz zwischen zerstreuenden und sammelnden Wünschen hervor. Die Sehnsucht, die uns in die Tiefe führt, unterscheidet sich deutlich von der Vielfalt an Wünschen, die unsere Gedanken und Phantasien aufwirbeln und in alle Richtungen lenken. Kontemplativ zu beten bedeutet, sich von *diesen* Wünschen zu distanzieren und sich gleichzeitig mit der Sehnsucht, die in die Sammlung führt, uneingeschränkt zu identifizieren. Was Cassian als Glutgebet beschreibt und man auch als Gebet der Hingabe bezeichnen kann, erwächst aus solch bewusster Identifikation, aus der Einwilligung in das, worüber hinaus wir uns nichts Größeres wünschen können. Wir sind in dem Maße im Einklang mit uns selbst, als wir das, was wir als uneingeschränkt gut und sinnhaft erkennen, mit ganzem Herzen ersehnen und uns ihm in restloser Hingabe überlassen.

Dein Hintergrundbewusstsein registriert leise Orgelmusik sowie vereinzelte Geräusche, die in der Weite dieses sakralen Raumes verebben wie Wellen am Meeresufer. Im Zentrum deines Bewusstseins hat sich eine leicht vibrierende Ruhe eingestellt. Der innere Ort, an den du geführt wirst – unverhofft und doch ersehnt –, ist dir vertraut, auch wenn du den Eindruck hast, Neuland zu betreten. Einkehr als Heimkehr. Warum nur bist du nicht schon früher zurückgekehrt? Schwerelose Gedanken, die für einen Moment in deinem Bewusstsein aufblitzen und dann wie Sternschnuppen verglühen. Die leicht vibrierende Gegenwart, in die du langsam eintauchst, lässt sich nicht begreifen, bejahen hingegen schon, vorbehaltlos.

Mag die Einheit des Herzens auch unverfügbar sein, so können wir doch unseren Sinn dafür wecken. Der Wunsch nach innerem Frieden und die Sehnsucht, die Liebe um ihrer selbst willen zu lieben, wachsen in dem Maße, als wir unsere Aufmerksamkeit darauf lenken. Wünsche intensivieren sich, wenn wir uns ihrer bewusst werden, sie nähren und sie als für unsere Identität wesentlich anerkennen. Bei Ignatius von Loyola findet sich die Anleitung, vor jeder spirituellen Übung zu erbitten, was wir begehren und ersehnen. Wir können Gott um Gott bitten, um die Gabe, die er selbst ist und die er uns schenken möchte: eine sprudelnde Quelle lebendigen Wassers.

In einem Zimmer der Palliativstation. Aus den offenen Fenstern dringt hochsommerliche Wärme in den leicht abgedunkelten Raum. Herr P. liegt mit geschlossenen Augen da. Nur die Lippen bewegen sich. In den letzten Tagen habe ich ihn mehrfach besucht. Das Leben, das hinter ihm liegt, hat er in unseren kurzen Gesprächen mit flüsternder und manchmal schwer verständlicher Stimme zum Ausdruck gebracht. Manchmal nickte er mitten im Satz ein. Das metastasierende Melanom fordert seinen Tribut. Es ist deutlich sichtbar, dass die Tage gezählt sind. Herr P. isst nicht mehr, doch möchte er nochmals kommunizieren. Ich setze mich zu ihm, bekreuzige mich und spreche das Vaterunser, später auch die Pfingstsequenz: »Heile Du, was kalt und hart, löse was in sich erstarrt…« Herr P. murmelt mit, auf Kroatisch, wie ich feststelle. Nach der Kommunion betet er lange mit geschlossenen Augen weiter. Bei der Verabschiedung sage ich ihm, dass mich sein intensives Gebet beeindruckt habe. Es sei ihm immer wichtig gewesen und es gebe ihm jetzt Halt und Trost. Einige Tage später spreche ich ein letztes Gebet am Totenbett von Herrn P. Ich nehme in mir den Wunsch wahr, in meinem Sterben einmal wie er von Gebeten erfüllt und umgeben zu sein.

Kontemplative Praxis antwortet auf die geschenkte Ahnung göttlicher Präsenz. Die Sehnsucht nach Sammlung entspringt Momenten, in denen wir durch Gottes Geist angehaucht und berührt werden, in denen wir uns umfangen fühlen von einer geheimnisvollen Gegenwart und darin zugleich ganz zu uns finden. Wenn wir solche Augenblicke dichter Gegenwart vergegenwärtigen, vertieft sich die Sehnsucht, die durch sie geweckt oder aufgedeckt wurde. Wir können auch erbitten, unsere Freude am achtsamen Verweilen möge intensiviert und vertieft werden. Kontemplation gehört zu den Vollzügen, die ihren Sinn in sich selbst tragen. Das Dunkel des gelebten Augenblicks in hellem Bewusstsein zu erkunden und dabei zu erfahren, wie sich in uns Ruhe und Frieden einstellt, ist beglückend und nährend zugleich.

Heilung durch Schauen

Es ist eine heute von allen gründlich verkannte
Hauptwahrheit des Christentums,
daß das, was uns rettet,
der Blick ist.

– Simone Weil

Wenn Not zu beten lehrt, kann sie auch ins kontemplative Gebet führen. Es ist dann von der Sehnsucht nach Heil und Heilung durchtränkt. Der blinde Bettler, dessen Ruf das Jesusgebet aufnimmt, bietet sich auch dafür als Identifikationsfigur an. Er wird von Jesus nach seiner Sehnsucht gefragt: »Was willst du, dass ich dir tue?« Die Heilung, die der Blinde sich ersehnt, betrifft alle Dimensionen seines Lebens. Was Bartimäus geschenkt wird, geht über das hinaus, was er sich vorstellen und wünschen konnte. Aus dunkler Isolation kommt er in einen Raum, der von Beziehung und Licht vibriert. Sich im Ruf des blinden Bettlers wiederzufinden, kann bedeuten, die eigene Sehnsucht nach Licht und Leben zu entdecken und sich ihr anzuvertrauen.

Kommt Licht ins Dunkel, kommt die Dunkelheit ans Licht. Was die Evangelien in vielfältiger Weise bezeugen, entspricht einer Grunderfahrung auf dem kontemplativen Weg. Unweigerlich treten in kontemplativer Selbstexposition auch Schattenbereiche ins Bewusstsein. Nach und nach zeigt sich eine lange Kolonne lichtscheuer Gestalten: Unglaube, Verhärtung, Lebensangst, Egoismus, Zweifel, Einsamkeit usw. Der süße Honig der Gotteserkenntnis wird nicht ohne das mitunter harte Schwarzbrot der Selbsterkenntnis gegeben. Hinter psychischen Nöten und auf undurchschaubare Weise verquickt mit ihnen zeigt sich der verborgene Widerstand gegen die Nähe Gottes. Der Jesuit Louis Lallemant, der den kontemplativen Aufbruch im Frankreich des 17. Jahrhunderts mitprägte, beschreibt dies als ein Ringen um die letzte Hingabe. Wie Jakob am Jabbok kämpfen wir mit Gott um die letzte Meile:

> »Jahrelang kämpfen wir gegen Gott und widerstehen den Regungen seiner Gnade, die uns innerlich drängt, doch einen Teil unserer Erbärmlichkeiten zu lassen, indem wir die nutzlosen, aufhaltenden Zeitvertreibe aufgeben und uns vorbehaltlos und ohne Aufschub ihm schenken. Doch unter dem Druck der Eigenliebe, verblendet von Unwissenheit und durch falsche Befürchtungen gehemmt, wagen wir den entscheidenden Schritt nicht. Und aus Angst, ins Elend zu kommen, bleiben wir dauernd darin stecken, statt daß wir uns voll und ganz Gott übergeben, der ja von uns nur Besitz ergreifen will, um uns von unserem Elend freizumachen.«[41]

Im überhellen Licht göttlicher Gegenwart wird auch jener Feinstaub sichtbar, der bei alltäglichen Sehverhältnissen unbemerkt bleibt. Heilung geschieht in Berührung mit einer Wirklichkeit, die den Menschen mit sich selbst konfrontiert, ohne ihn dabei mit sich allein zu lassen. Das göttliche Feuer reinigt ihn wie ein feuchtes Holz von allem, was der Natur des Feuers widerspricht. Diese Läuterung geschieht durch Licht und Wärme: durch geschenkhafte Einsicht und unmittelbaren Kontakt.[42] An Persönlichkeiten wie Teresa von Ávila lässt sich die transformative Kraft kontemplativen Betens im Detail nachvollziehen. Der Durchbruch zu einem weitherzigeren, mutigeren und gelasseneren Dasein geschah in Gestalt einer Kapitulation. Im Scheitern ihrer Bemühungen um Selbstveränderung erfuhr Teresa die verwandelnde Kraft der zuvorkommenden Gegenwart Gottes.[43]

Jüngere Beispiele sind uns bereits mehrfach begegnet. In der algerischen Wüste, erschöpft auf einer Strohmatte vor dem Tabernakel kniend, wird Carlo Carretto von einer »Wunde« berührt. Blitzartig erschließt sich ihm ein neues Verständnis des Betens, seiner Mitwelt und seiner selbst. Wenige Jahre zuvor fand Simone Weil in Solemnes, erschöpft von ihrem sozialen

Einsatz und geplagt von heftig bohrenden Kopfschmerzen, »in der unerhörten Schönheit der Gesänge und Worte eine reine und vollkommene Freude«. Und während der meditativen Rezitation des eucharistischen Gedichts George Herberts und des Vaterunsers widerfährt ihr schließlich etwas, was sie bislang für undenkbar hielt: der unmittelbare Kontakt mit der Wirklichkeit Gottes.[44]

Ihre Entdeckungen deutete Weil im Horizont der biblisch-christlichen Tradition, die sie zugleich vor dem Hintergrund der gemachten Erfahrungen neu zu erschließen sucht. Die Heilung, die sich in kontemplativer Ausrichtung auf »etwas vollkommen Reines« ereignet, versteht sie als Herzstück aller religiösen Rituale. Der ungeteilte Blick auf die »eherne Schlange« ist heilsam, weil er die Schauenden sammelt und sie öffnet für die läuternde Berührung mit dem Heiligen.

Inmitten großer Bedrängnis und Not hat dich eine heilsame Wirklichkeit gestreift, unmerklich, doch mit langer Nachwirkung. Im Rückblick erkennst du, dass diese Berührung dich wie ein unsichtbarer seidener Faden durch die Krise hindurchgeführt hat. Er hat dich in die Stille gezogen, an einen Ort heilsamer Leere.

Dass kontemplative Sammlung heilsame Prozesse in Gang setzen kann, wurde in jüngerer Zeit von achtsamkeitsbasierten Therapien herausgestellt. Die drei zentralen Wirkfaktoren, die in ihnen psychotherapeutisch genutzt werden, charakterisieren auch, in unterschiedlichen Ausprägungen, christlich-kontemplative Praxisformen: die integrative Kraft mentaler Sammlung auf gegenwärtiges Erleben, die Fähigkeit, sich von eigenen Gedanken und Phantasien distanzieren zu können, sowie die Haltung wohlwollender Akzeptanz.

In der aktuellen Diskussion um das Verhältnis zwischen psychotherapeutischen Verfahren und spirituellen Praxisformen wird die Unterscheidung zwischen körperlicher Heilung und spirituellem Heil, die für die westliche Kultur und die moderne Medizin konstitutiv ist, neu verhandelt. Das Bemühen, achtsamkeitsbasierte Verfahren als weltanschaulich neutrale Sammlungstechnik zu vermitteln, kontrastiert mit der Einsicht, dass ihre Wirksamkeit in nicht geringem Maße mit bestimmten Hintergrundannahmen verknüpft ist, die auch in den gewählten Sprachformen anklingen: »So verlangt es zumindest ein rudimentäres Vertrauen in die letztendliche ›Gutheit des Seins‹, sich der ›Weisheit des Atems und des Körpers‹ zu überlassen oder seine Ziele und Konzepte loszulassen«.[45] Kontemplative Praktiken vollziehen sich unvermeidlich in Deutungsrahmen, die ihre Wirksamkeit beeinflussen. Worauf wir achten und wie wir verstehen, was wir erleben, hängt von Verstehenshorizonten ab, die eine konkrete Übungspraxis leiten und begleiten, weshalb sie auch therapeutisch relevant sind. Diese Horizonte ausdrücklich zu machen und sie zu erkunden, ermöglicht eine reflexive Integration des Erlebten in biografische und soziale Lebenskontexte.

Wie in kaum einem anderen spirituellen Klassiker der Moderne kommt die heilsame Wirkung kontemplativer Praxis in den *Aufrichtigen Erzählungen eines Russischen Pilgers* zur Sprache. Arseni Troepolski, der Autor dieses anonym veröffentlichten Werks,[46] umschreibt in narrativ-theologischer Weise die heilsamen Auswirkungen des Jesusgebets. Insbesondere der leibsinnlichen Dimension wird viel Aufmerksamkeit geschenkt. Das Gebet entwickelt sich von außen nach innen und entfaltet sich dabei von innen nach außen. Der namenlose Pilger, in dem sich die Lesenden wiederfinden können, wird durch das Jesusgebet schrittweise aus einer existenziellen Krise herausgeführt. Dessen heilsame Wirkung erlebt er nicht nur an sich selber, sondern ebenso an den Menschen, denen er es weitergibt oder die es auf ihre Weise praktizieren.

Wenn sich im Russischen Pilger kontemplatives Beten und seelische Heilung verknüpfen, so nicht ohne soziale Sensibilisierung und kritische Selbstreflexion. Der Pilger, der die Einsamkeit sucht und sich schließlich inmitten von Menschen wiederfindet, wird zur Leitfigur für eine kontemplative Existenz, die mit den sozialen Nöten und politischen Umbrüchen seiner Zeit in Berührung bleibt. Die Bedeutung geistlicher Begleitung und des spirituellen Austauschs unter Weggefährten wird dabei erzählerisch ebenso herausgearbeitet wie die klärende und motivierende Wirkung spiritueller Lektüre. Die Pilgerschaft wird animiert durch eine beständige Schriftmeditation und die Erschließung klassischer Werke zum Jesusgebet. Dass kontemplative Unmittelbarkeit und sprachlich-reflexive Vermittlungsformen zwei aufeinander verwiesene Pole darstellen, wird nicht zuletzt auch durch die Wirkungsgeschichte dieser Erzählungen bestätigt, die unzähligen Menschen den Weg zum inneren Beten eröffnet haben. In der kommunikativen und reflexiven Integration dessen, was sich in Gebet und gesammelter Schau erschließt, verdichtet sich die heilsame Kraft kontemplativer Praxis. Eine solche Integration bildet, wie im folgenden Kapitel gezeigt werden soll, auch eine Brücke zwischen Kontemplation und Alltag.

2. Kaleidoskop des Alltags

Kontemplation als Lebensform zu verstehen, heißt ihr eine formative Kraft zuzutrauen, die den Alltag zu durchdringen vermag. Das ist alles andere als selbstverständlich. Der Idee eines »kontemplativen Lebens« wohnt von alters her ein utopisches Moment inne. Ist sie mehr als ein Sehnsuchtsbild einer längst vergangenen Epoche? Kann man in einer beschleunigten und säkularisierten Welt, dem Zeitalter der *vita (hyper-)*

activa, noch kontemplativ leben? Und wenn ja: unter welchen Bedingungen und auf welchen Wegen?

Um diesen Fragen und den durch sie benannten Herausforderungen historische Tiefe zu geben, soll im Folgenden zunächst, in gebotener Kürze, die Konfliktgeschichte rekapituliert werden, die im Laufe der Jahrhunderte verschiedene Verkörperungen gefunden hat: Marta und Maria, Lea und Rahel, Animus und Anima. Daran schließt ein Abschnitt an, der unterschiedliche Aspekte alltäglicher Kontemplation ins Auge fasst. Um in einer Welt, die sich in einem kollektiven Aktivitätsrausch befindet, kontemplativ zu leben, braucht es nicht zuletzt eine klare Lebensvision. Der dritte Abschnitt dieses Kapitels möchte dazu inspirieren, diese Vision zu entdecken und auszugestalten.

Eine alte Konfliktgeschichte

Marta, Marta, du machst dir viele Sorgen und Mühen.
Aber nur eines ist notwendig.
Maria hat das Bessere gewählt,
das soll ihr nicht genommen werden.

– Lukasevangelium 10,41–42

Sich an stillen Orten, fernab von beruflichen und familiären Aufgaben, zu sammeln, ist eines. Dies im Alltag zu tun, ist weit anspruchsvoller. Die alltägliche Realität neigt dazu, sich zu verabsolutieren. Die Dominanz des Gegenständlichen, die unseren Alltagsverstand bestimmt, verdeckt die Tiefendimensionen des Lebens. Eingespielte Abläufe und die Last der vielen Sorgen und Mühen, die Jesus an Marta diagnostiziert, lassen unseren Alltag zu einem dichten Gehäuse werden, das für den Glanz des Umfassenden meist weitgehend intransparent ist. Wir bleiben in unseren Aktivitäten stecken. Der anhaltende Handlungs- und Planungsdruck hält unseren Geist auf Hochtouren und lässt gleichzeitig die Empfänglichkeit für das unaufdringliche Geheimnis des Lebens verkümmern. Der französische Schriftsteller Paul Claudel veranschaulicht diese Komplikation in poetischer Verdichtung:

»Etwas läuft schief im Haushalt von Animus und Anima, von Geist und Seele. Die Flitterwochen waren schnell vorbei. Ferne liegt die Zeit, da Anima unbeschwert reden konnte und Animus ihr voll Entzücken zuhörte. Aber ist es nicht sie, welche die Mitgift einbrachte und den Haushalt führt? Animus konnte sich nicht lange mit dieser untergeordneten Stellung abfinden. Seine wahre Natur zeigte sich bald: eitel, kleinlich, tyrannisch. [...] Eines Tages geschieht etwas Sonderbares. Animus kommt unvermutet nach Hause, [...] da hört er Anima für sich allein hinter verschlossener Tür singen: ein seltsames Lied, etwas, das er nicht kannte. Unmöglich die Noten, die Worte oder die Tonart zu erkennen: ein ebenso seltsames wie wundervolles Lied.«[47]

Auch die Hochzeiten intensiven kontemplativen Erlebens verfliegen rasch. Im Alltag übernimmt der nervöse und überaktive Geist wieder das Zepter. Vom Handlungsdruck getrieben ist er ungeduldig und fordernd. Erfolge machen ihn eitel, Misserfolge mürrisch. Er vergisst, dass er nicht aus eigener Kraft lebt, dass nicht er die Mitgift eingebracht hat. Es kommt ihm nicht mehr in den Sinn, was er aus Erfahrung wissen müsste: dass glücklich sein bedeutet, hingebungsvoll zu lauschen, statt ständig selbst zu reden. Erst als er aus dem Tritt gerät, seine Gewohnheit durchbricht, vermag er, wenigstens aus Distanz, das seltsame und wundervolle Lied wieder zu hören, das ihn einst auf neue Wege lockte.

Der Konflikt zwischen Animus und Anima, zwischen den Aktiven und den Kontemplativen, dem zweckmäßigen Tun und dem zweckfreien Verweilen, hat eine lange Vorgeschichte. Sie beginnt bereits mit Thales von Milet, der im 6. Jahrhundert vor Christus im griechischen Kleinasien wirkte. Geleitet vom neuen Interesse an der Welt und ihren eigentümlichen Gesetzmäßigkeiten verband Thales in seinem Philosophieren und Forschen beides miteinander: Theorie und Praxis. Sich der Kontemplation zu widmen, bedeutete für ihn, den Sternenhimmel nicht nur zu bestaunen, sondern zu versuchen, seine Ordnung zu erkennen. In der nüchternen, vorwissenschaftlichen Kontemplation, die Thales verkörperte, klangen zugleich religiöse Unter- und Obertöne nach.

Dass die Kontemplation des Himmels von Thales mit methodischer Strenge geübt wurde, erfahren wir aus der bekannten Anekdote von der thrakischen Magd. Sie soll Thales, den bekannten Philosophen, eines Morgens in einem Brunnen gefunden und als Hans-guck-in-die-Luft verspottet haben. Vor lauter Himmelsbetrachtung hat er offensichtlich den Brunnen übersehen, der vor seinen Füßen lag. Doch die Anekdote verschweigt etwas: Thales hatte entdeckt, dass sich aus einem dunklen Raum der Himmel besser betrachten lässt. Nicht weil er unachtsam und verträumt war, befand sich der Philosoph im Brunnenschacht. Er war freiwillig hinuntergestiegen. Er hatte nicht nur einen neuen Ort der Kontemplation entdeckt, sondern hatte aus Erfahrung gelernt, dass es des Verweilens bedarf, um Neues wahrzunehmen. Allein durch konsequente Begrenzung und Vertiefung, allein im Brunnen kann sich zeigen, was sich dem gewöhnlichen Tagesbewusstsein entzieht. Im Lachen der Thrakerin, in das die Überlieferer der Anekdote einstimmen, zeigt sich eine Skepsis, mit der Kontemplative durch alle Jahrhunderte hindurch konfrontiert sind. Für den praktisch orientierten Alltagsverstand erscheint es nutzlos und abwegig, sein Leben der Kontemplation zu widmen. Ob Thales nicht auch seinerseits über das Unverständnis der Magd lachte, ist nicht überliefert. Zu vermuten ist jedoch, dass seine Himmelsschau nicht zweckfrei war. Er habe, so wird berichtet, durch Beobachtung der Sterne erkannt, dass es eine reiche Olivenernte geben werde, woraufhin er alle Ölpressen günstig gemietet und in der folgenden Erntezeit teuer weitervermietet habe.

Wie wenig fremd ein Nützlichkeitsdenken dem frühen Christentum war, zeigt sich in der neutestamentlichen Erzählung von Marta und Maria.[48] Aus der Perspektive der tüchtigen und besorgten Marta erscheint Maria, die selbstvergessen den Worten des hohen Gasts lauscht, als Müßiggängerin oder zumindest als nachläßige Gastgeberin, die an ihre Pflichten erinnert werden muss. Dass die kontemplative Maria von Jesus gelobt und in Schutz genommen wird, ist ein deutliches Signal. Es begünstigte die Entwicklung christlicher Varianten kontemplativen Lebens und wurde von all jenen, die sich für ein solches Leben entschieden, gerne zitiert. Seit dem Spätmittelalter wurde Marias Vorrang zunehmend in Frage gestellt, was auf gesellschaftliche Entwicklungen zurückgeführt werden kann. Die privilegierte Stellung von Klöstern und das wenig vorbildliche Leben vieler Mönche dürfte ebenso sehr zum Verblassen der *vita contemplativa* beigetragen haben wie die Aufwertung des bürgerlichen Alltags und der neuzeitliche Drang, die Welt durch Forschung, Technologie und Eroberung zu verändern.

Seitdem wurde der moralische Vorrang der fleißigen Marta kaum mehr in Frage gestellt. Die Kirchen haben sich, trotz gegenläufigen Tendenzen, das neuzeitlich-moderne Mobilisierungsprogramm entschlossen zu eigen gemacht. Nach heftigen Auseinandersetzungen, die sich über Jahrzehnte hinzogen, wurden gegen Ende des 17. Jahrhunderts Autoren, die für eine kontemplative Gebetspraxis eintraten, als »Quietisten« verurteilt (von lat. *quies* = Ruhe). Damit setzt eine Form kollektiver Verdrängung ein. Bis ins 20. Jahrhundert hinein war es suspekt, zum kontemplativen Beten anzuleiten. Selbst in kontemplativen Klöstern konzentrierte man sich auf aktive

Formen der Meditation. Während es in Russland bereits im 19. Jahrhundert zu einer Blüte und Popularisierung des Jesusgebets kam, formierte sich in Westeuropa erst gegen Ende des Jahrhunderts ein *renouveau mystique*, eine spirituelle Erneuerung, welche verschüttete Traditionen neu erschloss. Angestoßen durch diese Bewegung kam es im Laufe des letzten Jahrhunderts dann zunehmend zu einer neuen Wertschätzung für die kontemplative Dimension christlichen Betens und Lebens.

Wo ist dir die Kontemplation – als Wort und als Erfahrungsvollzug – erstmals begegnet? Kam es irgendwo in deiner Sozialisation zur Sprache? Wieweit wurde dir vermittelt, dass das Beten auch eine rezeptive Dimension umfasst, auch Hören und Schauen beinhaltet? Welche Erfahrungen verbinden dich mit kontemplativen Orten und Gemeinschaften? Welche Formen kontemplativen Lebens in der Gegenwart sind dir bekannt und zu welchen fühlst du dich besonders hingezogen (sofern überhaupt)? Welche Rolle spielt zweckfreies Verweilen in deinem Leben?

Zu den bedeutendsten Impulsen, die im letzten Jahrhundert zu einer Erneuerung des kontemplativen Lebens geführt haben, gehörte Frère Rogers Bemühen, das Verhältnis zwischen Kontemplation und Aktion neu auszuloten. In der politisch bewegten Zeit nach 1968 suchte der Prior der Gemeinschaft von Taizé nach Wegen, das christliche Engagement für eine gerechtere Welt und eine erneuerte Kirche mit einem kontemplativen Lebensstil zu verbinden. In einem programmatischen Text aus dem Jahre 1970 entfaltete Frère Roger seine Vision:

»Heute können sich die Christen nicht der Nachhut der Menschheit anschließen. Sie können sich keine nutzlosen Kämpfe leisten, in denen sie sich selbst festfahren. Wo darum gekämpft wird, den Stimmen der Verborgenen Gehör zu verschaffen und auf die Menschen aufmerksam zu werden, auf die niemand hört, ist der Platz der Christen in den ersten Reihen, im Kampf für die Befreiung aller Menschen. Ebenso stark erahnen die Christen zur gleichen Zeit, auch wenn sie das Schweigen Gottes umgibt, eine andere wesentliche Wirklichkeit: Der Kampf für die Menschen und an deren Seite findet seine Quellen in einem andern Kampf, der immer stärker in ihrem Innern geschieht, dort, wo kein Mensch dem andern gleicht. Dort, wo wir am Tor zur Kontemplation stehen.«[49]

Fruchtbares Wirken in der Welt setzt ein versöhntes Herz voraus. Und dieses ist die Frucht jenes Kampfes, den Frère Roger am Tor der Kontemplation ansiedelt. Dass sein Leitwort »Kontemplation und Aktion« auf ein breites Echo stieß, mag auch damit zu tun haben, dass es offen lässt, wie die Umstellung der herkömmlichen Reihenfolge, nach der das kontemplative Leben auf das aktive aufbaut, zu verstehen ist: als programmatische Forderung, kontemplative Ressourcen zu erschließen, um sie für gesellschaftspolitische und kirchenreformerische Zwecke zu nutzen? Oder eher als Versuch, angesichts eines sozialreformerischen Aktivismus den Vorrang der Kontemplation zu unterstreichen?

Schaut man die Schriften Frère Rogers genauer an, ist deutlich zu erkennen, dass es ihm um letzteres geht. Die Ausstrahlung der Gemeinschaft von Taizé verdankt sich spirituellen Entdeckungen, die jenseits von Nützlichkeitserwägungen angesiedelt sind: einer Lebensfülle, die der Sammlung entspringt und zu ihr führt. Die Geschichte dieser Gemeinschaft und ihres Gründers zeigt: Was das Leben fruchtbar werden lässt, ist nicht rastlose Aktivität, sondern gesammelte Hingabe.

Im Heute Gottes leben

Sakrament des gegenwärtigen Augenblicks!
Du vermittelst Gott in so unscheinbarer Gestalt,
wie Krippe, Heu und Stroh es sind. […]

Gott offenbart sich den Kleinen in den kleinsten Dingen,
wogegen die Großen, die nur auf die Schale sehen,
ihn nicht einmal in den großen Dingen finden.

– J.-P. Caussade/Anonyma[50]

Zur Geschichte der Moderne gehört neben einer starken Aufwertung tätigen Lebens auch die Suche nach kontemplativen Oasen. Der brennende Dornbusch ist, so die moderne Entdeckung, in den Wüsten des Alltags zu entdecken. Kontemplativ zu leben bedeutet vor diesem Hintergrund, ein Bewusstsein zu entwickeln, dass Gott in jedem Augenblick gegenwärtig ist und uns umfängt. Silja Walter beschreibt als kontemplative Dichterin, wie sie dieses Bewusstsein aus ihrem »geschienten Alltag« ausbrechen ließ und zu einem intensiven Leben in der Gegenwart führte: »Es wirft einem den Lebenskurs um wie einen Kahn im Strom und treibt ihn in der Gegenrichtung voran. Gott ist da, Gott ist da! Was ist daneben eigentlich noch wichtig?«[51]

Das geheimnisvolle Lied der Anima braucht kein besonderes Ambiente. Ihr Lied klingt auch mitten im Alltag an, wenn der vielbeschäftigte und um sich selbst kreisende Geist es zulässt. Unsere Lebenswelt ist voller Dinge, die von innen zu leuchten beginnen, sobald der Blick aufmerksam und geduldig bei ihnen verweilt. Alltagsprägend wird der kontemplative Blick durch die in den nächsten Abschnitten genauer beschriebene Wechselbewegung von Intensivierung, Generalisierung und Integration.

Intensivierung: Kontemplative Zeiträume im Tag-Nacht-Rhythmus

Menschen, denen inspirierende Erfahrungen mit dem kontemplativen Gebet geschenkt wurden und es weiter vertiefen möchten, tun sich oft erstaunlich schwer damit, es in ihrem Tagesablauf zu verankern. Handelte es sich um ein neues Hobby, hätten sie keine Mühe, sich dafür eine halbe Stunde pro Tag einzuplanen. Doch in einem von Aktivitäten überfüllten Alltag einen Raum der Stille zu schaffen, ist ein schwierigeres Unterfangen. Es gleicht dem Versuch, inmitten einer vorwärtsdrängenden Menschenmenge stehenzubleiben und in sich einzukehren. Die Zeiten zwecklosen Betens fügen sich schlecht in ein durchrationalisiertes und von zielorientierten Aktivitäten bestimmten Leben. Dass man gerade in stillen Augenblicken von Sorgen und Nöten eingeholt wird, die sich hinter den vielen Aktivitäten verbergen, macht es besonders schwierig. Es bewegt viele dazu, der Stille eher zu entfliehen, als sie zu suchen.

Es kommt hinzu, dass der Weg der Kontemplation sich dem Bemühen um raschen und greifbaren Fortschritt widersetzt. Schlimmer noch: Fortschritte werden als Rückschritt erlebt. Anders als beim Erlernen von bestimmten Aktivitäten, stellt sich nicht ein wachsendes Kompetenzgefühl ein, sondern das Bewusstsein, dass wir es nicht in der Hand haben: weder unsere spirituelle Reifung noch das, was sich uns in der kontemplativen Sammlung zeigt oder entzieht. Mit zunehmender Vertiefung macht sich auch unsere Armut immer deutlicher bemerkbar. Die Selbsterkenntnis, zu der die kontemplative Sammlung führt, steht in Spannung zur gesellschaftlichen Verherrlichung menschlicher Aktivität und zu unserem Wunsch, unser Leben in möglichst kompetenter Weise zu meistern. Gegen die Intensivierung des kontemplativen Betens regen sich von außen wie von innen Widerstände. Sie genau wahrzunehmen und ehrlich zu benennen, ist der unerlässliche erste Schritt, um die Kontemplation mitten im Alltag zu erschließen.

Manche äußeren Hindernisse lassen sich aktiv angehen. Um in Stille verweilen zu können, bedarf es eines klaren Rahmens. Dass das eine alte Einsicht ist, lässt sich an der Architektur von Tempeln, Kirchen, Klöstern und Meditationsräumen ablesen. Auch die dazugehörigen Rituale und der regelmäßige Tagesablauf von geistlichen Gemeinschaften bringen dies zum Ausdruck. Einladende sakrale Räume helfen uns, in die Krypta des Herzens einzutreten. Das kontemplative Gebet braucht eine äußere Umfriedung, einen Schutzraum der Stille, einen Rückzugsort. »Wenn Du betest, geh in deine Kammer und schließ die Tür«.[52]

Die Übergänge zwischen Tag und Nacht sind besonders dazu geeignet, im Alltagsrhythmus Räume zu eröffnen, die es uns erlauben, vom aktiv-tätigen Lebensmodus in einen kontemplativen Modus umzuschalten. Eine täglich praktizierte Sammlung, die nicht von Stimmungsschwankungen und äußeren Umständen abhängig gemacht wird, hält uns im Kontakt mit der umfassenden Wirklichkeit und nährt die Sehnsucht nach einer tieferen Verbindung mit ihr. In den Schwierigkeiten, die dabei auftreten, widerspiegeln sich unterschiedliche Persönlichkeitsmuster. Manche tun sich schwer, sich zu strukturieren, andere neigen zu rigiden oder komplizierten Abläufen. Beides ist hinderlich. Kontemplativ zu leben bedeutet: das Leben zu ordnen und es zu vereinfachen. Nicht weniger gilt: Wenn der Vollzug starr und überritualisiert ist, verkommt die sanfte Achtsamkeit zur verkrampften Konzentrationsübung. Was in die Tiefe führt, ist nicht Strenge und Disziplin, sondern die Anziehungskraft göttlicher Gegenwart.

Verallgemeinerungen bezüglich des zeitlichen Rahmens sind nur sehr begrenzt möglich. In welchem Maße die kontemplative Dimension zu einem lebensformenden Faktor wird, hängt jedoch zumindest auch vom zeitlichen Engagement ab. Wichtige Dinge brauchen Raum. Um in die Sammlung zu finden, braucht es in der Regel mehr als nur fünf Minuten. Soviel Zeit nehmen wir uns, um jemanden loszuwerden, und nicht dazu, um uns auf eine vertiefte Begegnung einzulassen.[53]

Wir nehmen uns die Zeit der Stille umso eher, als wir uns auf sie einstellen, sie freudig erwarten. Die Übergänge vom Tag in die Nacht und von der Nacht in den Tag bieten dafür günstige Anknüpfungspunkte. Sie sind Schwellenzeiten mit einer symbolischen Tiefe. Im kleinen Zyklus des Alltags schimmert der große Zyklus des Lebens hindurch. Diese Übergänge kontemplativ zu gestalten, kann etwa bedeuten, sich abends ins radikale Lassen einzuüben, um morgens das Licht des Lebens neu zu empfangen und aus der Begegnung mit ihm in den Alltag hinein zu gehen.

Regelmäßiges Üben fällt paradoxerweise umso leichter, je stärker es vom Bewusstsein geleitet ist, dass Kontemplation eine kostbare Gabe ist. Die Dankbarkeit für die Möglichkeit, sich dieser Gabe öffnen zu dürfen, begünstigt eine Entwicklung, in der die Sehnsucht nach einer vertieften Übungspraxis zunimmt. Nehmen wir uns täglich eine Viertelstunde für das Verweilen in Gottes Gegenwart, so wird uns diese Zeit bald einmal zu kurz vorkommen. Wenn wir auch in trockenen Zeiten die Sehnsucht wahrnehmen, einzukehren und in Stille zu verweilen, ist das ein sicheres Zeichen, dass das kontemplative Beten in uns Wurzeln geschlagen hat.

Generalisierung: Kontemplation im alltäglichen Tun

Kontemplatives Leben bedeutet: Sammlung, Vereinfachung, Beschränkung. Ohne Begrenzung tendiert alles Tun zur Maßlosigkeit. Nicht zufällig steht zu Beginn der *Apophthegmata Patrum*, der wichtigsten Quellensammlung zur Spiritualität der Wüstenväter, eine Erzählung, die diesem Thema gewidmet ist.

Antonius, der Pionier dieser Einsiedlerbewegung, wird geplagt von grüblerischen Gedanken, die ihm die Lebensfreude rauben:

»Als der Altvater Antonios einmal in verdrießlicher Stimmung und mit düsteren Gedanken in der Wüste saß, sprach er zu Gott: ›Herr, ich will gerettet werden, aber meine Gedanken lassen es nicht zu. Was soll ich in dieser meiner Bedrängnis tun? Wie kann ich das Heil erlangen?‹ Bald darauf erhob er sich, ging ins Freie und sah einen, der ihm glich. Er saß da und arbeitete, stand dann von der Arbeit auf und betete, setzte sich wieder und flocht an einem Seil, erhob sich dann abermals zum Beten; und siehe, es war ein Engel des Herrn, der gesandt war, Antonios Belehrung und Sicherheit zu geben. Und er hörte den Engel sprechen: ›Mach es so und du wirst das Heil erlangen.‹ Als er das hörte, wurde er von großer Freude und mit Mut erfüllt und durch solches Tun fand er Rettung.«[54]

Das Problem, auf das dieses Apophthegma eine Antwort bietet, ist aktuell geblieben. Antonios leidet unter einem Mangel an Form und Rhythmus. Die Lebensform, als deren Begründer er in die Geschichte eingegangen ist, musste erst gefunden werden. Das fehlende Maß stürzt ihn in Überdruss, Mutlosigkeit und Schwermut. Er wird von der Akedia befallen, die düstere Gedanken erzeugt. Sein Leben gerät aus dem Gleichgewicht. Es gleicht sich der endlosen Wüste an, die keine Früchte trägt. Wie weiter? Die erlösende Antwort kommt, wie schon beim Propheten Elija, von einer Engelsgestalt. Sie führt ihm vor Augen, wie er zu einer neuen Work-(spiritual-)Life-Balance finden kann. Rhythmus und Fluss ergeben sich aus den Pausen, die bewusst gesetzt sein wollen. Der Engel führt Antonius vor Augen, wie die Arbeit durch das Gebet, das Gebet durch die Arbeit heilsam begrenzt werden kann. Das Leben, das in negativen Gedankenspiralen zu versickern droht, beginnt sich neu und maßvoll zu strukturieren. Achtsames Tun, so lernt Antonius, holt den Überdrüssigen aus fruchtlosem Grübeln zurück in den gegenwärtigen Augenblick. Die regelmäßige Unterbrechung der Arbeit gibt dieser ein Maß. Das Gebet, das so mitten im Alltag Raum gewinnt, öffnet alles Tun auf Gottes Gegenwart hin. Die Präsenz des Geistes kann auf diese Weise auch die Arbeit durchwirken und inspirieren.

In der bereits beschriebenen »Cella«, die Josua Boesch in Farneta di Soci bewohnte, begegnete mir die maßvolle Einheit von kunsthandwerklicher Arbeit, intellektueller Tätigkeit und Gebet in nachhaltiger Weise. Für Josua selbst bedeutete sie die Einheit der beiden Berufe, die er nacheinander erlernte und mit der ihm eigenen Sorgfalt ausübte. Nach seiner Lehre als Goldschmied in der Nähe des Zürcher Paradeplatzes hatte er Theologie studiert und über zwei Jahrzehnte lang als reformierte Pfarrer gearbeitet. In der Lebensmitte entdeckte er seinen alten Beruf neu – als Ausdrucksmittel eines spirituellen Such- und Wandlungsprozesses, der ihn schließlich ins Eremo die Camaldoli führen sollte. In den fünf Jahren, während denen er den klösterlichen Alltag der Mönche teilte, reiften nicht allein seine ikonographischen Möglichkeiten, sondern formte sich auch sein Leben neu. Der strenge klösterliche Rahmen öffnete einen Raum kontemplativer Einkehr und künstlerischer Kreativität. Die ungewöhnliche Einheit, die mir einige Jahre später in Farneta di Soci begegnete, war das Resultat einer langen und oft auch schmerzlichen Formation. Das Feuer habe ihn verwandelt so wie seine Ikonen, sagte er oft.

Kontemplation tritt im Alltag in doppelter Weise auf: als Pause, die Handlungsvollzüge unterbricht und ein Innehalten ermöglicht, und als achtsames Tun, das mit innerer Sammlung verbunden ist und diese begünstigt. Verweilendes Innehalten und achtsames Tun kann sich verbinden mit dem Bewusstsein der stillen Gegenwart Christi: »Wahre in allem die innere Stille, um in Christus zu bleiben.«[55] Bei manchen Tätigkeiten fällt es uns leicht, sie in einer achtsamen Haltung zu vollziehen und zwischendurch innezuhalten, um all unsere Aufmerksamkeit auf die Wahrnehmung zu sammeln. Andere Tätigkeiten wirken derart zerstreuend oder absorbierend, dass wir uns schwer damit tun, sie kontemplativ zu durchformen.

Lassen wir uns in stressigen Situationen übermäßig involvieren, so schalten wir in anderen den Autopilot ein und verlieren uns, während wir etwas automatisch tun, in Phantasien. Statt präsent zu sein in dem, was wir gerade tun und was uns augenblicklich begegnet, sind wir in Gedanken anderswo. Wir versäumen die Gegenwart. Wir perpetuieren alte Muster, statt das Neue zu entdecken, das uns in diesem Augenblick begegnen möchte.

Besonders bei Tätigkeiten, die wir routinemäßig verrichten oder als langweilig empfinden, verlieren wir uns leicht in Gedanken: beim Händewaschen, Kochen, Essen und Abwaschen. Gerade bei diesen Tätigkeiten kann sich uns die sinnliche Dichte des Alltags zeigen. Arbeiten, die wir gedankenlos hinter uns bringen, werden auf diese Weise interessant und belebend. Ereignisarme Zeiten, die wir sonst überspringen oder gerne vertreiben, beginnen nun zu duften. Wir sammeln in ihnen den geheimen Glanz des Alltags.

Auch geistig anspruchsvollere Aufgaben, die uns absorbieren, können in kontemplativer Weise angegangen werden. Simone Weil, die aus eigener Erfahrung spricht, weist darauf hin, dass jede intellektuelle Aufgabe eine Gelegenheit darstellt, den Geist zu sammeln und in Aufmerksamkeit zu üben. Man solle sich darum bemühen, jede Aufgabe mit größtmöglicher Sorgfalt und Aufmerksamkeit zu lösen: »Aber durch diesen unmittelbaren Zweck hindurch soll die tiefere Absicht einzig auf die Steigerung unseres Vermögens zur Aufmerksamkeit im Hinblick auf das Gebet gerichtet sein, wie man beim Schreiben die Formen der Buchstaben auf das Papier setzt, nicht im Hinblick auf diese Formen, sondern im Hinblick auf den auszudrückenden Gedanken.«[56] Statt mit Problemen zu verschmelzen, können wir in ihnen Einladungen sehen, unsere Achtsamkeit zu vertiefen und sie mit alltäglichem Tun zu verbinden. Die unmittelbare Aufgabe, die wir zu lösen haben, bekommt dadurch einen anderen Charakter. Ihre Bedeutung wird wohltuend begrenzt. Sie öffnet sich auf die umfassendere Aufgabe hin, unsere Achtsamkeit zu vertiefen. Was bis dahin unsere besten Kräfte absorbierte und uns zerstreute, kann so zum Weg geistlichen Übens werden.

Simone Weil versichert, dass die Relativierung des Tuns ihm Fruchtbarkeit verleiht. Kreative Lösungen und die richtigen Worte stellen sich ein, wenn wir unseren »Geist verfügbar, leer und für den Gegenstand offen« halten. Hilfreich ist es, »die verschiedenen bereits erworbenen Kenntnisse, die man zu benutzen genötigt ist, in sich dem Geist zwar nahe und erreichbar, doch auf einer tieferen Stufe« zu erhalten, ohne dass sie ihn berührten.[57] Wenn wir eine Antwort nicht aktiv suchen, sondern aufmerksam und vertrauensvoll erwarten, wird sie uns früher oder später zufallen. Das gilt nicht nur für Arbeiten, die wir alleine zu lösen haben, sondern ebenso für anspruchsvolle Gesprächssituationen, die es auszuhalten gilt, bis sich der nächste Schritt zeigt.

Kontemplativ zu leben, bedeutet nicht zuletzt, im Alltag anders mit schmerzlichen Gefühlen umzugehen. In kontemplativen Zeiten lernen wir, dem Schmerzlichen, das sich zeigt, nicht auszuweichen, sondern es an uns herankommen zu lassen. Wir lernen zugleich unsere Abwehrstrategien besser kennen: die Flucht in schöne Gedanken und in problemlösende und zerstreuende Aktivität. Für die Vertiefung und Bewährung dieser Haltung bietet der Alltag uns mehr Übungsmöglichkeiten, als uns lieb ist. Unangenehmen Begegnungen, drängenden Problemen und schmerzlichen Gefühlen gegenüber wohlwollende Akzeptanz auszubilden, bevor wir uns über konkrete Handlungsschritte Gedanken machen, führt meist zu einer spürbaren Entspannung der Situation. Das in einer kontemplativen Haltung liegende Vertrauen, dass sich die rettende Einsicht einstellt, wenn man sie geduldig erwartet, verhilft zu einem anderen Umgang mit nagenden Sorgen. Es lässt sich mit ihnen leben, ohne sie verdrängen zu müssen oder ständig in grüblerische Gedanken zu versinken.

Antonios lernte, seine Arbeit regelmäßig durch Zeiten des Gebetes zu unterbrechen. Die Erzählung sagt uns nicht, wie lange dieses Gebet dauerte und worin es bestand. Es dürfte sich um kurze, einfach zu wiederholende Stoßgebete gehandelt haben. Das Jesusgebet wurzelt, wie erwähnt, in der Praxis solcher Pfeilgebete. Es fügte sich von Anfang an in den Alltag ein. Deshalb ist es auch unter spätmodernen Bedingungen nach wie vor praktikabel. Was die Wüstenväter entdeckten und übten, ist noch heute möglich und wohltuend.

Die Erzählung sagt auch, dass der Körper in diesem Zusammenhang eine wichtige Bedeutung hat. Aufzustehen, die Augen zu schließen oder Gebetsworte lautlos zu artikulieren, sind Weisen, durch leiblichen Selbstausdruck etwas zu verinnerlichen und zu verstärken. Der leibliche Vollzug verankert in der Gegenwart. Da wir im beschleunigten Handlungs-Modus Atempausen in der Regel als ausgedehnter empfinden, ist es ratsam, einen bestimmten Zeitraum festzusetzen. So formen wir die Zeit und tragen dazu bei, dass sich die Aufmerksamkeit ausbilden kann. In zehn bis fünfzehn Atemzügen, wofür wir kaum eine Minute brauchen, können sich überraschend farben- und sinnreiche Zeitfenster auftun.

Kontemplativ zu leben, bedeutet, das Netz auf der anderen Seite auszuwerfen als sonst:[58] altvertraute Wege mit einem neuen Blick zu gehen, eingeschliffene Abläufe achtsam zu variieren, innezuhalten, wo wir normalerweise voraneilen. So kann uns die Gnade des Anfangs, der Zauber des Neubeginns mitten im Unscheinbaren zuteilwerden.

Integrierendes und inspirierendes Lesen

In welchem Maße sich die kontemplative Praxis aufs Lebensganze auswirkt, hängt nicht zuletzt davon ab, ob das Erlebte reflexiv integriert werden kann. In diesem Zusammenhang kommt der spirituellen Lesung eine wichtige Rolle zu, klärt sich in ihr doch der Deutungsrahmen, der kontemplative Praxis orientiert und formt. Was es bedeutet zu beten »Jesus Christus, erbarme Dich meiner!«, versteht nur, wer das Evangelium kennt und aus ihm lebt. Gegen die Tendenz, spirituelle Lesung und Kontemplation als voneinander unabhängige Vollzüge zu betrachten, soll im Folgenden, mit Blick auf die alltägliche Praxis, ihre Verschränkung herausgearbeitet werden. Am Beispiel Simone Weils lässt sich diese Verschränkung exemplarisch studieren. Es erschloss sich ihr beides gleichzeitig: die inspirierende Kraft der Schriftmeditation und das Geheimnis der Kontemplation. Im achtsamen Rezitieren des Vaterunsers aktualisierte Weil täglich den klassischen Weg, der beim Hören einsetzt und ins Schauen mündet.

Die Resonanz, die Simone Weil in diesem Buch findet, ist sicher auch dadurch bedingt, dass ich mich in manchen Erfahrungen, die sie schildert, wiederfinde. Das gilt insbesondere für ihren Zugang zur Schriftmeditation und zur Kontemplation. Im Rückblick lassen sich die beiden Ausgangserfahrungen, die mein Leben grundlegend geprägt haben, kaum auseinanderhalten: dass mich Sein Wort trifft, herausruft und tröstet; und dass mich Seine geheimnisvolle Gegenwart sanft umfängt und öffnet. Nicht allein in liturgischen Feiern haben sich beide Erfahrungen miteinander verbunden. Auch die persönliche Einkehr war von Anfang an von einer Suche nach einer solchen Verbindung gezeichnet. Eine passende Form einer regelmäßigen Schriftlesung zu finden und sie mit der kontemplativen Übung zu verbinden, war jedoch ein windungsreicher Weg, der durch die komplizierte Welt wissenschaftlicher Schriftauslegung hindurchführte, nicht ohne von ihr auch bereichert zu werden. War die Verbindung von Hören und Schauen ein anfängliches Geschenk, das wieder verloren gehen musste, um es mit größerer Wertschätzung wiederzufinden? Ist das schlichte Vertrauen auf das Evangelium seiner unverbrüchlichen Gegenwart unter spätmodernen Bedingungen allein im Zerbrechen ursprünglicher Vorstellungen zu finden, in dem, was der französische Philosoph Paul Ricœur die »zweite Naivität« nannte?

Wer versucht, spirituelle Lesung und Kontemplation miteinander zu verbinden, sieht sich früher oder später mit Verstehensschwierigkeiten konfrontiert. Der weltanschaulich pluralistische Kontext, in dem eine solche Praxis heute situiert ist, unterscheidet sich grundlegend von der Lebenswelt, in der die klassischen Texte der christlichen Tradition entstanden sind. Selbst die Wiederentdeckung der Kontemplation im 20. Jahrhundert war noch in hohem Maße von einer kirchlich vermittelten Schriftkultur getragen, auch wenn diese ihre selbstverständliche Geltung bereits eingebüßt hatte.

Wo kontemplative Praxis nicht mehr in eine vorgegebene Erinnerungskultur eingebettet ist, bedarf es neuer Wege, um diese Einbettung zu gewährleisten. Die *Aufrichtigen Erzählungen eines Russischen Pilgers* belegen, dass diese Herausforderung bereits im 19. Jahrhundert deutlich wahrgenommen wurde. Die intensive Praxis des Jesusgebets, in die sich der Pilger einübt und einlebt, vollzieht sich in einem durch weitreichende gesellschaftliche und kulturelle Umbrüche geprägten Raum, in dem die spirituelle Lesung ebenfalls neu entdeckt werden muss. Die Erschließung des Jesusgebets, das Hauptthema dieser Erzählungen, geschieht deshalb im Gleichschritt mit der spirituellen Lektüre (der Philokalia und der Bibel) sowie geistlichen Gesprächen, in denen das Gelesene und Erfahrene reflexiv verarbeitet wird. Das Jesusgebet selbst ist ein Abbild dieser Doppelbewegung. Es umspannt den Bogen von der Schriftmeditation zur Kontemplation, vom liturgischen zum inneren Gebet. Wie der sinnliche Raum der Liturgie erweist sich auch das Jesusgebet und das meditative Lesen als ein Ort unmittelbarer Begegnung: mit dem auferstandenen Christus und den Vorbeterinnen und Vorbetern aller Jahrhunderte.

Zu den Anfangsgeschenken, die mir zu Teil wurden, gehörte auch die Entdeckung, dass es neben den biblischen Schriften eine Fülle von weiteren Texten gab, die mir für mein kontemplatives Suchen Orientierung und Inspiration vermittelten. Durch alle Jahrhunderte hindurch, so realisierte ich zunehmend, gab es Kontemplative, die ihre Erfahrungen und Einsichten für andere niederschrieben und literarisch ausgestalteten. Manche der Texte, die mir wichtig wurden, kommen in diesem Buch zur Sprache. Sie immer wieder neu zu lesen, ist eine Form der Verwurzelung, der Beheimatung, der Inkarnation. Sie in mich aufnehmend werde ich hineingenommen in den ebenso breiten wie tiefen Strom der Tradition. Ich trete ein in ein Kommunikationsfeld, das sich über Jahrhunderte erstreckt, und finde antwortend meinen Ort und meine Stimme. Das verweilende Lesen gleicht einem Labor, in dem sich Erfahrungen klären und deutlicher zeigen können und in dem zugleich eine Grundlage dafür gelegt wird, mich neu auf Lebens- und Erfahrungsvollzüge einzulassen. Nirgends ist mir diese wechselseitige Erschließung von Leben und Lesen so deutlich vor Augen wie bei der Aufgabe, einen kurzen Schrifttext in kontemplativen Exerzitien auszulegen und dabei solange bei einem Satz zu verweilen, bis er in die Situation hineinzusprechen beginnt.

Verweilendes Lesen weckt eine Resonanz, in der sich die Auslegungsrichtung umdreht: Was wir lesen und zu verstehen suchen, nimmt uns hinein in eine Geschichte, die wir mehr und mehr als die unsere entdecken. Der spirituelle Sinn, der sich wie eine Obertonreihe aus den Grundtönen entwickelt, ist nicht von vornherein festgelegt. Sein Kennzeichen ist unvorhersehbare Neuheit. Wer es versäumt, verweilend und wiederholend zu lesen, ergibt sich nach Roland Barthes dem Zwang, überall die gleiche Geschichte zu lesen. Nur durch langsames Lesen können wir in die Welt des Textes eintauchen und entdecken wir die verborgenen Kristalle. Im schnellen Lesen bleiben wir Beobachter. Es kitzelt unsere Neugier, ohne uns zu nähren.

Um vertraut zu werden mit einem biblischen Buch oder mit einem spirituellen Werk, bedarf es nicht nur einer langsamen, sondern auch einer integralen Lektüre. Durch eine Lektüre, welche auch den Gesamtzusammenhang in den Blick fasst, entsteht eine Vertrautheit, eine kommunikative Nähe, die den zeitlichen Abstand unerheblich macht. Lesend tauchen wir ein in eine Welt, in eine Geschichte, die in einem größeren Horizont betrachtet auch die unsere ist und sich in unserem Leben fortsetzt. Eine biblische Schrift oder ein Buch wie Teresa von Ávilas *Innere Burg* von A bis Z zu lesen, ist eher ungewohnt. Wenn überhaupt, lesen wir solche Texte in kleinen

Ausschnitten. Der Blick fürs Ganze wird dadurch verstellt. Es ist, als würden wir uns von einem Spielfilm immer nur einige Szenen anschauen, ohne ihn je ganz zu sehen. Durch eine integrale Lektüre entdecken wir Zusammenhänge, die sich nur auf diesem Wege zeigen. Wir leben uns langsam in die Welt ein, die uns der Text erschließt.

Als kontinuierliche Praxis fördert spirituelle Lektüre auch die reflexive Integration dessen, was sich in der Kontemplation zeigt. Sie baut Brücken von der Begegnung jenseits aller Worte zur Welt alltäglicher Kommunikation, in der sich unser Leben bewegt. Ohne solche Brücken bliebe die kontemplative Sammlung inselhaft, abgetrennt von all dem, was unser alltägliches Leben bestimmt. Die kontemplative Erfahrung will reflexiv eingeholt und artikuliert werden, um sich so ins Lebensganze einzufügen und es umzugestalten. Die Lebenstexte der Schrift sind Kontakt- und Kommunikationsmedien. Sie sind Tore zur Kontemplation, und sie helfen, das Erlebte im Horizont des Evangeliums zu verorten.

Inspirierende Visionen

Dann sah ich einen neuen Himmel und eine Neue Erde. […]
Da hörte ich eine laute Stimme vom Thron her rufen:
Seht, die Wohnung Gottes unter den Menschen!

– Offenbarung 21,1a.3a

Kontemplative Praxis ist auf imaginative Vergegenwärtigung und inspirierende Visionen angewiesen. Das Verhältnis zwischen imaginativem Erleben und kontemplativer Schau ist vielschichtig und nicht ohne Spannungen. Sie zeichnen sich bereits in den biblischen Urkunden ab. Der achsenzeitliche Übergang von der heiligen Schau, die in die Tempelliturgie eingebettet ist, zur »Anbetung in Geist und Wahrheit«[59], vollzieht sich im Medium visionärer Imagination und ihrer Verschriftlichung. Als der babylonische König Nebukadnezar im Jahre 597 v. Chr. zahlreiche Mitglieder der Oberschicht Jerusalems deportiert, befindet sich unter ihnen auch ein 25-jähriger Priester namens Ezechiel. Fünf Jahre später, als dieser seinen priesterlichen Dienst am Tempel zu Jerusalem antreten sollte, ist er noch immer im babylonischen Exil. Die Umstände verunmöglichen es ihm, die kultische Aufgabe, die ihm aufgetragen ist, zu übernehmen. Doch gibt es wirklich keine andere Möglichkeit, seinen priesterlichen Auftrag zu erfüllen?

Ezechiels Antwort ist ebenso kreativ wie folgenreich. Er schafft sich einen neuen Ort, um seinen Lebensauftrag nicht zu versäumen. Der Kultpriester wird zum visionären Propheten, der sich bereits in einem neuen Jerusalem mit einem neuen Tempel sieht. Das Pergament, auf dem Ezechiel seine Visionen niederschreibt, ersetzt den Altar. An die Stelle von Opfergaben treten inspirierte Worte. Aus der sinnlichen Kontemplation, die in die Tempelliturgie eingebettet ist, wird eine visionäre Kontemplation, die im Exil verortet ist und sich in Texten niederschlägt, die bis heute gelesen, rezitiert und meditiert werden. Das Verhältnis zwischen Vision und Wort, das diese Texte ausloten, ist dynamisch. Die Visionen und Auditionen, die sie bezeugen, lassen bei resonanter Lektüre vor dem inneren Auge lebendige Bilder entstehen. Die Lesenden, die sich auf Ezechiels Bildwelten einlassen, werden so selbst zu Visionären. Sie vollziehen jenen Identitätswandel nach, der sich vor zweieinhalb tausend Jahren im babylonischen Exil ereignete.

Kontemplativ ist die visionäre Prophetie Ezechiels gleich in zweifacher Hinsicht. Zum einen lotet sie die Grenzen des Sicht- und Aussagbaren aus. Die Schau führt ins Unsichtbare, Unfassbare und Überhelle. Der Visionär wird geblendet und überwältigt, er wirft sich auf sein Antlitz nieder. Zum andern läuft das

Buch auf die Verheißung der Gegenwart Gottes hinaus. Der Schlusssatz lautet: »JHWH ist hier!« Das visionäre Buch wird zu einem Erfahrungsraum, in dem neu zugänglich wird, was bis dahin nur im Tempel wahrzunehmen war.

Wieviel die christliche Tradition Ezechiel verdankt, belegt das letzte Buch des Neuen Testaments, die Offenbarung. Ihr Autor, der sich wie Ezechiel im Exil befindet, aktualisiert auf Patmos dessen visionäre Schau. Wiederum transformiert sich kultische Kontemplation in der visionären Teilnahme an einer himmlischen Liturgie. Inspiriert durch die biblischen Urkunden haben sich visionäre Prophetie und kontemplative Praxis in der christlichen Tradition in vielfältiger Weise miteinander verflochten. Hildegard von Bingen, die bedeutendste christliche Prophetin, und Bruder Klaus belegen dies in besonders deutlicher Weise.

Dennoch tat und tut sich die Theologie schwer damit, beides zusammenzudenken. Die über Jahrhunderte eingespielte Unterscheidung zwischen imaginativer Prophetie und bildloser Kontemplation übersieht, dass bildhaftes Erleben für Menschen, die sich im kontemplativen Beten üben, nicht nur ein Zerstreuungsfaktor bedeutet, sondern auch eine Inspirationsquelle darstellen kann.[60] Selbst dort wo Kontemplation als Durchbruch ins Überbildliche verstanden wird, ereignet sich ein solcher immer im Rahmen bestimmter Bild- und Imaginationspraktiken. Zum Weg von der Schriftmeditation zur Kontemplation gehören notwendigerweise auch jene inneren Bilder, die in intensiver Schriftlektüre geweckt werden und sich in meditativer Verinnerlichung entfalten. Mit diesen Bildern, die im Ohr, im Hören auf die Schrift entstehen, verbinden sich jene, die spontan und ohne direkten Anstoß auftauchen, in und außerhalb der Zeiten kontemplativen Betens. Sie sind mit Chancen und Herausforderungen verbunden, die im folgenden Abschnitt näher beleuchtet werden.

In Anleitungen zum kontemplativen Beten kommt bildhaftes Erleben meist nur als Problem zur Sprache: als zerstreuende Tagträume, die die Aufmerksamkeit in imaginäre Welten entführen. Doch sind zerstreuende Phantasien lediglich eine besondere Gestalt eines umfassenderen Phänomenfelds. Im Folgenden sollen jene Formen imaginativen Erlebens beleuchtet werden, die kontemplative Praxis orientieren und inspirieren.

Erinnerung und Erwartung als Hintergrund gegenwärtigen Erlebens

Bewusstes Erleben ist ermöglicht und durchformt durch Gedächtnis und Imagination. Wie wir den gegenwärtigen Moment erleben, ist geprägt von gesellschaftlich und biografisch geformten Erinnerungsräumen und Zukunftshorizonten, von den Geschichten, in die wir verstrickt sind, und den Erwartungen, die uns bestimmen. Der Strom unseres Erlebens wird geformt durch lebensgeschichtliche Zusammenhänge, fügt sich in diese ein und transformiert sie. Selbst wenn wir ganz gesammelt auf das ausgerichtet sind, was sich gegenwärtig zeigt, geschieht dies auf dem Hintergrund von vorbewussten Erinnerungen und Erwartungen.

Das lässt sich durch Erzählungen veranschaulichen, die davon berichten, wie ein krankheitsbedingter Verlust des Erinnerungsraums oder des Erwartungshorizonts das Erleben der Gegenwart verändert. Was es bedeutet, ohne lebensgeschichtliches Erinnern leben zu müssen, lassen die Zeugnisse des britischen Musikwissenschaftlers Clive Wearing erahnen. Seit seiner Erkrankung im Jahre 1985 ist der einstige Spezialist für Alte Musik nicht mehr in der Lage, Erinnerungen dauerhaft zu speichern. Er vergisst alles, was er bei klarem Bewusstsein erlebt, bereits nach wenigen Minuten wieder. An die Zeit vor seiner Erkrankung kann er sich kaum mehr erinnern, auch wenn das Gedächtnis für Vollzüge wie das Klavierspielen erhalten geblieben ist. Die bewusste Lebensspanne, die Wearing über Jahre in kurzen Tagebucheinträgen festhielt, beschränkt sich auf wenige Minuten. Debora Wearing, die die Krankheit ihres Mannes ausführlich dokumentierte, zitiert aus dessen Tagebuch:

19.04 Uhr	WACH ZUM ERSTEN MAL	ERSTER GEDANKE: BITTE KOMM LIEBLING!
19.21 Uhr	TOTAL	ERSTER GEDANKE: BITTE KOMM LIEBLING!
19.30 Uhr	VÖLLIG	ERSTER GEDANKE: BITTE KOMM D— MIT DER GESCHWINDIGKEIT DES LICHTS![61]

Nicht weniger gravierend für das Gegenwartserleben ist die Schrumpfung des Erwartungsraums. Was es bedeutet, den Zukunftshorizont zu verlieren, beschreibt der britische Kunstkritiker Tom Lubbock.[62] Im Alter von 51 Jahren erhält er 2008 die Diagnose, an einem bösartigen Hirntumor erkrankt zu sein. Durch die drastisch verkürzte Lebenserwartung erscheint alles, was er erlebt, in einem anderen Licht. Lubbock konstatiert, dass der Zukunftshorizont, der bislang in eine unbestimmte Ferne zu reichen schien, das gegenwärtige Erleben in nicht unerheblichem Maße beeinflusst: »So viel unserer Lebensfreude liegt in der Imagination. Das ist keine Illusion. Vermisst man doch eine Gegenwart-mit-Zukunft.« Dass die Begrenzung des Lebens sich deutlich abzeichnet und die verbleibende Lebenszeit gezählt ist, führt zu einer eigentümlichen Transformation des Wirklichkeitserlebens. Die Konfrontation mit der eigenen Endlichkeit schärft das Bewusstsein, dass alles andere ebenfalls begrenzt und vergänglich ist. Das Bewusstsein radikaler Endlichkeit verknüpft sich mit dem Gefühl, ein »Fremder und Besucher in dieser Welt« zu sein. Die unsicheren Prognosen machen eine klare Selbstidentifikation schwer: »Ich weiss nicht, in welchem Stadium und in welcher Geschichte ich mich befinde.«

Die Imaginationen, die mit Erinnerungen und Erwartungen verknüpft sind, treten in der kontemplativen Sammlung zunehmend in den Hintergrund. Der Fokus liegt ganz auf dem gegenwärtigen Augenblick. Doch so frei von vergangenheits- und zukunftsbezogenen Gedanken wir in der Gegenwart verweilen mögen: was sich uns zeigt, ist eingebettet in einem Leben voller Erinnerungen und Erwartungen. Kontemplatives Wahrnehmen ereignet sich in einem dichten Netz von lebensgeschichtlichen Bezügen und wird von diesen geprägt. Darüber hinaus gilt: Die kontemplative Erfahrung, mit ganzer Aufmerksamkeit in der Gegenwart zu verweilen und dabei Vergangenes und Künftiges vorübergehend zu vergessen, kann selbst zu einer lebensprägenden Erinnerung werden und neue Erwartungen hervorbringen.

Auch wenn es zur kontemplativen Versenkung gehört, für eine begrenzte Zeit alles Erinnern und Imaginieren loszulassen, ist die Rückkehr aus der kontemplativen Sammlung mit der Aufgabe verbunden, das Erlebte erinnernd und imaginierend ins Lebensganze zu integrieren. Gerade weil sich kontemplative Erfahrungen oft nicht leichthin in das Sinngefüge eines Lebens einpassen, hat das meditative Nachklingen-Lassen und die reflexive Erinnerung ein besonderes Gewicht. Unter den beschleunigten Lebensverhältnissen der Gegenwart gleicht die kontemplative Praxis einer ruhigen Insel, auf die man sich von Zeit zu Zeit zurückzieht. Um bei der Rückkehr keinen Schiffbruch zu erleiden und die Inselerfahrungen im Alltag lebendig zu halten, braucht es die Kraft der Erinnerung und der Imagination. Kontemplatives Leben ist auf inspirierende Träume und Visionen angewiesen – und sie öffnet Menschen für das Geschenk solcher Erfahrungen. So nimmt in mehrtägigen Exerzitien häufig sowohl die Intensität des Träumens zu als auch die Fähigkeit, dieses zu erinnern.

Visionäre Quellen der Kontemplation

In der achsenzeitlichen Vergeistigung der Kontemplation geriet nicht allein ihre Sinnlichkeit, sondern auch ihre eigentümliche Nähe zu visionärem Erleben aus dem Blick. Der visionären Vergegenwärtigung der heilsamen Gegenwart Gottes, wie sie von Ezechiel und anderen biblischen Propheten beschrieben wurde, entspricht in christlicher Tradition die visionäre Vergegenwärtigung des Auferstandenen und der durch ihn eröffneten neuen

Wirklichkeit. Christliche Kontemplation, die sich in Texten und Bildern bezeugt, wird von einer poetischen Kraft inspiriert, die Wahrnehmung, Imagination und sprachliche Artikulation durchdringt und miteinander verschränkt. Das Verhältnis zwischen Imagination und kontemplativer Präsenzerfahrung gleicht dabei jenem von Wort und Stille. Kontemplatives Beten hat eine Tendenz zum Transverbalen und Transimaginativen: zu dem, was sich jenseits oder diesseits aller Bilder und Worte zeigt, was durch sie hindurchscheint wie das reine Licht durch das Kaleidoskop geschaffener Wirklichkeit. Gewiss: die Kraft der Imagination kann zerstreuend wirken, die Aufmerksamkeit auf sich ziehen und absorbieren. Doch vermag sie auch zum Einen hinzuführen, das ungeteilte Licht in allem wahrnehmbar zu machen und die Aufmerksamkeit auf es zu lenken.

Sammelnde Bilder göttlicher Gegenwart entstehen, wo wir in achtsam-verweilender Lektüre eintauchen in die Bildwelten, die durch die biblische Prophetie und die visionäre Mystik eröffnet werden. Dass prophetische Visionen Charismen sind, die einzelnen für eine größere Gemeinschaft geschenkt werden, zeigt sich daran, dass sie im Prozess der Weitergabe fortlaufend neu entstehen und weiterentwickelt werden. Wer beispielsweise die Brunnenvision des Bruder Klaus meditiert, partizipiert an seiner kontemplativen Erfahrung, die vermutlich ihrerseits inspiriert wurde durch Ezechiels Vision der Tempelquelle.[63] Visionäre Bilder, die in spirituellen Texten schlummern und in meditativer Lektüre neu erweckt werden, sind Tore, die in einen heiligen Raum hineinführen, in die überhelle Gegenwart Gottes.

Neben die Visionen, durch die wir in einen uns vorausgehenden Verheißungshorizont eintreten, gesellen sich jene, die in oder außerhalb kontemplativer Praxis spontan auftreten. Nicht selten kleiden sie sich in das Gewand von nächtlichen Träumen.

Der Benediktiner Wilhelm von St. Thierry beschrieb die Nacht als »eine Werkstätte des spirituellen Übens« und als »Ort heiliger Visionen. Da träumt man gern, worüber man gern nachgedacht hat. Und oft wird dem Schlafenden offenbar, was dem Wachenden unklar war«.[64] Wie später Teresa von Ávila verknüpfte Wilhelm visionäres Erleben und inneres Gebet eng miteinander. Der Benediktiner erkannte, dass sich in den Träumen nicht nur widerspiegelt, was einen während des Tages beschäftigte, sondern dass sie oft auch Klärungen bringen. Und er interpretiert diese besondere Weise, zu innerer Klarheit zu finden, als gottgewirkt. »Der Herr gibt es den Seinen im Schlaf.«[65]

Visionäre Träume unterscheiden sich von gewöhnlichen Nachtträumen durch ihre Klarheit und Intensität. Das Erlebte ist nicht flüchtig wie in den meisten Träumen, sondern es wirkt hyperreal, wirklicher als die Alltagswirklichkeit. Während sich in gewöhnlichen Träumen eher gegenwärtige Lebensfragen spiegeln, kündigt sich in Traum- und Wachvisionen oft eine verheißungsvolle Wirklichkeit an, die erst im Kommen ist. Wer mit solchen Erfahrungen beschenkt wird, fühlt sich in der Regel getröstet, von Einsamkeit und Isolation befreit. Studien belegen, dass solche Visionen in Todesnähe gehäuft auftreten. Im nächsten Abschnitt wird darauf zurückzukommen sein. Die Unterscheidung zwischen visionären und gewöhnlichen Träumen ist letztlich eine graduelle und lediglich ein Hinweis darauf, dass uns manche Träume spontan inspirieren, während die Anregungen bei anderen verborgener sind und sich erst in geduldiger Meditation erschließen.

Merkwürdig ist, dass nicht nur die flüchtigen Träume, die uns Nacht für Nacht geschenkt werden, leicht entschwinden, sondern auch starke visionäre Erlebnisse in Vergessenheit geraten können. Die Gaben, die solche Erfahrungen bergen, werden nicht ohne Erinnerungsarbeit und einen kreativen Umgang mit ihnen zuteil. Deshalb ist nach dem großen Theologen Thomas von Aquin demjenigen, der Visionen zu deuten versteht, das prophetische Charisma in höherem Maße zu eigen als einem Menschen, der sie hat, ohne mit ihnen etwas anfangen zu können.

Lichttransparente Gegenwart

Die Sehnsucht, Gott von Angesicht zu Angesicht zu schauen, wurde durch das Osterereignis neu geformt. In der schauenden Kommunikation mit Christus beginnt die Gegenwart zu glänzen.[66] Kontemplative Erfahrungen sind ein Vorgeschmack der letzten Erfüllung menschlichen Lebens. Ein wenig bekanntes Zeugnis aus dem 13. Jahrhundert soll als Beleg für dieses Verständnis christlicher Kontemplation dienen. Es stammt aus der Schrift *Die sieben Staffeln des Gebetes* des Franziskaners David von Augsburg:

> »Wenn die Seele auf diese Weise in Fleiß und andauernder Läuterungsübung mit großer Sehnsucht nach Gottes Gegenwart geseufzt hat, da erscheint ihr manchmal ein Blitz des göttlichen Lichtes, durch den sie über sich selber hinaus in eine himmlische Stille und eine göttliche Ruhe entrückt wird. Dort kann sie nichts als Gott allein verstehen, mit dem sie derart in Liebe vereint wird, dass sie *ein* Geist mit ihm ist, gleichwie ein glühendes Eisen *ein* Feuer ist mit dem Feuer in der Esse. […] Eine kurze Zeit nur steht man in diesem Licht, denn die menschliche Schwachheit vermag die göttliche Süße und das unbegreifliche Licht nicht lange zu erleiden. Ebenso erscheint uns dieses Licht der Gotteserkenntnis, das wir einmal in seiner Herrlichkeit im Himmelreich schauen werden, wie ein Sonnenschein durch ein Nadelöhr oder ein Blitz, der mit geschlossenen Augen wahrgenommen wird. Man erahnt, wie köstlich die volle Schau Gottes sein wird, wenn schon ein kleiner Schein und ein flüchtiger Blick des Erkennens in diesem schwachen Leibe die Seele so kraftvoll über sich zu entrücken vermag, dass sie alles in dieser Welt, was ihr lieb und leid ist, so sehr vergisst, als wäre sie bei den Engeln im Himmel.«[67]

In kurzen Augenblicken kann sich im kontemplativen Gebet eine Tür zu einem lichterfüllten Raum öffnen. Der Mensch taucht ins göttliche Licht ein und wird von ihm umfangen.

In Davids Schrift finden sich für das, was weiter oben als Höhendimension der Kontemplation umschrieben wurde, weitere einprägsame Bilder. Der Kontemplative gleiche »einem, der vor der Türe stehend durch einen Spalt in den Palast späht, der kleine Funken vom großen Feuerofen schaut oder durch ein enges Wurmloch den hellen Sonnenschein erblickt.«[68]

Was David beschreibt, galt über Jahrhunderte als ein seltenes Geschenk, das nur wenigen, spirituell besonders gereiften Personen wie Paulus, Benedikt oder Franziskus zu Teil wird. Diese Sicht muss heute insofern korrigiert werden, als sich in der Erforschung von visionärem Erleben in Todesnähe zeigte, dass solche Phänomene in Grenzsituationen des Lebens häufig vorkommen. Sie werden auch Menschen ohne spirituelle Vorerfahrungen geschenkt.

Eric-Emmanuel Schmitts autobiografische Erzählung *Nachtfeuer* ist ein Zeugnis dafür.[69] In einer tiefgreifenden Lebens- und Berufungskrise bricht der 28-jährige Franzose 1989 zu einer mehrtägigen Wüstenwanderung auf. Anlass dieser Reise in die Tiefen der Sahara ist ein Filmprojekt über Charles de Foucauld, der einige Jahrzehnte zuvor Carlo Carretto an dieselben Orte geführt hat. Wie Foucauld und Carretto vor ihm geht auch Schmitt in die Schule der Wüste. In den kalten Februarnächten, die er in ihr verbringt, wird er zunächst von Angst und existenzieller Bodenlosigkeit heimgesucht. Die Zuwendung des einheimischen Reiseführers besänftigt ihn. Doch kommt es zu einer dramatischen Zuspitzung. Nach einer gemeinsamen Gipfelbesteigung verirrt sich Schmitt in der Wüste. Er gerät in eine lebensbedrohliche Situation. Die Nacht bricht ein und es fehlt ihm an allem: an Wasser, Nahrung, Kleidung, Schutz, Orientierung. Um sich vor der Kälte zu schützen, gräbt er sich in die Erde ein. Bedeckt von schwerem Sand wird ihm eine Erfahrung geschenkt, die ihn noch nach Jahrzehnten aufwühlt:

»Ich habe das Gefühl, allmählich gefühllos zu werden ... als würde ich mich ablösen ... oder als würde ich emporgehoben .... Warm ist es hier, gut fühlt sich das an. Mein Bewusstsein weicht von dem ausgetretenen Pfad aus Nachdenken und Kalkulieren ab. Die Zeit wird langsamer. Ich fliege. [...] Ein friedliches Gefühl breitet sich in mir aus. [...] Überbordendes Glück. Ich habe Vertrauen. Mein Herz wird weiter schlagen. [...] Das Licht wird immer heller. [...] Ich glühe, und ich nähere mich einer Präsenz an. Je näher ich komme, umso weniger Zweifel habe ich.«[70]

Die eisige Finsternis wird zur wärmenden Feuernacht. Schmitt überlebt. Was er erfahren hat – überhelles Licht und Präsenz –, gibt ihm die Kraft, am nächsten Tag den weiten Weg zurück zur Reisegruppe zu finden. Den Rest der Reise ist er damit beschäftigt, das Erlebte behelfsmäßig einzuordnen, erste Konsequenzen daraus zu ziehen. Angeregt durch den muslimischen Reiseführer beginnt er zu beten, zum ersten Mal überhaupt. Es ist ein Gebet der Hingabe und des Vertrauens, gleich jenem, das Charles de Foucauld zu Beginn des Jahrhunderts in eben jener Wüste verfasste. Im Epilog des Buchs resümiert Schmitt: »Ich bin zweimal geboren worden: einmal 1960 in Lyon und einmal 1989 in der Sahara. [...] Eine Nacht auf Erden hat mir so viel Freude mitgegeben, dass es für mein ganzes Leben reicht. Eine Nacht auf Erden hat mich die Ewigkeit erahnen lassen.«[71]

Was auf dem Lebensweg eines einzelnen Menschen die außeralltägliche Erfahrung schlechthin ist, gehört in Hospizen und auf Palliativstationen zum Alltag. Dass sich in unserem Leben unterschiedliche Wirklichkeiten überlagern, wird mir hier deutlicher wahrnehmbar als anderswo. Die handgreifliche Realität, in der die gewohnten, sich täglich und wöchentlich wiederholenden Abläufe verortet sind, ist durchdrungen von jenen unfassbaren Wirklichkeiten, in die Menschen am Lebensende eintauchen und aus denen sie für kürzere oder längere Perioden wieder auftauchen. Manchmal findet etwas von dem, was sie ›innerlich‹ oder eben in dieser ›anderen Wirklichkeit‹ erleben, in die sprachliche Welt, die Sterbende mit uns teilen. Kleine Fetzen einer Übergangswelt dringen an die Oberfläche, um bald wieder zu verschwinden. Andeutungen auf Begegnungen mit längst verstorbenen Menschen, eine tröstliche Präsenz. Manchmal sind es auch Bilder einer Suchbewegung, einer Übergangszone. So erzählte eine schwerkranke Patientin mittleren Alters einige Monate vor ihrem Tod, sie sehe ein Bild ihres Gemüsegartens vor sich, umgeben von einem soliden Zaun, um den herum sie mit ihrer Familie steht. Sie möchte so gerne in diesen Garten, dort wäre Ruhe und Frieden und kein Leid mehr. Doch sehe sie keinen Eingang in den Garten und um über den Zaun zu klettern, dafür sei sie zu schwach. Das visionäre Erlebnis war Herausforderung und Verheißung zugleich. Sie spiegelte das aktuelle Leiden dieser Frau, die durch ihre Krebserkrankung aus einem erfüllten Berufs- und Familienleben herausgerissen wurde. Zusammen mit ihren Angehörigen steht sie an einer Abschrankung ohne Tor. Der verheißungsvolle Ort der Ruhe und des Friedens ist schon da und doch noch nicht zugänglich.

Lebensvisionen als Orientierungspunkte

Träume, Intuitionen und visionäre Erfahrungen können sich zu Lebensvisionen ausformen. Ohne sie verlöre sich ein spiritueller Weg rasch im Treibsand des Alltags. Die Vision, die Eric-Emmanuel Schmitt 1989 in der algerischen Wüste geschenkt wurde, nahm etwas vorweg, was als Lebenswirklichkeit noch vor ihm lag. Visionen sind bedeutungsoffene Sinnereignisse, denen ein Überschuss an Verheißung innewohnt. Im Gehen eines Weges verwandelt sich ihre Gestalt, vertiefen sie sich und klärt sich ihre Bedeutung. Damit eine Lebensvision an Farbe und Realität gewinnen kann, muss sie artikuliert und gelebt werden. Nur so bekommt sie Gestalt und Form, Konkretion und Verbindlichkeit. Um nachbuchstabieren zu können, was uns widerfahren ist, was uns bewegt und was wir ersehnen, sind wir auf Artikulationshilfen angewiesen, auf Deutungsmodelle und exemplarische Zeugnisse, in denen wir das Eigene wiederfinden. Die Erfahrungsberichte, die in diesem Buch zitiert werden, möchten ein solches Wiedererkennen fördern. Lebensvisionen sind offene Baustellen. Bis sich die klaren Konturen der fertigen Gebäude abzeichnen, braucht es viel Geduld.

Um dafür zwei weitere Beispiele anzuführen: Bruder Klaus hatte früh schon die Eingebung, ein »einig Wesen zu suchen«. Was das genau bedeutete, musste er auf einem sich über Jahre hinziehenden Suchweg herausfinden. Die heilsam-beunruhigende Vision wollte an einem bestimmten Ort konkretisiert werden, den er schon kannte und trotzdem neu entdecken musste. Nicht anders erging es Ignatius von Loyola. Nach seiner Lebenswende erkannte er in einer klaren Intuition seine künftige Aufgabe: in Jerusalem Menschen spirituell zu begleiten. Erst nach vielen Jahren konnte er erkennen und akzeptieren, dass seine Lebensvision nicht an den Ort gebunden ist, mit dem sie ursprünglich verknüpft war. Ignatius musste sich von Jerusalem verabschieden. Er hatte seine Vision wörtlich verstanden und ihren symbolischen Sinn erst nach vielen Umwegen erkannt.

Als ich 1992 während einer längeren Reise durch den Nahen Osten die Lavra Netofa kennenlernte, war ich überzeugt, meinen Lebens- und Wirkungsort gefunden zu haben: eine klösterliche Gemeinschaft, die inmitten arabischer Dörfer und jüdischer Siedlungen ein kontemplatives Leben führte. Die Lavra Netofa hatte bereits eine bewegte Geschichte hinter sich, als ich sie entdeckte. Sie war mit der Shoah und der Gründung des Staates Israel verknüpft. Gegründet wurde sie vom holländischen Trappisten Jacob Willebrands. Die Inspiration jedoch stammte von dessen Großonkel, dem Franziskaner Laetus Himmelreich. Dieser gründete 1926 zusammen mit Sophie van Leer die Bewegung der »Amici Israel«, die sich in besonderer Weise für die Beziehung zum jüdischen Volk einsetzen wollte. Trotz großen Zulaufs wurde diese Bewegung bereits zwei Jahre später auf Anordnung des Vatikans suspendiert. Doch Himmelreich hielt an seiner Lebensvision fest und riskierte mit seinem Einsatz sein Leben. Seine scharfe Kritik am nationalsozialistischen Antijudaismus brachte ihn 1942 ins Konzentrationslager in Dachau, wo er drei Jahre lang für medizinische Experimente missbraucht wurde. Nach Kriegsende kehrte er als Invalide aus Dachau zurück. Die Gründung des Staates Israel deutete er als Zeichen für den Anbruch einer neuen heilsgeschichtlichen Epoche. Seinen Wunsch, Israel bei seiner Heimkehr nach Palestina zu begleiten, konnte er selbst nicht mehr verwirklichen. Doch gab er ihn seinem Großneffen weiter. Jacob Willebrands machte sich diese Vision zu eigen und gab ihr seine eigene Gestalt. Am 17. Juli 1967 legte Willebrands, der den hebräischen Namen Ya'aqov annahm, zusammen mit zwei Weggefährten auf dem Har Netofa den Grundstein für das Kloster Lavra Netofa. In den darauf folgenden Jahrzehnten entwickelte es sich zu einem Begegnungsort von Christen, Juden und Muslimen sowie von westkirchlichem und ostkirchlichem Christentum.

»Gott hat noch etwas vor mit seinem Volk,« so resümierte Abu Ya'akov, wie ihn die arabischen Nachbarn nannten, die von seinem Großonkel ererbte Vision, wobei er nicht, wie ich es gewohnt war, die Kirche meinte, sondern das Volk Israel. Die windungsreiche Geschichte der Lavra Netofa begann sich mit meiner Lebensgeschichte zu verflechten. Der einfache und naturverbundene Lebensstil und der spirituelle Hintergrund der Gemeinschaft auf dem Har Netofa entsprachen mir und die außerordentliche Schönheit des Orts bezauberte mich. Auf einem der Hügelzüge des südlichen Galiläas gelegen, eröffnete sich ein prächtiger Ausblick in alle Richtungen. An klaren Tagen konnte man den See Genezareth und den Tabor sehen. Die Gemeinschaft benötigte dringend Nachwuchs. Ich kam wie gerufen. Es passte, scheinbar, alles zusammen: die Eignung und Neigung mit dem Ruf von außen und der Erkenntnis, an diesem Ort eine wichtige Aufgabe übernehmen zu können. Unter vielen Mühen und durch selbstlosen Einsatz war an diesem Ort, der wenige Jahrzehnte zuvor eine Steinwüste war, eine kleine spirituelle Oase entstanden. Ihre Zukunft war bedroht. Für mich war klar, dass mein Auftrag darin bestand, dazu beizutragen, dass diese wichtige Initiative weitergeführt werden konnte.

Ein Jahr später war es mir möglich, während eines Zwischenjahrs für mehrere Monate auf den Har Netofa zurückzukehren. Es war eine außerordentlich glückliche Zeit, in der nach den spirituell und intellektuell bewegten ersten Studienjahren etwas in mir zur Ruhe kommen konnte. Der regelmäßige Lebensrhythmus, die einfache Handarbeit, der menschliche Austausch und archaische Lebensstil – ohne Elektrizität und fließendes Wasser! – ließen mich stärker zu mir finden. Gleichzeitig taten sich mir auch intellektuell und spirituell neue Horizonte auf. Ich tauchte in die ostkirchliche Welt ein, lernte das arabische Christentum kennen, wurde mit anderen Weisen vertraut, in dieser Welt zu leben und sich geschichtlich in ihr zu verorten. Die Rückkehr in die Schweiz bedeutete ein Kulturschock. Ich hatte Mühe, mich wieder an den durchrationalisierten Takt zu gewöhnen. Und ich war desorientiert, was meine Zukunft betraf. So erfüllend die Zeit auf dem Har Netofa auch war, die anfängliche Gewissheit, nach dem Studium dorthin zurückzukehren, verschwand bald nach meiner Rückkehr.

Die sorgfältige Unterscheidung der Geister hatte mich erkennen lassen, dass mein Weg nicht zurück nach Israel führte. Doch fiel es mir schwer, die Erwartungen, die ich dort geweckt hatte, zu enttäuschen. Zweifel begleiteten mich die folgenden zwei Jahre. War ich daran, wie Jona vor meiner Lebensaufgabe davonzulaufen? Glich ich nicht dem reichen Jüngling, der vor dem radikalen letzten Schritt zurückschreckte?
Aus der Distanz von 25 Jahren erscheint mir der lange Abschied von meiner frühen Lebensvision als heilsamer Ernüchterungs- und Trauerprozess. Ich hatte richtig entschieden. Die Faszination für ein kontemplatives Leben, das sich vor den politischen, kulturellen und religiösen Umbrüchen unserer Zeit nicht verschließt, ist geblieben. Der Auftrag, den ich damals in Israel wahrzunehmen glaubte, hat sich vom Ort, mit dem ich ihn verknüpft hatte, losgelöst und dabei eine neue Gestalt angenommen.

3. In Gemeinschaft und Gesellschaft: eine Sammlungsbewegung

Kontemplation ist Begegnung im Schauen, im Blickkontakt. Sie vollzieht sich in Gemeinschaft und führt in eine tiefere Verbundenheit mit der Mitwelt und der göttlichen Wirklichkeit. Wir werden hineingenommen in die Sammlungsbewegung Jesu, die sich an der prophetisch visionierten Völkerwallfahrt nach Jerusalem orientierte, sie dann jedoch neu ausgestaltete und damit bis heute Wellen schlägt. Unter dem Vorzeichen dieser Sammlungsbewegung widmen sich die letzten drei Unterkapitel dieses Buchs der gemeinschaftsstiftenden Kraft der Kontemplation und beleuchten ihre gesellschaftliche, kirchliche und religionsverbindende Dimension.

Gesellschaftliche Dimension: Entschleunigung und Sabbatkultur

The love of God walks three miles an hour.

– Kosuke Koyama[72]

In einer Epoche globaler Beschleunigung wie der unsrigen braucht es Menschen, die sich in der Kunst der Verlangsamung üben und durch ihr Leben alternative Daseinsmöglichkeiten eröffnen. Schon Nietzsche konstatierte gegen Ende des 19. Jahrhunderts, dass zu keiner Zeit die Ruhelosen mehr gegolten haben als in der heutigen, und forderte, »das beschauliche Element in großem Maße zu verstärken«.[73] Alles deutet darauf hin, dass die Mobilität und das Lebenstempo in den nächsten Jahren weiter zunehmen werden. Paradoxerweise gewinnen wir mit der Beschleunigung nicht nur Zeit, sondern verlieren sie auch. Insbesondere schrumpft die Zeit, die uns bleibt, um soziale und technologische Veränderungen zu verarbeiten. In einer beschleunigten Gesellschaft zu leben, bedeutet, ständig auf dem Sprung sein zu müssen, um den Anschluss nicht zu verpassen. Zweckfreies Verweilen erscheint als unzeitgemäßer Luxus. Die Folge ist psychischer Stress und gesundheitliche Belastung. Denn im Gegensatz zur Arbeitsgeschwindigkeit von Computern lassen sich natürliche Rhythmen und Reifungsprozesse nicht beschleunigen. Ganz im Gegenteil: Der Beschleunigungsdruck droht Menschen und Gesellschaften in »rasenden Stillstand«[74] zu stürzen. Gottes Liebe hingegen passt sich dem vergleichsweise langsamen Schritt- und Entwicklungstempo des Menschen an. Sie ist, so errechnete es der japanische Theologe Kosuke Koyama, mit vier Stundenkilometern unterwegs.

Das alte Ideal der *vita contemplativa* gewinnt in diesem Kontext neue Aktualität. Es eröffnet eine Alternative zur postmodernen *vita hyperactiva*. In dem Maße, in dem sich die Lebens- und Arbeitsrhythmen gegenwärtig beschleunigen, gewinnt auch die Kunst des Innehaltens an Dringlichkeit. In der jüdisch-christlichen Tradition wurzelt die Kultur des Verweilens in der Feier des Sabbats. Sie hält die Erfahrung wach, dass menschliches Leben dort zur Fülle findet, wo es vor Gott zur Ruhe kommt, wo es teilnimmt an der Freude Gottes an seiner Schöpfung. In der Sabbatfeier wird erlebbar, was menschliches Leben ausmacht: das Geschenk menschlichen Zusammenseins, die Teilhabe an Gottes Wirklichkeit und die Freude an den guten Gaben der Schöpfung. Wie kostbar das Leben ist, das sich Tag für Tag erneuert, können wir erst richtig wahrnehmen und würdigen, wenn wir aus den Sorgen und Aufgaben unseres Alltags heraustreten.

Freitagabend in Israel. Du manövrierst dich durch die sich entleerenden Straßen Jerusalems. Ein heißer, spätsommerlicher Tag nähert sich dem Ende. Sirenengeheul, Stimmengewirr, hineilende Gestalten – das vertraute Szenario. Du betrittst ein mehrstöckiges, rasch hochgezogenes Haus in der Neustadt. Eine befreundete jüdische Familie hat dich eingeladen, den Sabbat mit ihnen zu feiern. Als du die Wohnung betrittst, ist alles schon vorbereitet, alle sind in gespannter Erwartung. Es kommt dir ein wenig vor wie früher an Weihnachten. Doch hat die Freude, die über dem Abend liegt, eine andere Qualität, als sie dir von früher her vertraut ist. Sie ist heiterer, wenn auch nicht weniger bedeutungsschwer. Kerzen werden entzündet, Gebete gesprochen, Lieder gesungen. Es wird ausgiebig gegessen, getrunken, erzählt, diskutiert – nach Familienregel für einmal nicht über Politisches. Auf dem Heimweg zurück durch die ungewöhnlich ruhigen Straßen bist du in einer ähnlich feierlichen Stimmung wie früher nach dem Mitternachtsgottesdienst, nur ohne Schnee und Mantel.

Dass der Sabbat ein eigenständiger, vom Sonntag unterschiedener Feiertag darstellt und zunächst auch christlich so betrachtet wurde, ist heute auch in kirchlichen Kreisen wenig bewusst. Bis zur konstantinischen Wende im 4. Jahrhundert unterscheiden Christen zwischen Sabbat und Sonntag, zwischen dem siebten Tag der Schöpfungs- und Grabesruhe und dem Tag der Neuschöpfung, der nicht allein der erste Tag der Arbeitswoche darstellte, sondern auch der 8. Tag, der über alle irdischen Lebenszyklen hinausführt. Noch die im 4. Jahrhundert entstandenen *Apostolischen Konstitutionen* fordern dazu auf, neben dem Sonntag auch den Sabbat in Festfreude zu verbringen. Am Sabbat soll das Wunder der Schöpfung gefeiert werden, am Sonntag jenes der Auferstehung.[75]

Die frühchristliche Praxis, den Sabbat zu feiern, ging nie ganz vergessen. Die äthiopischen Christen halten dieses urchristliche Erbe bis heute wach. Und auch die Klöster kultivieren auf ihre Weise die Sabbatruhe. Der Zisterzienser Aelred von Rievaulx beschrieb im 12. Jahrhundert die kontemplative Sammlung als *sabbatizatio*, als sabbatförmiges Leben.[76] Durch die Feier des Sabbats bekommt auch der Sonntag eine neue Qualität. Die Wahrnehmung von Gottes neuer Gegenwart braucht eine Zeit der Vorbereitung. Das geduldige Warten am leeren Grab lässt Altes ausklingen und öffnet für das Neue, das am Kommen ist. Der Sabbat, so sagt es die jüdische Überlieferung, ist das Tor des Messias. In der Feier des Sabbats, der Teilhabe an der schöpferischen Ruhe Gottes und dem Verkosten seiner Gaben, öffnet sich unmerklich ein Tor zu etwas radikal Neuem.

Kontemplative Praxis kann heute zur christlichen Neuentdeckung des Sabbats beitragen. Der Übungsweg, den dieses Buch skizziert, führt von der schöpferischen Ruhe des Sabbats zum österlichen Geheimnis des achten Tages. Wie die *Scala divini amoris* hervorhebt, verläuft dieser Weg über die Freude an den Sinnen und der Sinnlichkeit der Schöpfung. Das sinnliche Verkosten, der Kontakt mit dem Fluss des Lebens, die wache Sensibilität für den Duft des Neuen in Allem, das stille Lauschen und der achtsam verweilende Blick – all das trägt dazu bei, dass wir mehr und mehr präsent werden. Das achtsame Wahrnehmen lässt uns in unserer Gegenwart ankommen und verankert uns in ihr. Wir finden zu einer neuen Form sinnlicher Wahrnehmung, treten leise in das Geheimnis des gegenwärtigen Augenblicks ein. Indem wir des Gegenwärtigen gewahr werden, öffnen wir uns für Gottes Gegenwart.

Den Sabbat feiern bedeutet, vor Gott zur Ruhe zu kommen und für eine begrenzte Zeit ganz in seinen Frieden einzutauchen. Die Sabbatruhe gründet im Vertrauen, dass für uns gesorgt wird, dass wir das, was unser Leben lebenswert macht, nicht aus eigener Kraft erringen können und müssen, dass die Fülle des Lebens Geschenk ist.

Die Ruhe des Sabbats ist kreativ. In ihr klingt nicht nur das Alte aus. Es beginnt auch etwas Neues. Im Horizont der Ostererfahrung bildet der Sabbat den Übergang zur neuen Schöpfung, zum achten Tag. An ihm bricht an, was sich aus dem Bisherigen nicht ableiten lässt. Diese österliche Erfahrung lebt fort in der kontemplativen Ruhe, die auf die Ankunft des Auferstandenen hin öffnet. Die christliche Liebesmystik erwartet ihn als geheimnisvollen Bräutigam. Das freudvolle Wahrnehmen des schon Gegenwärtigen verbindet sich in ihr mit dem sehnsüchtigen und vertrauensvollen Erwarten des Kommenden. Mitten in der Nacht beginnt der neue Tag. Nur der oder die Wachsame nimmt diesen unscheinbaren Anfang wahr. Nur wer zuhause ist um Mitternacht, wer an der Türe wartet, vermag den geheimnisvollen Gast einzulassen. Er kommt wie ein Dieb in der Nacht, doch nicht um zu stehlen, sondern um sich vorbehaltlos zu verschenken. Am Rande der Stadt, des *global village*, braucht es Wächter, die den willkommen heißen, der leise und unbeachtet im Kommen ist.

Kaum jemand hat für die gesellschaftliche Dimension kontemplativer Praxis passendere Worte gefunden als die Dichterin und Nonne Silja Walter, die über Jahrzehnte in einem kontemplativen Kloster am Rande der Stadt Zürich lebte:

Jemand muss zuhause sein,
Herr,
wenn du kommst.
Jemand muss dich erwarten,
unten am Fluss
vor der Stadt.
Jemand muss nach dir Ausschau
halten,
Tag und Nacht.
Wer weiß denn, wann du kommst?
(…) jemand muß dich aushalten,
dich ertragen,
ohne davonzulaufen.
Deine Abwesenheit aushalten,
ohne an deinem Kommen
zu zweifeln.
Dein Schweigen aushalten
und trotzdem singen.
Dein Leiden, deinen Tod aushalten
und daraus leben.
Das muß immer jemand tun
mit allen andern
und für sie.
Und jemand muß singen,
Herr,
wenn du kommst,
das ist unser Dienst:
Dich kommen sehen und singen.
Weil du Gott bist.
Weil du die großen Werke tust,
die keiner wirkt als du.
Und weil du herrlich bist
und wunderbar wie keiner.
Komm, Herr!
Hinter unsern Mauern
unten am Fluß
wartet die Stadt
auf dich.
Amen.[77]

Kirchliche Dimension: Sich in der Gemeinschaft Christi wiederfinden

Wer in mir bleibt,
und in wem ich bleibe,
der bringt reiche Frucht!

– Johannesevangelium 15,5

Der kontemplative Weg, der in den vorangegangenen Kapiteln nachgezeichnet wurde, ist ein schmaler Fußpfad, der sich durch Wüstenland schlängelt. Von der Verheißung, auf ihm an einen Ort der Fülle geführt zu werden, ist oft wenig zu spüren. Die Erfahrung, allein auf einem einsamen Weg unterwegs zu sein, mag den Zweifel nähren, ob das sagenhafte Land, in dem Milch und Honig fließen, nicht ein Wunschtraum ist, eine Illusion, von der man sich langsam verabschieden sollte. Wäre da nicht auch die Vorahnung befreiender Gottunmittelbarkeit und die Sehnsucht nach heilsamer Stille, die die Bereitschaft wecken, den Weg fortzusetzen, mag er auch durch öde und unwegsame Landstriche führen. In diesen Zeiten entdecken wir, ähnlich wie Carlo Carretto, was uns im Tiefsten trägt und erfüllt. Und ebenso: was uns daran hindert, aus dieser Quelle zu leben.

Kontemplative Einkehr führt nach innen und nach außen zugleich: zum Bei-sich-Sein und Außer-sich-Sein vor Gott. Einkehrend zu uns werden wir in eine größere Gemeinschaft hineingezogen. Früher oder später dämmert es uns, dass wir nicht alleine unterwegs sind. Es mögen zunächst nur flüchtige Begegnungen sein. Doch dann begegnen wir Weggefährten. Und wir lernen die Spuren und Botschaften derjenigen zu lesen, die uns vorausgegangen sind. Wir beginnen zu realisieren, dass uns, je länger wir unterwegs sind, Verantwortung zuwächst für andere. Wir gehen den Weg nicht nur für uns selbst, sondern ebenso für diejenigen, die mit uns gehen und die nach uns kommen werden. Wir tragen dazu bei, dass die Rastplätze zugänglich bleiben und der Weg nicht zuwächst, dass die Spuren, die zum Ort der Verheißung führen, nicht verwehen.

Viele Stunden meines Lebens habe ich damit verbracht, in Stille betend mit anderen zu verweilen. So unscheinbar diese Zeiten auch waren: in ihnen wuchs ich mehr und mehr in jene Daseinsform hinein, zu der ich mich berufen glaube. Im Schweigen, das im gemeinsamen kontemplativen Gebet entsteht und es trägt, wird eine Verbundenheit spürbar, die mir im Alltag, mag er noch so kommunikativ sein, oft nicht in derselben Weise zugänglich ist. In Stille über den Raum, den ich bewohne, hinausgeführt zu werden, ohne zu wissen wie, gehört zu den Urerfahrungen meines Lebens. In der Einkehr beginnt sich der Innenraum zu öffnen, durchlässig zu werden. Und ohne etwas von seiner belebenden Leere zu verlieren, füllt er sich leise mit einer liebenden Präsenz. Manchmal sind es auch die Lichtschatten von Verstorbenen, mir vertrauten und solchen, die lange vor mir gelebt haben. Durch die Gemeinschaft jener, deren tröstliche Nähe ich in diesen Augenblicken erahne, vermittelt sich mir die Gegenwart des Auferstandenen.

Die Neuentdeckung der Kontemplation im 20. Jahrhundert führte zu neuen Formen kontemplativer Weggemeinschaften. Sie gleichen eher lockeren Netzwerken als festgefügten Organisationen. Wie die spätmittelalterliche Bewegung der Gottesfreunde umfassen sie Menschen verschiedenster Herkunft. Die Leitfigur der spätmittelalterlichen Gottesfreundinnen und Gottesfreunde war nicht der einsam lebende Mönch, sondern Maria Magdalena und der Lieblingsjünger des Johannesevangeliums. Beide verkörpern eine besondere Intimität zu Christus. Anders als Petrus, der die institutionelle Seite der Kirche verkörpert, verweisen sie auf eine andere Form christlicher Gemeinschaft. Sie stehen für die Gemeinschaft derer, die im Kontakt und im verweilenden Blick Heilung gefunden haben. Sie erzählen von dem, was sie geschaut und was ihre Hände angefasst haben.[78] Sie bezeugen das Wort des Lebens, das sie gehört und aufgenommen haben und das sie in eine größere Gemeinschaft führt.

Der symbolische Zeit-Raum, den christliche Kontemplation erkundet und zugänglich macht, ist eng mit diesen beiden biblischen Gestalten verbunden. Er spannt sich auf zwischen dem Sabbat, an dem alles ruht, und dem Ostermorgen, an dem die Lieblingsjüngerin und der Lieblingsjünger das leere Grab entdecken und mit der Auferstehungswirklichkeit in Berührung kommen. Die österliche Kontemplation, von der die Evangelien erzählen, ist eine ebenso stille wie intensive Form der Kontaktaufnahme. Wo wir in Berührung kommen mit dem, was uns trägt und umfasst, finden wir heraus aus dem Zirkel unserer Selbstbefangenheit. Wir beginnen wahrzunehmen, dass wir begleitet und bewohnt sind von einer Wirklichkeit, die uns mit anderen verbindet und uns über uns hinausführt ins Weite.

Vom namenlosen Lieblingsjünger wird gesagt, er ruhe am Herzen Jesu.[79] Er bleibt nicht auf Distanz, sondern sucht die Nähe und bleibt im Kontakt, in Fühlung mit dem, der ihn zum Liebenden macht. In Christus zu bleiben bedeutet, sein Wort zu leben, seine Nähe zu erspüren und dabei zu verweilen. Schon die Berufung der ersten Jünger geschieht gemäß dem vierten Evangelium in kontemplativer Atmosphäre. Sie ereignet sich durch Schauen und Verweilen.[80] Zuerst sind es der Täufer und Jesus selbst, die sehen. Johannes schaut auf Jesus und erkennt in ihm den Messias. Jesus schaut auf Andreas und seinen Begleiter und fragt sie nach ihrer Sehnsucht. In ihrer zurückfragenden Antwort taucht das Leitwort des Bleibens zum ersten Mal auf: »Rabbi, wo wohnst Du?« Man könnte auch übersetzten: »Wo verweilst Du?« Jesus lädt die Fragenden ein, zu kommen und schauend bei ihm zu verweilen: »Kommt und seht!« Sie folgen dem Ruf und bleiben den ganzen Tag bis zum Abend bei ihm. In der Sprache des Johannes ist damit alles gesagt: Jünger oder Jüngerin Jesu sein bedeutet, das ganze Leben bei ihm zu verweilen, auch mitten im Alltag in ihm zu sein, bei ihm Wohnung nehmen und andere einzuladen, ebenfalls zu kommen und zu schauen.[81]

Damit vermittelt das Johannesevangelium eine Vision von Kirche, welche die Sammlungsbewegung Jesu in einladender Weise fortführt. Sie gleicht eher einem offenen Netzwerk als einer Institution mit scharfen Grenzen. Wer bereit ist, zu schauen und zu bleiben, hat und gibt Teil an ihr. Die institutionellen Aspekte werden dadurch nicht überflüssig, jedoch stark relativiert. Nach der johanneischen Vision bildet sich die Kirche ereignishaft als heiliger Raum überall dort, wo Menschen sich schauend auf das ausrichten, was sie eint und erneuert. Dafür steht das Bild des Weinstocks und der Reben, aus denen der Wein der Freude zu gewinnen ist: »Ich bin der Weinstock, ihr seid die Reben. Wer in mir bleibt und in wem ich bleibe, der bringt reiche Frucht; denn getrennt von mir könnt ihr nichts vollbringen.«[82]

Wie Kontemplation und Compassion zur größeren Gemeinschaft derer führen, die sich in Christus wiederfinden, beschreibt der holländische Theologe Henri J. M. Nouwen. Kurz bevor er seine akademische Karriere aufgibt, um in die Arche-Gemeinschaft einzutreten, feiert er gemeinsam mit Menschen, die unter unterschiedlichen Behinderungen leiden, einen Karfreitagsgottesdienst. In einem langen Prozessionszug treten die von ihrem Leiden gezeichneten Menschen zum Kreuz hin, verneigen sich und küssen es:

»Als sie sich um das Kreuz scharten und die Füße und das Haupt Jesu küssten, habe ich die Augen geschlossen und konnte so seinen heiligen Leib auf unserem Planeten Erde ausgestreckt und gekreuzigt sehen. Ich habe das maßlose Leid der Menschheit aller Jahrhunderte gesehen. […] Bei der Vorstellung des nackten, zerfleischten, auf unserem Erdball ausgestreckten Leibes Christi hat mich Entsetzen gepackt. Aber als ich die Augen öffnete, sah ich Jacques mit seinem vom Schmerz gezeichneten Gesicht den Korpus mit Inbrunst küssen, Tränen in den Augen. Ich sah Ivan, von Michael auf dem Rücken herangetragen. Ich sah Edith in ihrem Rollstuhl kommen. Als sie kamen – aufrechten Ganges oder hinkend, sehend oder blind, hörend oder taub –, habe ich den endlosen Zug der Menschen gesehen, die sich um Jesu heiligen Leib scharten, ihn mit ihren Tränen und Küssen bedeckten und langsam wieder weiterzogen, gestärkt und getröstet von einer so großen Liebe. Es machte sich auch Erleichterung bemerkbar; durch Augen voller Tränen brachen sich lächelnde Blicke Bahn; man ging Hand in Hand oder Arm in Arm. Vor meinem inneren Auge sah ich riesige Scharen von Menschen, die in leidvolle Vereinzelung geraten waren und nun gemeinsam vom Kreuz her kamen, miteinander verbunden durch die Liebe, die sie mit eigenen Augen gesehen und mit ihrem Kuß berührt hatten.«[83]

Im Mitfeiern der Karfreitagsliturgie tritt Nouwen eine weltumspannende Gemeinschaft vor Augen. Sie wiederholt nicht die sozialen Ein- und Ausschlussregeln, die weltliche Kollektive beherrschen und die Simone Weil mit Blick auf die römisch-katholische Kirche ihrer Zeit als »Kirchenpatriotismus« diagnostizierte. Zur tiefgreifenden Transformation, die die kultische Kontemplation in der Sammlungsbewegung Jesu durchlief, gehört eine Neuverteilung der Rollen im heiligen Spiel. Die Gegenwart des Auferstandenen in der Gemeinschaft derer, die sich in seinem Namen versammeln, ersetzt den Tempel mit seinen ausgrenzenden Vorhöfen. Auch wer meint, nicht dazuzugehören und nicht ins Heiligtum zugelassen zu werden, wird wie Bartimäus hineingenommen in diesen neuen Gemeinschaftsraum und findet sich in der Rolle der Lieblingsjüngerin und des Lieblingsjüngers wieder.

Religionsverbindende Dimension: Reifen in Verschiedenheit

Finden nicht die Herzen im Gedenken Gottes Ruhe?

Koran, Sure 13,28

Kontemplation bedeutet, Gewohntes zu überschreiten, sich auf einen Weg einzulassen, der in eine unüberschaubare Weite führt. Ähnlich wie beim Pilgern, das zur kultischen Kontemplation dazugehörte, liegt in einem solchen Aufbruch eine eigentümliche Verheißung und Faszination. Auf zu neuen Ufern! In der klassischen Moderne, die durch einen wachsenden religiösen und weltanschaulichen Pluralismus ebenso geprägt war wie durch Abschottungs- und Verhärtungstendenzen, verflüssigten sich im kontemplativen Überschreiten auch vertraute religiöse Überzeugungen, Festlegungen und Abgrenzungen.

Die kontemplativen Aufbrüche, die sich im 16. und 17. Jahrhundert mit den Entdeckungen der frühen Neuzeit verbanden, bevor sie für dreihundert Jahre zurückgedrängt wurden, erneuerten sich im 20. Jahrhundert in einer Welt voller politischer, sozialer und religiöser Umwälzungen. Simone Weil, Carlo Carretto, Bede Griffiths und viele andere loteten die kontemplative Tiefendimension einer Moderne aus, die eben erst tastend ihre eigenen Konturen erahnte. Der religiöse Raum wurde durch diese Suchbewegungen weiter und poröser. Carretto betrat in der algerischen Wüste, den Fußstapfen Charles de Foucaulds folgend, den islamischen Raum, während Griffiths als Mönch in die schwer zu überblickende religiöse Welt Indiens eintauchte. Simone Weil schließlich, die aus einem säkular-jüdischen Elternhaus stammte, erkundete auf unkonventionelle Weise den Innenraum christlicher Spiritualität, nicht ohne gleichzeitig das Licht Christi auch in Homers Illias und der Bhagavad Gita zu finden.

Spätsommer 1990. Die Abenddämmerung senkt sich über die gezackte Silhouette Istanbuls. Aus allen Richtungen dringt der eindringlich Ruf zum Abendgebet hervor: »Allahu Akbar, Allahu Akbar. La ilaha illa Allah …« Ja, Gott ist unvergleichlich groß, und es gibt keinen Gott neben ihm. Das kann ich aus ganzem Herzen mitbeten. Im Stadtteil Fatih, zwischen dem großen Basar und der byzantinischen Stadtmauer, herrscht Feierabendstimmung. Zähflüssig und schrill wälzt sich der Verkehr durch die breite, nach einem erfolgreichen türkischen General benannte Fevzi Paşa Straße. Fasziniert davon, wie sich das Dröhnen der Motoren und öffentliches Abendgebet, säkulare Welt und Glaubenspraxis durchmischen, überquere ich die Straße. Ein ortskundiger Reisegefährte führt uns zielstrebig durch die Menschenmaßen hindurch und bleibt an der Seite eines Gebäudekomplexes vor einem schlichten Holztor stehen. Wir befinden uns vor der Tekke, dem Versammlungsraum, der Halveti Jerrahi Bruderschaft. Das Tor öffnet sich. Ebenso freundlich wie diskret werden wir in Empfang genommen und in einen großen, mit türkischen Teppichen ausgelegten Raum geführt. Die Schuhe lassen wir draußen im Vorraum stehen. In dem warmen Raum hat das Abendgebet bereits begonnen. Es vollzieht sich in den Formen, die einen in muslimischen Ländern überall begegnen: im Stehen und Knien, Schulter an Schulter, in Verneigungen und Berührungen, in der Rezitation vorgegebener Koran-Verse. Ich erinnere mich an eine Erzählung meiner Mutter. Als Kind, so berichtete sie, hätte ich manchmal »wie ein Moslem« gebetet, auf dem Boden kniend und mich zum Boden verneigend… Hatte ich Bilder von islamischen Betern gesehen? Versuchte ich, davon beeindruckt, es nachzuahmen? Woher der Impuls auch kam: Soweit ich mich zu erinnern vermag, verspürte ich immer schon eine Zuneigung zu einer solchen Gebetspraxis. Ginge es nach mir, wären die Kirchen eingerichtet wie Moscheen, ohne steife Stühle und Bänke, ausgelegt mit Teppichen, auf denen man sich zum Gebet niederwerfen kann.

Das rituelle Abendgebet der Halveti ist zu Ende. Auf Tablets wird ein Imbiss herumgereicht. Man stärkt sich für einen langen Abend. Während des Essens füllt sich der Raum. Dann ebben die informellen Gespräche plötzlich ab. Eine konzentrierte Atmosphäre breitet sich aus. Die Versammelten bereiten sich für den Sikr, der in anderen Ländern Dhikr genannt wird: das Gedenken Gottes, welches gemäß Koran und sufistischer Tradition das Herz zur Ruhe bringt. Die Halvetis tragen ihre traditionellen langen weißen Tuchgewänder mit dem hellbraunen oder dunkelroten Überwurf über den Schultern. Wie ein einsamer Vogel über einer weiten Wüste erhebt sich der nasale Sprechgesang des Vorbeters: »Lā ilāha ilā Hū…« Es gibt keinen Gott außer ihm. Der Gesang erinnert an die christlich-aramäischen Rezitative, die ich einige Wochen zuvor im Tur Abdin im Südosten der Türkei gehört habe. Der dumpfe Rhythmus einer Handtrommel setzt ein, wenig später ertönen auch die sehnsüchtigen Klänge der Ney, der Schilfrohrflöte, für die die Sufis so bekannt sind. Die Instrumente bilden einen weichen Klangteppich, auf dem sich der Sikr niederlassen kann. Der Vorsänger beginnt leise zu deklamieren: »Allah, Allah, Allah…« Sogleich setzen die Halveti ein: »Allah, Allah, Allah-h, Allah-h, Allah-h…« Mit zunehmender Intensität wird das Schluss-h betont, als handelte es sich um eine eigene Silbe. Unmerklich verbindet es sich mit einem stoßweisen Ausatmen, das immer hörbarer, immer ekstatischer wird. Unterstützt und angetrieben durch den sich langsam beschleunigenden Rhythmus der Trommel atmen die Halvetis im Gleichklang, als schlössen sie sich zu einem einzigen, dynamischen Blasebalg zusammen, der den Raum mit basaler Energie, mit dem göttlichen Namen erfüllt. Ihre Oberkörper und Köpfe wippen nach vorne und hinten, nach links und rechts, sie folgen dem Rhythmus der Trommel und verstärken die kollektive Atmung. Vorsänger und Ney legen feine Arabesken über das kollektive Ritual, mal intensiv klagend, dann wieder dezent in den Hintergrund zurücktretend, sich vor dem Namen Gottes verneigend. Periodisch steigern sich Rhythmus, Lautstärke und Intensität flutartig, um dann auf dem Höhepunkt angelangt jäh wieder abzuflauen. »Allah-h, Allah-h, Allah-h, Allah-h…« Gott ist groß, einzigartig, daran ist in diesem Moment nicht zu zweifeln. Der Raum überfließt von Präsenz, der göttliche Name durchdringt alles, setzt alles in pulsierende Bewegung, ruft vielfältigste Resonanzen hervor. Der Dhikr vertreibt alle Gedanken. Gott ist einzig, einzigartig, alles andere ist demgegenüber nichtig. Ich verliere das Zeitgefühl, gehe auf im Strom der Klänge, der Ebbe und Flut des Atmens…

Als schließlich der Stimmenstrom endgültig verebbt und die Ney verstummt, ist es spätabends geworden. Der Raum wird wieder umgeräumt. Von Müdigkeit ist nichts zu bemerken. Die Betenden kommen nach einer kollektiven Erfrischung wieder zu sich, wechseln das sprachliche Register. Die Stimmung ist heiter. Schwarztee wird in kleinen Gläsern ausgeteilt, Teller mit Baklava herumgereicht. Wir werden eingeladen, dem weißgekleideten Scheich Fragen zu stellen. Ich komme mir vor wie in einem orientalischen Märchen. Am Boden sitzend sind wir von freundlichen Halvetis umringt. Ein sprachgewandter junger Mann übersetzt geduldig unsere Fragen und die Antworten des Scheichs. Dieser holt teilweise weit aus, kommt ins Erzählen. In Erinnerung geblieben sind mir seine Kommentare zu Franziskus und dessen Begegnung mit dem Sultan in Damiette.

In den Monaten und Jahren, die auf diesen denkwürdigen Abend folgen, frage ich mich, ob sich diese Form des Dhikr, die mir als ungemein inspi-

rierend erscheint, sich mit der Praxis des Jesusgebets verbinden ließe. Historisch ist ohnehin unklar, wer genau wen mehr beeinflusst hat: die byzantinischen Hesychasten die türkischen Sufis oder umgekehrt. Wenn das Jesusgebet und der Dhikr sich in gegenseitiger Beeinflussung herausgebildet haben, ist es dann nicht naheliegend, diese wechselseitige Entwicklung auch in der Gegenwart fortzusetzen? Die Gebetsformeln lassen sich auswechseln und alles Übrige könnte angepasst übernommen werden. Der Dhikr, so wie ihn die Halveti praktizieren, ist zudem nicht schwer zu erlernen. Ganz im Gegenteil: es ist viel einfacher, sich auf ihn einzulassen als sich in eine verinnerlichte Form des Jesusgebets einzuüben. Wieso sollte die christliche Gebetspraxis nicht von der islamischen lernen?

Doch ist der Dhikr über Jahrhunderte gewachsen – auf dem Boden des islamischen Ritualgebets. So einfach es auch sein mag, an der kollektiven Ekstase der Halveti teilzuhaben: die von ihnen entwickelte Praxis in christliche Formen zu überführen, wäre künstlich.

Der Besuch der Istanbuler Tekke ist nicht folgenlos geblieben. Er hat mich darin bestärkt, dem Pfad des Jesusgebets weiter zu folgen und auf die Sinnlichkeit des Gebets zu achten. Im expressiven Dhikr war mir eine andere Möglichkeit dessen begegnet, was ich selbst praktizierte. Die Begegnung mit ihr hat mich die Tradition, in der ich mich zunehmend verwurzle, neu sehen und tiefer verstehen gelernt. Zu diesem Lernprozess gehört auch die Einsicht, dass ich an den Erfahrungen und Praktiken anderer teilhaben kann. Wie gut, dass die Halvetis den Dhikr auf ihre Weise praktizieren und lebendig halten! Der Abend in ihrem Kreis hat in mir eine Vorahnung dessen vermittelt, was es bedeutet, sich mit ganzem Herzen und allen Kräften von Gottes Gegenwart durchdringen und erfüllen zu lassen. Die islamische Weise, Gottes zu gedenken, hat mich spüren lassen, dass Gott unfassbar groß ist, einzigartig, einzigartig barmherzig. »La ilaha illa Allah.« Im muslimischen Gebetsruf hat mich die Botschaft des Evangeliums in neuer Weise erreicht.

Interreligiöse Begegnungen und Inspirationsprozesse finden in konkreten biografischen und historischen Konstellationen statt, aus denen manchmal Neues entstehen kann. In welcher Weise sich neue Einsichten und Praxisformen auf die biografischen und geschichtlichen Kontinuitäten zurückwirken, hängt von vielen Faktoren ab. Gewiss ist: wir bleiben in die Geschichten verstrickt, die uns geprägt haben. Kein Weg führt über sie hinaus. Der Versuch, aus der eigenen Geschichte herauszutreten und jenseits von ihr, etwas Neues zu beginnen, ist zum Scheitern verurteilt.

Zugleich führt kontemplative Praxis – ob als kultische Kontemplation in Jerusalem oder als Sikr in Istanbul – in einen Grenzraum, aus den alltäglichen Bezügen heraus und notwendigerweise auch wieder in sie zurück. Im Umgang mit solchen Grenzerfahrungen wurden im Laufe des vergangenen Jahrhunderts unterschiedliche Wege erprobt. Die radikalste ist die völlige Relativierung alltäglichen, weltlichen Lebens. Als ›wahres Leben‹ und ›wahres Selbst‹ gilt dann allein noch, was in Zeiten kontemplativer Versenkung erlebt und wahrgenommen wird. Damit verband sich nicht selten der Versuch, kontemplative Praxis jenseits von institutionellen Ordnungen und weltanschaulichen Überzeugungen ansiedeln zu wollen. In den letzten beiden Jahrhunderten finden sich eine Vielzahl an Bewegungen, die sich selbst als eine transreligiöse Synthese unterschiedlicher mystischer Traditionen verstanden, sich dann jedoch bald selbst in eine neue Glaubensgemeinschaft mit eigenen Bekenntnissen, Ritualen und Richtungsstreiten verwandelt haben.

Die Erinnerung an die achsenzeitlichen Umbrüche ist in diesem Zusammenhang deshalb bedeutsam, weil sie davor bewahrt, heutige Versuche, kontemplative Praktiken bestimmter religiöser Traditionen zu universalisieren, zu enthistorisieren und ihre Originalität zu überschätzen. Bereits Platons Neuinterpretation der *theoria* als intellektueller Schau war ein solcher Versuch, der für die späteren christlichen und islamischen Traditionen nicht ohne Folgen blieb. Das Spannungsfeld zwischen kontemplativen Praxisformen, die sich als Teil einer bestimmten religiösen Tradition verstehen, und philosophisch-spirituellen Versuchen, diese zu beerben und in eine transreligiöse Form aufzuheben, begleitet die abendländische

Geistesgeschichte seit zweieinhalbtausend Jahren. Die Praxis christlicher Kontemplation bewegte sich von Anfang an in diesem Spannungsfeld und gewann aus ihm fruchtbare Impulse.

Die Erinnerung an die vielfältigen Inspirationsquellen, die in die ›eigene‹ Tradition eingegangen sind, ist für interreligiöse Lernprozesse der Gegenwart bedeutsam. Kulturen entwickeln sich nicht isoliert und linear, sondern in regem Austausch miteinander, selbst dort, wo gegenseitige Beeinflussungen verschwiegen werden. Das traf bereits für kontemplative Praktiken in der Antike zu und gilt umso mehr für die Gegenwart. War lange die griechische Philosophie die wichtigste fremde Inspirationsquelle für christliche Theologie und Spiritualität, so hat sich das Diskussionsfeld in den letzten Jahrzehnten stark erweitert. Es ist reicher und damit auch unübersichtlicher geworden. Nicht allein neue Stimmen sind hinzugekommen. Auch das, was bisher als in sich abgeschlossene christliche Tradition wahrgenommen wurde, zeigt sich dadurch in neuen Facetten und Strängen.

Da die christliche Lebenspraxis auch in traditionell christlichen Ländern längst keine gesellschaftliche Selbstverständlichkeit mehr darstellt, beschränken sich aktuelle Lernprozesse nicht einfach darauf, eine bereits vertraute Tradition mit einer neuen, noch unvertrauten ins Gespräch zu bringen. Während viele kontemplative Bewegungen des 20. Jahrhunderts von einer noch weitgehend ungebrochenen christlich-kirchlichen Praxis ausgingen, ist es kennzeichnend für das 21. Jahrhundert, dass auch die christliche Tradition neu und für viele zum ersten Mal erschlossen werden muss. Was heute in Frage steht, ist nicht mehr die Legitimität einer kontemplativen Gebetspraxis, sondern ihre Zugänglichkeit und Bedeutung in einer neuen gesellschaftlichen und kirchlichen Situation.

An dieser Stelle sei nochmals auf Simone Weil verwiesen, die sich in Konstellationen bewegte, in denen sich die heutige Spätmoderne bereits ankündigte. Die Achtsamkeitspraxis, die Weil früh entdeckte und sich aneignete, ebenso wie ihr Engagement für soziale Gerechtigkeit eröffneten einen Erfahrungshorizont, in dem sich ihr zunehmend die Radikalität des Christseins erschloss. Ihre Annäherung an die christliche Tradition vollzog sich im intensiven Gespräch mit anderen Traditionen, die sie im Licht des Evangeliums zu verstehen suchte. Nicht allein die Schriften Platons und Homers sondern auch die Bhagavad Gita erscheinen ihr nun als »von christlichem Licht durchflutet«.[84]

In Weils Leben fand spannungsreich zusammen, was oft auseinanderläuft: soziales Engagement, kontemplative Praxis, kreative Lektüre spiritueller Quellen sowie reflexive Differenzierung und Integration geschenkter Erfahrungen. So sehr sich Weil im Laufe ihres Lebens mit unterschiedlichen religiösen und philosophischen Traditionen vertraut machte, war sie doch gleichwohl davon überzeugt, dass sich eine Religion nur von »innen« erkennen lässt.[85] Allein wer das Evangelium zu leben versucht, beginnt es zu verstehen. In der Liebe zu einer bestimmten religiösen Tradition, im intensiven Meditieren heiliger Schriften und achtsamem Mitvollzug ritueller Praxis, vermittelt sich die Gottesliebe im doppelten Sinne des Wortes: die göttliche Liebe, die den Menschen zuinnerst berührt, und die menschliche Liebe, die darauf antwortet. Auch wenn die kontemplative Kommunion, die transverbale »Sprache des Brautgemachs«[86], sich nur unzureichend von den religiösen Sprachtraditionen fassen lässt, die uns zur Verfügung stehen, ist es doch unerlässlich, diese »Kollektivsprachen« zu erlernen, die auf dem »Markplatz« gesprochen werden und die uns nicht nur helfen, uns mit anderen zu verständigen, sondern auch dazu, uns selbst zu verstehen. Niemand, der sich in christlicher Kontemplation übt, kann sich auf die Sprache des Brautgemachs beschränken, niemand kann dauernd in einem liminalen Zustand verweilen. Wer in einer komplexen Welt kontemplativ leben möchte, kommt nicht darum herum, sich im Medium einer Kollektivsprache über den eigenen Weg Rechenschaft abzulegen und die Erfahrungen des Brautgemachs der Bewährungsprobe des Markplatzes auszusetzen.

Auch der vorliegende Versuch, zur ›Brautsprache‹ hinzuführen, ist in einer Kollektivsprache verfasst. Es zehrt von Sprachformen, die sich über viele Jahrhunderte entwickelt haben, und nutzt sie dazu, die Praxis christlicher Kontemplation im Kontext der Gegenwart zu ermöglichen und kreativ weiterzuführen.

Ausblick: Am Ende ein Anfang

Was von Anfang an war,
was wir gehört haben,
was wir mit unseren Augen gesehen,
was wir geschaut
und was unsere Hände angefasst haben,
das verkünden wir:
Das Wort des Lebens.

1 Johannes 1,1

Kontemplation hält eine Lücke offen: für Gottes Gegenwart und für das, was sich in Berührung mit ihr verwandelt, was sie zum Leuchten bringt. Diese Lücke hat, wie dieses Buch zeigen wollte, eine räumliche und eine zeitliche Gestalt, die einander entsprechen: den äußeren und innerlichen Leerraum und die nicht mit Aktivitäten ausgefüllte Zeit. Beides gehört zu den großen religions- und kulturgeschichtlichen Entdeckungen: den innersten Raum des Heiligtum leer zu lassen und jeden siebten Tag von jeglicher Arbeit zu befreien. Kontemplative Praxis hütet diese Leerräume und bildet dadurch ein Korrektiv zu gegenläufigen gesellschaftlichen Entwicklungen. In unterschiedlichen Formen vollzieht sich christliche Kontemplation in diesen ebenso leeren wie geprägten (Zeit-)Räumen, in dem sich eine neue Wirklichkeit ankündigt und in der Mitte menschlicher Gegenwart präsent wird.

Wo sich Gottes Geist vergegenwärtigt, beginnt etwas Neues. Nichts bleibt, wie es ist. Der Geist eröffnet eine Zukunft, die sich nicht aus Bisherigem ableiten lässt. Die revolutionäre Kraft des Christentums, die den Status quo als vorläufig und wandelbar aufdeckt, verdankt sich dieser Entdeckung des unverrechenbar Neuen. Der Geist, der im Herzen des Menschen seufzt und ihm die Sehnsucht nach Erneuerung eingießt, transformiert die menschliche Wirklichkeit: »Wenn jemand in Christus ist, dann ist er eine neue Schöpfung. Das Alte ist vergangen, Neues ist geworden« (2 Kor 5,17). Gottes Gegenwart bewirkt einen grundlegenden Perspektiven- und Horizontwechsel. Gewohnt, uns von unserer Herkunft zu verstehen, von dem was wir getan und erlitten haben, beginnen wir, uns von der Zukunft Gottes her neu sehen und verstehen zu lernen. Die Gegenwart, die Gottes Geist eröffnet, ist mehr als die Summe unserer Vergangenheit. Sie ist Anfang der neuen Geschichte, die Gott mit uns beginnt. Ein solcher Perspektivenwechsel wirkt befreiend. Darin steckt das Geheimnis der christlichen Geisterfahrung. »Wo der Geist des Herrn wirkt, da ist Freiheit« (2 Kor 3,17), erinnert Paulus die Korinther, die Gefahr laufen, ihr altes Leben fortzuführen und sich in neue Abhängigkeiten zu verstricken.

Kontemplation, die Wahrnehmung der göttlichen Gegenwart mit allen Sinnen, ist mit der Erfahrung dieses Neuanfangs verknüpft. Am Ende öffnet sich ein neuer Raum. Eine neue Geschichte beginnt. Der Augenblick des geschenkten Neuanfangs ist taufrisch. In ihm lernen wir uns selbst neu wahrzunehmen. Während wir unsere Gegenwart normalerweise als Resultat unserer Geschichte verstehen, entdecken wir in diesem Neuaufbruch: Was wir sind, ist das Geschenk einer Gegenwart, die uns trägt, umgibt und auf uns zukommt. Wir sind, was wir in dieser Gegenwart werden. Anstelle in unserer Gegenwart nur den Endpunkt einer langen und verwickelten Vorgeschichte zu sehen, entdecken wir in ihr den Anfang der neuen Schöpfung. In diesem Anfang stehen wir JETZT.

Anmerkungen

Vorwort

1 Dietrich Bonhoeffer, Nachfolge, hrsg. von Martin Kuske und Ilse Tödt, Werke Bd. 4, Gütersloh 1992, 38
2 Das vorliegende Buch integriert das überarbeitete Textmaterial meines 2012 erschienenen Buches *Kontemplation. Einübung in ein achtsames Leben.* Neben persönlichen Erfahrungen und der Begleitung von Menschen auf dem kontemplativen Weg war es insbesondere ein vom Schweizerischen Nationalfonds unterstütztes Forschungsprojekt, das mir Gelegenheit bot, mein Nachdenken über die leibsinnlichen Dimensionen der Kontemplation zu vertiefen. Vgl. Ingolf U. Dalferth/Simon Peng-Keller (Hrsg.), Beten als verleiblichtes Verstehen. Neue Zugänge zu einer Hermeneutik des Gebets, Freiburg i. Br. 2016.
3 Friedrich Nietzsche, Kritische Studienausgabe, hrsg. v. G. Colli/ M. Montinari, Bd. 2: Menschliches, Allzumenschliches. München 1999, 232.

Einleitung

1 Vgl. 2 Kor 3,17f.

Teil I: Kontemplation als Gabe

1 Jacques Maritain, Der Bauer von der Garonne. Ein alter Laie macht sich Gedanken, München 1969, 224. Die Rechte an der deutschen Übersetzung von Irmgard Wild liegen beim Kösel Verlag, München, in der Verlagsgruppe Random House GmbH.
2 Josua Boesch, arte contemplativa, Oberegg ^{2}1988, 24.
3 A.a.O. 26f.
4 Röm 8,26.
5 Ulrich Luz, Paulus als Mystiker, unveröffentlichte dt. Fassung von: Paul as Mystic, in The Holy Spirit and Christian origins. Essay

in honor of James D. G. Dunn, ed. by G. N. Stanton et al., Grand Rapids 2004.

6 Vgl. 2 Kor 4,7ff.

7 Carlo Carretto, Wo der Dornbusch brennt, Freiburg i. Br. 1976, 8f.

8 Carlo Carretto, Denn du bist mein Vater. Bekenntnis eines Lebens. Freiburg i. Br. [2]1984, 9–11.

9 Carlo Carretto, Weil Deine Liebe mich treibt. Geistliche Briefe 1954–1983. Hrsg. von Gian Carlo Sibilia. Freiburg i. Br. 1990, 70.

10 Zit. nach Taylor, Ein säkulares Zeitalter, Frankfurt a.M. 2009, 19. Von Taylor übernehme ich auch das Verständnis von Spiritualität als Suche nach einem Ort der Fülle.

11 Bede Griffiths, The Golden String, New York 1954 [Reprint 2011], 93.

12 Ebd. 93.

13 Ebd. 96f.

14 Simone Weil, Das Unglück und die Gottesliebe. München [2]1961, 95–109, hier: 102.

15 Ebd. 54.

16 Simone Weil, Entscheidung zur Distanz, München 1988, 70.

17 Ian Rutherford, State Pilgrims and Sacred Observers in Ancient Greece. A Study of Theoria and Theoroi, Cambridge 2013.

18 Silvia Schroer, Glücklich, wer Lust hat an der Weisung JHWHs, Fribourg 1998, Abb. 20.

19 Vgl. Deuteronomium 12,18; Peter Altmann, Festive Meals in Ancient Israel. Deuteronomy's Identity Politics in Their Ancient Near Eastern Context, Berlin/New York 2011.

20 Exodus 24,11b.

21 Friedhelm Hartenstein, Das Angesicht JHWHs. Studien zu seinem höfischen und kultischen Bedeutungshintergrund in den Psalmen und in Exodus 32–34, Tübingen 2007.

22 Ebd. 120.

23 Psalm 68,25f.

24 C. S. Lewis, Das Gespräch mit Gott. Gedanken zu den Psalmen, Zürich/Einsiedeln/Köln 1978, 66f.

25 Karl Jaspers, Vom Ursprung und Ziel der Geschichte, München 1983 (Erstausgabe: Frankfurt a.M./Hamburg 1955), 21. Zur jüngeren Diskussion: Robert N. Bellah /Hans Joas (Hrsg.), The Axial Age and Its Consequences, Cambridge MA/London 2012.

26 Simone Pétrement, Simone Weil. Ein Leben, übers.v. Ellen D. Fischer, Leipzig 2007, 567.

27 Vgl. Matthäusevangelium 2,1–12.
28 Matthäusevangelium 18,20.
29 Weil, Das Unglück und die Gottesliebe, 51.
30 Weil, Das Unglück und die Gottesliebe, 50.
31 Weil, Das Unglück und die Gottesliebe, 50f.
32 Teresa von Ávila, Das Buch meines Lebens. Gesammelte Werke: Bd. 1. Herausgegeben, übersetzt und eingeleitet von U. Dobhan/E. Peeters. Freiburg i. Br. 2001, 272f. (Vida 18,15).
33 Genesis 1,26.
34 Johannes Cassian, Collationes patrum 10,5.
35 Vgl. Karl Baier, Meditation und Moderne. Zur Genese eines Kernbereichs moderner Spiritualität in der Wechselwirkung zwischen Westeuropa, Nordamerika und Asien, Würzburg 2009, 821–824.
36 Christian de Chergé, Neu entbrennen. Impulse aus dem Hohelied. Mit Erläuterungen und Impulsen von Christian Salenson, München/Zürich/Wien 2016, 19.
37 Übertragung aus G. Stachel, Simone Weil - Christus - die katholische Kirche, in: Religionspädagogische Beiträge 37/ 1996, S. 78 f.
38 Weil, Das Unglück und die Gottesliebe, 51.

Teil II: Kontemplation als Praxis

1 Vgl. Psalm 95.
2 Römerbrief 8,26.
3 Simon Peng-Keller (Hg.), Scala divini amoris. Stufen zur Gottesliebe, übers.v. K. Ruh, Freiburg i. Br. 2013 (2. Aufl. 2016).
4 Erwin Straus, Vom Sinn der Sinne. Ein Beitrag zur Grundlegung der Psychologie. Berlin/Göttingen/Heidelberg ^{2}1956, 372.
5 Ernesto Cardenal, Das Buch von der Liebe, Peter Hammer Verlag, Wuppertal 1971, Neuausgabe 2004, 279.
6 Pierre Teilhard de Chardin, Der göttliche Bereich. Ein Entwurf des inneren Lebens, Olten/Freiburg i. Br. 1962, 155.
7 Christian Lehnert, Der Gott in einer Nuß. Fliegende Blätter von Kult und Gebet. Berlin 2017, 17–20.
8 Jean-Yves Lacoste, Presence and Parousia, in: G. Ward (Hg.), Postmodern Theology, Oxford 2001, 394–398, hier: 396.
9 Jes 7,4 nach der Septuaginta. Der Ausdruck findet sich auch im Neuen Testament, vgl. 1 Thess 4,11, 2 Thess 3,12, 1 Petr 3,4.

10 Ich übernehme die Unterscheidung zwischen dem ›Tun-Modus‹ und dem ›Sein-Modus‹ von Zinder V. Segal/J. Mark G. Williams/ John D. Teasdale, Die Achtsamkeitsbasierte Kognitive Therapie der Depression. Ein neuer Ansatz zur Rückfallprävention, Tübingen 2008, 85ff.

11 Vgl. Hans Belting, Spiegel der Welt. Die Erfindung des Gemäldes in den Niederlanden, München 2010, 12.

12 Ernst Bloch, Geist der Utopie, Gesamtausgabe Bd. 3, Frankfurt a.M. 1977, 285.

13 Alfred Delp, Gesammelte Schriften. Bd. IV: Aus dem Gefängnis. Hrsg. v. R. Bleistein, Frankfurt a.M. 1984, 26.

14 Paul Virilio, Rasender Stillstand, München 1992.

15 Simone Weil, Das Unglück und die Gottesliebe, München [2]1961, 102.

16 Steven C. Hayes, Spencer Smith, In Abstand zur inneren Wortmaschine. Ein Selbsthilfe- und Therapiebegleitbuch auf der Grundlage der Akzeptanz- und Commitment-Therapie (ACT), Tübingen 2007, 76.

17 In den folgenden Abschnitten greife ich zurück auf: Simon Peng-Keller, Einladung zur Achtsamkeit, Freiburg i. Br. 2012.

18 Dietlinde Granzer, Schweigen, Stille und Stilleübungen als Form schulischen Lernens. Genese und Rekonstruktion einer ästhetisch-didaktischen Kategorie. Opladen 2000, 210.

19 In den folgenden Abschnitten greife ich wiederum zurück auf: Peng-Keller, Einladung zur Achtsamkeit.

20 Straus, Vom Sinn der Sinne, 396f.

21 Vgl. Didier Anzieu, Das Haut-Ich. Frankfurt a.M. 1991.

22 Aristoteles, Metaphysik, II. Buch, 993b.

23 Michel de Certeau, Der Mensch im Gebet, ein Baum aus Gesten, in: ders., GlaubensSchwachheit, Stuttgart 2009, 34.

24 Meister Eckhart, Deutsche Predigten. Herausgegeben und übersetzt von Louise Gnädinger, Zürich 1999, 417 (Predigt 101; Übersetzung von Ps 84,9/Vulgata).

25 Vgl. Franz Dodel, Das Sitzen der Wüstenväter. Eine Untersuchung anhand der Apophthegmata Patrum, Freiburg/Schweiz 1997, 53.

26 Vgl. Karl Baier, Sitzen. Zur Phänomenologie einer spirituellen Grundübung, in: K. Baier/J. Sinkovits (Hrsg.), Spiritualität und moderne Lebenswelt. Münster 2006, 241–260.

27 Meister Eckhart, Werke in zwei Bänden. Texte und Übers. v. J. Quint. Hrsg. u. kommentiert v. N. Largier. Frankfurt/M. 1993, Bd. I, 599 (Predigt 55/Quint).

28 Christian Lehnert/Manfred Schnelle, Die heilende Kraft der reinen Gebärde. Gespräche über liturgische Präsenz, Leipzig 2016, 13.

29 Vgl. Mt 6,6.

30 Francisco de Osuna, The Third Spiritual Alphabet. Übers. v. M. E. Giles. New York 1981, 203 (Tercer Abecedario Espiritual 7,8).

31 Norbert Faller, Atem und Bewegung. Theorie und 111 Übungen, Wien/New York [2]2009, 7. Ich verdanke diesem Buch wertvolle Einsichten zum Thema dieses Abschnitts.

32 Ebd. 24.

33 Paul Claudel, Emmaüs, Œuvres complètes, Bd. XXIII, Paris 1964, 82.

34 Francisco de Osuna, Tercer Abecedario Espiritual 14,2.

35 Vgl. Franz Jalics, Kontemplative Exerzitien. Eine Einführung in die kontemplative Lebenshaltung und in das Jesusgebet, Würzburg 1994, 106–109.

36 Dionysios Areopagita, Von den Namen zum Unnennbaren. Übers. v. E. von Ivanka, Einsiedeln [3]1990 (De mystica theologia 1).

37 Exodus 20,21.

38 2 Korinther 4,6.

39 Carl Albrecht, Psychologie des mystischen Bewusstseins, Main [2]1990, 105f.

40 Ebd. 105.

41 Ebd. 106.

42 Ebd. 103f.

43 Simon Peng-Keller, Gottespassion in Versunkenheit. Die psychologische Mystikforschung Carl Albrechts aus theologischer Perspektive, Würzburg 2003, 305–308.

44 Markus 1,15.

45 Hendrik Birus, ›Le temps présent est l'arche du Seigneur‹. Zum Verhältnis von Gegenwart, Geschichte und Ewigkeit beim späten Goethe, München 2009.

46 Exodus 25,10ff.

47 Origenes, De oratione 9,3: »(…) wenn wir uns in solcher (innerlichen) Verfassung zum Beten stellen, (haben) wir schon den schönsten Besitz gewonnen.«

48 Vgl. Teresa von Ávila, Wohnungen der Inneren Burg, 4. Wohnungen, Kapitel 3.

49 Evagrios Pontikos, De oratione 149 (Philokalie, Bd. 1, Würzburg 2004, 309).

50 Predigt zu Dtn 15,9.

51 Simone Weil, Das Unglück und die Gottesliebe, 95.

52 Claudia Kunz, von der diese Unterscheidung stammt, stellt fest, »daß der Lateiner das Schweigen eher als nonverbales, aber vokales Phänomen vernimmt, der Grieche es aber als nonvokales, gleichwohl verbales Phänomen versteht. Im ersten Fall ist es sinnlich vernehmbar, im zweiten Fall geistig verstehbar« (Schweigen und Geist. Biblische und patristische Studien zu einer Spiritualität des Schweigens, Freiburg i. Br. 1996, 36).

53 Johannes Cassian, Von den Einrichtungen der Klöster (De institutis coenobiorum et de octo principalium vitiorum remediis), übers. von Antonius Abt (Bibliothek der Kirchenväter, 1 Serie, Band 59), Kempten 1879, 35f. (Buch 2,10).

54 Christiaan L. Hart Nibbrig, Rhetorik des Schweigens. Versuch über den Schatten literarischer Rede, Frankfurt a. M., 252.

55 Teresa von Ávila, Weg der Vollkommenheit (Kodex von El Escorial). Gesammelte Werke: Bd. 2. Herausgegeben, übersetzt und eingeleitet von U. Dobhan/E. Peeters. Freiburg i. Br. 2003, 210 (37,3).

56 Reinhard Körner, Was ist «inneres Beten»? Ein kurzer Gang durch die Begriffsgeschichte, in: Communio 26 (1997) 338–355, hier 345.

57 Anselm von Canterbury, Proslogion, übers. v. R. Theis, Stuttgart 2005, 15.

58 Vgl. Genesis 28,16.

59 Vgl. Exodus 3,14 ; Jesaja 58,9 ; Mt 28,20.

60 Vgl. Psalm 27,4.8.

61 Exodus 3,4.14.

62 Dionysios Areopagita, De mystica theologia 1.

63 Wilhelm von St. Thierry, Brief an die Brüder vom Berge Gottes – Goldener Brief. Eschenbach 1992, 55 (Nr. 112).

64 Francisco de Osuna, ABC des kontemplativen Betens. Hrsg. v. E. Lorenz. Freiburg i. Br. ^{3}1994, 89 (Tercer Abecedario Espiritual 18,2).

65 Romano Guardini, Die Sinne und die religiöse Erkenntnis, Zürich 1950, 61.

66 Carlo M. Martini, Perspektiven für Kirche und Welt. München 1993, 47.

67 Lukasevangelium 24,13ff.
68 1 Johannesbrief 1,1.
69 Origenes, Das Hohelied. Übers. v. K. S. Frank, Einsiedeln 1987, 53 (1. Homilie zum Hohelied 7).
70 Dionysios Areopagita, De divinis nominibus 3.
71 Bader, Psalterspiel, 311f.
72 Augustinus: Enarr. in Ps 99,4 (PL 37,1272), zit v. Gelineau, Die Musik im christlichen Gottesdienst, 28.
73 Homilien zu Ezechiel 2,5,9 (zit. Ausg. 343).
74 K.-H Ostmeyer, Kommunikation mit Gott und Christus. Sprache und Theologie des Gebetes im Neuen Testament, Tübingen 2006, 29/31: »›Kommunikation‹ ist weit genug, die unterschiedlichen verbalen und nonverbalen Arten der Begegnung zwischen Gott, Christus und den Gläubigen zu umfassen […]. Der nonverbalen Kommunikation gilt bei der Analyse des Beziehungsaspekts naturgemäß besonderes Interesse.«
75 Hoheslied 1,3.
76 Gerhard Lohfink, Beten schenkt Heimat. Theologie und Praxis des christlichen Gebets, Freiburg i. Br. 2010, 253.
77 Aus einer koptischen Sammlung, zit. nach: J. Gouillard (Hrsg.), Kleine Philokalie zum Gebet des Herzens, Zürich 1957, 59.
78 Diadochus von Photike, Gespür für Gott. Hundert Kapitel über die christliche Vollkommenheit. Eingeleitet u. übers. v. K. S. Frank. Einsiedeln 1982, 81 (Kap. 59).
79 Ebd. 82 (Kap. 61). Die biblische Grundlage für dieses Bild ist eine Kombination von 1 Korinther 12,3 und Römer 8,15.
80 Alois Grillmeier, Das »Gebet zu Jesus« und das »Jesus-Gebet«. Eine neue Quelle zum »Jesus-Gebet« aus dem Weißen Kloster, in: C. Laga, J. A. Munitiz, L. van Rompay (Hrsg.), After Chalcedon. Studies in Theology and Church History (Orientalia Lovaniensia Analecta 18). Leuven 1985, 187–202, hier: 195.
81 Ebd. 196.
82 Schimonach Illarion, Auf den Bergen des Kaukasus. Gespräch zweier Einsiedler über das Jesus-Gebet. Übersetzt von B. Tittel, Salzburg 1991.
83 Vgl. zum Ganzen: Hilarion Alfeyev, Le mystère sacré de l'Église. Introduction à l'histoire et à la problématique des débats athonites sur la vénération du nom de Dieu, Fribourg 2007.
84 Hoheslied 1,3
85 Sprüche 18,10

86 1 Könige 8,14–21.
87 Röm 10,8.
88 Didache 10,2 (Übers.K. Wengst in: Schriften des Urchristentums, Bd. 2. Darmstadt 2004, 81).
89 1 Sam 1,13f.
90 Vgl. Willibald Sandler, Charismatisch beten, Perspektiven und Erfahrungen, in: Hermeneutische Blätter 2/ 2014, 252–269.
91 Gal 4,6.
92 Kallistos, Kapitel über das Gebet, Nr. 1–3, in: Philokalie, Bd. 5, 155.
93 Hesychios, Abhandlung über die Nüchternheit und die Tugend, Nr. 100, in: Philokalie Bd. 1, 255.
94 Karlfried Graf Dürckheim, Meditieren – wozu und wie. Die Wende zum Initiatischen, Freiburg i. Br. [9]1986, 163.
95 Wolke des Nichtwissens. Übers.v. W. Riehle. Einsiedeln [5]1995, 95 (Kap. 37).
96 Vgl. Tilden Edwards, Living in the Presence. Spiritual Exercises to Open Our Lives to the Awareness of God, New York 1995, 40f.
97 John Main, Das Herz der Stille. Anleitungen zum Meditieren, Freiburg i. Br. 2000, 35.
98 Jalics a.a.O. 189f.
99 2 Kor 1,19.
100 Christian Lehnert, Der Gott in einer Nuß. Fliegende Blätter von Kult und Gebet, Berlin 2017, 74–81.
101 Dorothée de Gaza, Œuvres spirituelles. Trad. L. Regnault u. J. de Préville. Paris 1963, 138 (eigene Übersetzung).
102 Gerhard Lohfink, Beten schenkt Heimat. Theologie und Praxis des christlichen Gebets. Freiburg i. Br. 2010, 73.
103 Thomas von Aquin, Summa Theologiae II-II 83,10 zu 3.
104 1 Thess 5,17.
105 Katharina von Siena, Gespräch von Gottes Vorsehung. Übers.v. E. Sommer-von Seckendorff u. C. Capol, Einsiedeln [4]1993, 83.
106 Johannes vom Sinai (Klimakus), Klimax oder Die Himmelsleiter. Übers.v. G. Makedos. Athen 2000, 328–330 (Kap. 28).
107 Mk 10,46–52

Teil III: Kontemplation als Lebensform

1 2 Kor 3,18 (Übers.v. K. Berger u. Ch. Nord).

2 Ex 34,29–35.
3 2 Kor 3,18 (Übers. v. K. Berger u. Ch. Nord).
4 Carlo Carretto, Wo der Dornbusch brennt, Freiburg i. Br. 1976, 8f.
5 Ebd. 81f.
6 Numeri 21,6–9.
7 Simone Weil, Das Unglück und die Gottesliebe, München ²1961, 206.
8 Sarah Coakley, Prayer as Crucible, in: D. Heim (Ed.), How My Mind Has Changed. Essays from the Christian Century, Eugene 2009, 102–111. Eine ähnliche Beschreibung mit einem anderen Fokus findet sich bereits in Coakleys Beitrag: Meditation as a Subversive Activity, in: The Christian Century, 29.06.2004, 18–21.
9 Ebd. 108.
10 Matthäusevangelium 5,3.8
11 Johannes Cassian, Gespräche mit Abba Isaak über das Gebet/ Collationes patrum 9–10, hrsg. nach der Übers. v. K. Kohlhund v. G. Emmenegger, Nordenstedt 2009, 8 (Coll. 9,4).
12 Johannes vom Kreuz, Die Dunkle Nacht. Hrsg. u. übersetzt von U. Dobhan, E. Hense u. E. Peeters. Freiburg i. Br./Basel/Wien 1995, 131 (2,10).
13 Zit. von: Tilden Edwards, Living in the Presence. Spiritual Exercises to Open Our Lives to the Awareness of God, New York 1995, 11.
14 Lukasevangelium 2,35.
15 Markusevangelium 7,21f.
16 Apophthegmata Patrum, a.a.O. 216 (Nr. 602/28).
17 Apophthegmata Patrum, a.a.O. 217 (Nr. 606/32).
18 De vitis patrum 5,12,13 (Patrologia Latina, Bd. 73,942f.).
19 Johannes Cassian, Collationes Patrum 24,3f. Cassian verweist auf das Buch Habakuk 2,1, um die Haltung zu beschreiben, die zur Reinheit des Herzens führt. Der alttestamentliche Prophet habe die Achtsamkeit gegenüber den Gedanken im Sinne gehabt, wenn er von sich sagte: »Auf meiner Warte will ich stehen, hinaufsteigen auf den Felsen, und forschen, um zu sehen, was da redet in mir und was ich antworten werde.«
20 Johannes Cassian, Collationes Patrum 1,18.
21 Martin Luther, Weimarer Ausgabe 7,551.
22 Im Anschluss an Dionysios Areopagita leitet Thomas von Aquin theos von theasthai (schauen) ab: Summa theologiae I 13,8.
23 Apophtegmata Patrum, Weisung der Väter. Einleitung: W. Nyssen, Übersetzung: B. Miller. Trier ³1986, 216 (Nr. 602/27).

24 Thomas Merton, Das falsche Selbst, in: G. Ruhbach/J. Sudbrack (Hg.), Christliche Mystik. Texte aus zwei Jahrtausenden, München 1989, 501–509, hier 502.
25 Vgl. Lukasevangelium 2,35; Hebräerbrief 4,12.
26 Jan van Ruusbroec, Die Zierde der geistlichen Hochzeit, Übers. v. M. Schaad-Visser. Einsiedeln 1987, 138f (2,4).
27 Teresa von Ávila, Wohnungen der Inneren Burg 1,1,8; 1,2,14.
28 Johannes Klimakus, Klimax, 298 (26,2,67).
29 Lukasevangelium 8,14.
30 1 Kön 19,4.
31 Markusevangelium 10,37.
32 Diadochus von Photike, Gespür für Gott, 109 (Kap. 88).
33 Roger Schutz, Kampf und Kontemplation. Freiburg i. Br. [6]1983, 115.
34 Ernesto Cardenal, Das Buch von der Liebe, Peter Hammer Verlag, Wuppertal 1971, Neuausgabe 2004, 302.
35 Denis Vasse, Bedürfnis und Wunsch. Eine Psychoanalyse der Welt- und Glaubenserfahrung. Olten 1973, 54.
36 Pascal, Blaise, Gedanken über die Religion und einige andere Themen. Hrsg. v. J.-R. Armogathe, übers. v. U. Kunzmann. Stuttgart 1997, 98f.
37 Weil, Das Unglück und die Gottesliebe, 103.
38 Ebd. 103.
39 Ebd. 98.
40 Ebd. 104.
41 Louis Lallemant, Geistliche Lehre. Übersetzt von Cornelia Capol, Einsiedeln, 1960, 28
42 Bei Franz Jalics, Kontemplative Exerzitien, finden sich für beide Aspekte innerer Heilung viele Beispiele.
43 Gundikar Hock, Der Bericht des P. Balthasar Alvarez SJ über seine Art zu beten, in: Geist und Leben 63 (1990), 383–388.
44 Weil, Das Unglück und die Gottesliebe, 49f.
45 Johannes Michalak/Thomas Heidenreich, Achtsamkeit und Akzeptanz in der Psychotherapie: Resümee, in: Johannes Michalak/Thomas Heidenreich (Hg.), Achtsamkeit und Akzeptanz in der Psychotherapie. Ein Handbuch, Tübingen [3]2009, 801–811, hier 807. Vgl. auch Simon Peng-Keller, Spirituell und therapeutisch kodierte Achtsamkeitspraxis. Zu einer gesundheitspolitischen Diskussion, in: Psychotherapie im Dialog 18:4 (2017), 36–38.

46 Racconti di un Pellegrino russo, Introduzione di Antonio Rigo; traduzione, note e postfazione a cura di Adalberto Mainardi, Magnano 2005.
47 Paul Claudel, Positions et Proposition, art et littérature I, Paris 1928, 55–57 (eigene Übersetzung).
48 Lukasevangelium 10,38–42.
49 Roger Schutz, Kampf und Kontemplation. Freiburg i. Br. [6]1983, 9.
50 Jean-Pierre de Caussade, Hingabe an Gottes Vorsehung, Einsiedeln/Köln 1948, 32 (Übersetzung leicht angepasst).
51 Silja Walter, Das Herz betet von selbst. Glaubenserfahrung, Freiburg i. Br. 2004, 12.
52 Matthäusevangelium 6,6.
53 Jacques Philippe, Zeit für Gott. Führer für das innere Gebet, Hauteville [3]2002, 96.
54 Apophthegmata Patrum a.a.O. 15 (Nr. 1/1).
55 Frère Roger, Die Quellen von Taizé. Regel und Briefe, Freiburg i. Br. [13]1981, 28.
56 Weil, Das Unglück und die Gottesliebe, 99.
57 Ebd. 103.
58 Vgl. Johannesevangelium 21,6.
59 Johannesevangelium 4,23.
60 Janet K. Ruffing, A path to God today mediated through visionary experience, in: Studies in Spirituality 22 (2012), 275–291.
61 Deborah Wearing, Gefangen im Augenblick. Die Geschichte einer Amnesie – und einer unbesiegbaren Liebe, München 2006, 277.
62 Vgl. Tom Lubbock, Until Further Notice, I Am Alive, London: Granta 2012; Simon Peng-Keller, Erzählen vom eigenen Sterben, in: Ch. Rehmann-Sutter (Hrsg.), Vom Sterben erzählen, Kulturverlag Kadmos: Berlin 2018, 139–150.
63 Vgl. Ezechiel 47.
64 Kommentar zum Hohelied, Nr. 187
65 Ps 127,2.
66 2 Kor 3,18.
67 David von Augsburg, Die sieben Staffeln des Gebetes. Hrsg. v. K. Ruh. München 1965, 63f. Die Übersetzung aus dem Mittelhochdeutschen wurde von mir selber vorgenommen. Zur Persönlichkeit und zum Werk von David von Augsburg vgl. Kurt Ruh, Geschichte der abendländischen Mystik. Band II: Frauenmystik und Franziskanische Mystik der Frühzeit. München 1993, 524–537.

68 Ebd.
69 Eric-Emmanuel Schmitt, Nachtfeuer. Was ich in der Wüste erlebte, Frankfurt a.M. 2017.
70 Ebd. 147–151.
71 Ebd. 196, 202.
72 Kosuke Koyama, Three Miles an Hour God, London 1979, 7: »Love has its speed. It is a spiritual speed. It is a different kind of speed from the technological speed to which we are accustomed. It goes on in the depth of our life, whether we notice or not, at three miles an hour. It is the speed we walk and therefore the speed the love of God walks.«
73 Friedrich Nietzsche, Kritische Studienausgabe, hrsg. v. G. Colli/ M. Montinari, Bd. 2: Menschliches, Allzumenschliches. München 1999, 232.
74 Vgl. Paul Virilio, Rasender Stillstand, München 1992.
75 Apostolische Kontitutionen VII 23,3.
76 Kurt Ruh, Geschichte der abendländischen Mystik. Bd. I: Die Grundlegung durch die Kirchenväter und die Mönchstheologie des 12. Jahrhunderts, München1990, 338ff.
77 Silja Walter, Gebet des Klosters am Rand der Stadt, aus: dies., Gesamtausgabe. Band 10 © 2005 Verlag Herder GmbH, Freiburg i. Br., 460–462.
78 Vgl. 1 Joh 1,1–3.
79 Johannesevangelium 13,23.
80 Johannesevangelium 1,35ff.
81 Johannesevangelium 1,46.
82 Johannesevangelium 15,5.
83 Henri J. M. Nouwen, Nachts bricht der Tag an. Tagebuch eines geistlichen Lebens, Freiburg i. Br. 1990, 196f.
84 Weil, Das Unglück und die Gottesliebe, 52.
85 Ebd. 193.
86 Ebd. 64.